LIRE LE XVIIe SIÈCLE
sous la direction de Delphine Denis et Christian Biet
36

Série *Théâtre*
dirigée par Tiphaine Karsenti
4

Le Tragique et le Féminin

Ouvrage publié avec le soutien de l'université Paris-Sorbonne

Vincent Dupuis

Le Tragique et le Féminin

Essai sur la poétique française de la tragédie (1553-1663)

PARIS
CLASSIQUES GARNIER
2015

Vincent Dupuis est spécialiste du théâtre français et de l'histoire des femmes sous l'Ancien Régime. Il est docteur en littérature française à l'université McGill de Montréal et chercheur postdoctoral à l'université Paris-Sorbonne.

ISBN 978-2-8124-5981-8 (livre broché)
ISBN 978-2-8124-5982-5 (livre relié)
ISSN 2108-9876

À ma petite Béatrice.

PRÉFACE

Nous trouvons d'abord dans ce livre, c'en est l'aspect très érudit, une étude comparative des nombreuses Médée, des Cléopâtre, des Sophonisbe et des Didon qui donnent leur sujet et souvent leur titre à des tragédies écrites entre 1550 et 1660. Ces femmes, dont l'ubiquité soulève déjà maintes questions, sont rapprochées d'une foule d'autres figures féminines du théâtre contemporain. Nous sommes sur le terrain des humanistes, de leur esthétique de la variation, de leur goût des parallèles, des similitudes et des discordances dont les subtilités sont savamment respectées. La méthode et les précautions qui servent ici à confronter la Sophonisbe de Montchrestien à celle de Mairet serviraient tout aussi bien à confronter la Bérénice de Corneille à celle de Racine : on ne trouvera pas ici la reine de Palestine (la chronologie l'exclut d'emblée), mais elle est entraînée, avec beaucoup d'autres reines, dans la ronde de l'imitation.

Cette galerie de figures récurrentes du théâtre tragique des XVIe-XVIIe siècles, ainsi que le panorama plus vaste des femmes lamentables, n'illustre cependant que le vestibule. C'est au moment où le lecteur se sent transpercé par la douleur de tant de tragiques destins, au moment où il ne peut plus supporter que le regardent tous ces yeux bouffis par les larmes, au moment où l'appellent toutes ces bouches tordues par les plaintes, qu'apparaît, dans une parfaite clarté, qui est celle même de la composition de cet ouvrage, le véritable édifice d'une réflexion étonnamment originale.

La tragédie est une femme, ou du moins, à la lumière de la poétique, elle en possède la forme. La tragédie, *en tant que* femme : affirmation qui n'a rien de dogmatique. Ce pourrait être en tant qu'homme (Dionysos d'ailleurs reprend à la fin ses droits), sauf que ce n'est pas lui qu'on regarde ici, mais les délirantes officiantes.

C'est d'abord que la représentation est imitation, soit l'Autre du réel. C'est ensuite que la parole féminine est l'Autre du langage, elle s'assimile au cri, elle retrouve le lien magique du mot et du monde, lien qui tient non pas au sens, mais au chant. C'est encore en tant que l'Autre de l'être, que la femme possède le prestige des apparences. Enfin, elle est admirable comme le sont les merveilles et les monstres, en tant qu'exception.

Dans la première partie, consacrée à l'esthétique, l'auteur remonte jusqu'aux origines de la tragédie humaniste. Sur la scène, il trouve la magicienne avec ses enchantements, sa fureur et son effrayante grandeur. Dans le monde, il trouve la sorcière brûlant sur le bûcher. La femme dont se réclame ouvertement *Cléopâtre*, première tragédie *jouée* en France, la femme comme étrangère, comme double factice, comme source du mal, c'est Médée, toujours prête à se révéler sous le masque des autres femmes. *Médée*, première tragédie *publiée* en France, et que je regarde comme la matrice d'où sortiront tous les maux, tous les maléfices et toutes les malédictions des tragédies futures. La tragédie moderne, qui naît avec la magie meurtrière de Médée, se ramène au surgissement du féminin qui engendra et continuera d'engendrer tous les malheurs. Ève et Médée sont les deux noms d'une seule et même maladie que propage un même ventre insatiable. La contagion dont parle Vincent Dupuis, il le dit lui-même, c'est la peste, que même Antonin Artaud, aidé pourtant de la folie la plus pure, n'a pas su comme Médée parfaitement transformer en spectacle.

La deuxième et la troisième partie, consacrée à l'éthique, puis à la politique, s'attachent aux vertus des personnages féminins et dégagent les préceptes poétiques qui leur correspondent. Mais la tragédie, naissant dans le vice, n'est pas rachetée pour autant, le mal continue dans les profondeurs de corrompre la scène, suscitant des querelles morales auxquelles le théâtre n'échappera jamais. De sorte que dépeignant « la piété féminine », l'auteur n'oublie pas les bouches naguère encore écumantes de rage ; de sorte que décrivant « la femme constante », il se souvient du cosmos bouleversé par les imprécations d'une barbare ; et que, décrivant « la femme pudique », on dirait qu'il voit encore le gouffre qu'ouvrait la répudiée. Grand connaisseur du théâtre d'Alexandre Hardy, il sait bien que les règles et la politesse n'ont pas suffi à purifier complètement le théâtre. Il sait qu'Alcandre loue les bienfaits de l'illusion, alors que la magicienne finit à peine de préparer ses poisons.

Il n'est pas aveuglé, comme les héros tragiques, sur les crimes commis par les femmes qu'il célèbre. Il discerne encore le monstre que d'un commun accord tous les partisans de Richelieu ont caché au fond du labyrinthe. Il nous fait voir en creux la forme maudite dans le sein même du théâtre rénové. Il tend l'oreille, et nous fait entendre, sous les honnêtes conversations les recouvrant, les cris de l'animal de Colchos, qui menacent à tout moment de résonner à nouveau. Les Pères, Tertullien, Augustin, les jansénistes dont il rappelle les arguments, enfin les adversaires du théâtre, fût-il respectueux des bienséances, ne furent pas dupes. Faute de la voir, ils sentirent la présence de la bête, affirmèrent sans relâche le péril qu'elle représente pour les adeptes du spectacle.

Contrairement à Antoine ensorcelé par Cléopâtre, Vincent Dupuis ne tombe pas entièrement sous le charme de la magicienne. La preuve en est qu'il commente, en guise d'épilogue, les *Bacchantes* d'Euripide et qu'il exhibe, à la demande de Dionysos, la tête de Penthée que coupa la mère même de ce roi.

Il est prudent. Il conserve, même fasciné, une lucidité qui lui fait craindre encore la tragédie et le pitoyable sort des femmes pourchassées. Il sait que, la magicienne renaissant de ses cendres, le danger reste présent qu'on rallume les bûchers. Il demeure vigilant, afin que la petite Béatrice n'ait pas à subir ce que souffrirent d'abord les enfants de Médée, ce qu'ensuite tant de femmes anonymes ont souffert.

Normand DOIRON
Université McGill

INTRODUCTION

Aux charmes de sa voix la grave
[Melpomène,
De l'obscur du Tombeau les vertueux
[rameine[1].

Dès sa redécouverte par les humanistes dans la première moitié du XVIe siècle, la tragédie se montre attachée à la femme. Les premiers héros du théâtre renaissant, si l'on exclut l'*Abraham sacrifiant* (1550) de Théodore de Bèze, sont des héroïnes. En 1552, Étienne Jodelle compose la *Cléopâtre captive*, qui marque la naissance de la tragédie de langue française. Vers la fin de la même année est jouée au collège de Boncourt la *Médée* de Jean de La Péruse, qui vaut à son auteur une notoriété immédiate. Presque simultanément, Mellin de Saint-Gelais traduit la *Sofonisba* de l'Italien Trissino et la fait représenter à Blois en 1554 devant Catherine de Médicis. Enfin, Jodelle clôt le cycle des premières tragédies humanistes quelques mois plus tard avec une *Didon se sacrifiant* (1555).

Cette prédilection pour les figures féminines soulève le problème de la présence effective des femmes sur la scène. On sait que Jodelle incarna lui-même le personnage de Cléopâtre lors de la création de la pièce à l'Hôtel de Reims[2]. Sans doute des raisons de bienséance le forcèrent-elles à procéder ainsi, le public étant composé à cette occasion, comme le relate Étienne Pasquier, d'une « infinité d'escoliers et de personnages d'honneur[3] ». Or, à y regarder de près, rien ne permet de conclure qu'il

1 Frontispice du *Théâtre d'Alexandre Hardy*, vol. I, Paris, F. Targa, 1624.

2 Etienne Pasquier précise, à propos de ces deux premières représentations : « Et les entreparleurs estoient tous des hommes de nom : Car mesme Remy Belleau, et Jean de la Peruse, joüoient les principaux roulets », *Recherches de la France*, éd. M.-M. Fragonard, Paris, Champion, 1996, VII-6, p. 1416.

3 *Loc. cit.*

s'agissait là d'une norme. Saint-Gelais, prétend Brantôme, aurait fait le choix du sujet de Sophonisbe parce qu'il abondait en personnages féminins, que les dames de la cour, principalement des Italiennes, pouvaient interpréter à leur convenance[1]. Dans une étude récente, Virginia Scott retrace la participation des femmes au spectacle théâtral dans la France d'Ancien Régime[2]. Elle atteste la présence féminine sur la scène dès le début du XVIe siècle. De même, Raymond Lebègue indique qu'en 1580, des comédiennes appartenant à la troupe de Valleran Le Conte auraient joué dans des pièces de Jodelle, notamment dans *Cléopâtre* et *Didon*, qui figuraient au répertoire de l'illustre compagnie[3]. Les archives d'Arras confirment qu'une troupe de comédiens itinérants dirigée par Adrien Talmy aurait demandé en 1594 aux autorités de la ville la permission de faire représenter la *Médée* de La Péruse ainsi que plusieurs pièces de Garnier mettant en scène des interprètes féminins[4]. Certes, peu de représentations de tragédies ont lieu à la Renaissance, en comparaison avec les mystères et les farces, dont la tradition est encore bien vivante jusqu'au début du XVIIe siècle. Pour autant, les divers témoignages historiques suggèrent que des personnages comme Médée et Cléopâtre, qui revêtent une forte dimension sexuelle, furent possiblement incarnés par des femmes – ou à tout le moins qu'ils étaient conçus et pensés dans cette perspective[5]. Bien avant les débats qui feront rage au XVIIe siècle, la mise en scène des héroïnes de la tragédie engage la question de la vraisemblance.

Placé à la croisée des études de poétique et de l'histoire culturelle, cet essai constitue le fondement d'une double réflexion sur la tragédie et

1 L. Lacour, *Les premières actrices françaises*, Paris, Librairie française, 1921, p. 12.

2 V. Scott, *Women on the Stage in Early Modern France (1540-1750)*, Cambridge University Press, 2010. Voir également à ce sujet l'article de Madeleine Lazard, « Comédiennes et rôles féminins dans la comédie française du XVIe siècle », *Mélanges à la mémoire de Franco Simone. France et Italie dans la culture moderne*, vol. I, *Moyen Âge et Renaissance*, Genève, Slatkine, 1980, p. 361-370.

3 R. Lebègue, « Le répertoire d'une troupe française à la fin du XVIe siècle », *Revue d'Histoire du Théâtre*, vol. I, n° 2, 1948, p. 11-12. – M. Lazard note : « la chronique du bordelais Gaufreteau publiée seulement en 1876, célèbre les mérites d'une comédienne qui fut la partenaire de Valleran à Bordeaux, mais, au dire du chroniqueur, "elle ne faisoit point aucun personnage de la farce, ainsi seulement dans les tragédies ou tragi-comédies celui qui convient au sexe féminin" », « Comédiennes et rôles féminins », *op. cit.*, p. 365.

4 *Cf.* V. Scott, *Women on the Stage*, *op. cit.*, p. 82-84.

5 « La présence d'interprètes féminines françaises n'est [peut-être] pas d'un usage courant au XVIe siècle, mais elle n'a rien d'exceptionnelle », M. Lazard, « Comédiennes et rôles féminins », *op. cit.*, p. 367.

les représentations du féminin dans la France des années 1550-1650. Il ne s'agit par suite ni d'une analyse de la présence physique des femmes sur la scène théâtrale, ni d'une histoire des actrices à l'âge classique, encore que ces deux domaines recoupent partiellement notre propos. Ce qui nous intéresse au premier chef, ce sont les figures féminines de la tragédie, dans leur fonction à la fois dramaturgique et symbolique. Plusieurs d'entre elles ont été amenées à jouer un rôle majeur dans l'évolution du genre tragique au cours des XVIe et XVIIe siècles. De 1552, date de création de la *Cléopâtre captive* de Jodelle, jusqu'à la fin du siècle suivant, on compte pas moins de cinq versions du mythe de cette belle Égyptienne. Sophonisbe, fille du général carthaginois Hasdrubal, est un personnage célèbre en son temps : elle inspire plus de sept tragédies entre 1559 et 1663[1], égalant ainsi la légende de Didon, développée par Virgile au chant IV de l'*Énéide*[2]. Bien sûr, ce phénomène de reprise des sujets répond au principe d'imitation qui gouverne l'esthétique classique. Mais il n'est pas impossible, par ailleurs, qu'il procède d'un motif plus profond, un motif qui concernerait la nature même de la tragédie. Ce n'est pas sans raison que les auteurs dramatiques accordent leur préférence aux héroïnes. C'est qu'il existe à leurs yeux une étroite parenté entre le genre tragique et le genre féminin ; parenté qui se heurte, il va sans dire, aux idées reçues et au discours commun sur la tragédie. Genre « mâle » par excellence, la tragédie sous l'Ancien Régime se présente paradoxalement comme un espace où se déploie la féminité.

Plus que de simples protagonistes, les figures féminines sont de véritables miroirs de la poétique tragique. Cela est à entendre à trois niveaux. Le premier est esthétique. Depuis la renaissance du théâtre à l'antique au XVIe siècle, les dramaturges ont d'abord réfléchi à l'aspect spectaculaire de la tragédie au travers des formes sensibles de la féminité. La figure de la *furieuse*, empruntée à l'imaginaire païen, coïncide dans sa représentation avec l'esthétique des premières tragédies humanistes, fondée sur la terreur et l'effroi. Pareillement, celle de la *femme charmante*, dont la beauté trompeuse traduit toute une conception du corps et de la chair, est au centre d'une esthétique du charme et de l'envoûtement. Enfin le pathétique d'admiration sur lequel repose le plaisir du spectateur dans

1 À ce nombre, on doit ajouter une vingtaine d'œuvres musicales composées tout au long des XVIIe et XVIIIe siècles ainsi qu'une tragédie de Voltaire représentée en 1774.

2 Pour les références complètes de ces différentes pièces, consulter l'annexe.

les années 1640 trouve sa source chez le personnage de la *reine*, femme impérieuse autant que sublime. Conséquemment, ce qu'on pourrait appeler la « rhétorique du spectacle » est en grande partie solidaire de la mise en scène des attributs féminins : au travers d'elle, la représentation « agit » sur le spectateur, produisant différents « effets » dont Aristote, le premier, avait établi la typologie.

Le deuxième niveau concerne l'éthique. Une analyse des principaux personnages féminins du répertoire dramatique à la Renaissance et au XVIIe siècle révèle que les « caractères » dont ils sont dotés – entendus dans un sens à la fois psychologique et rhétorique[1] – sont liés de très près à la triple finalité de la tragédie : *placere*, *movere*, *docere*. Plus précisément, les lois qui régissent l'univers tragique trouvent illustration dans les lieux communs qui forment l'*ethos* féminin. Par exemple, la piété, apanage des figures féminines chez Robert Garnier, renvoie à la facture déplorative de son théâtre, aux lamentations dont il est rempli, à la pitié qu'il tente d'exciter dans l'âme du spectateur. De manière semblable, la *constantia* distinguant les héroïnes de Montchrestien s'accorde à la vocation morale de la tragédie, si importante sous le règne d'Henri IV. Un même schéma s'applique encore à la pudeur féminine : sa présence sur la scène des années 1630 est indissociable de la notion de bienséance, qui s'étend au théâtre à partir de la fin du XVIe siècle. Envisagées sous cet angle, les héroïnes de la tragédie acquièrent une dimension autoréflexive. Par elles se dévoilent et se définissent les principes de la dramaturgie classique.

Finalement, le troisième niveau aborde l'aspect politique de la tragédie (compris au sens large de *politikos*). On connaît le rôle joué par les femmes dans l'adoucissement des mœurs au XVIIe siècle, notamment grâce aux travaux menés en psychologie historique (N. Elias)[2] et en histoire des phénomènes culturels (G. Duby)[3]. Cependant, on a rarement mis en parallèle cette fonction civilisatrice impartie aux dames

1 Psychologique, puisque le caractère a toujours comme corollaire les passions ; rhétorique, en ce qu'il appelle une codification expressive de ces mêmes passions. Pour une définition complète de cette idée à l'âge classique, voir les ouvrages de L. van Delft, *Le moraliste classique. Essai de définition et de typologie*, Genève, Droz, 1982 et surtout *Littérature et anthropologie. Nature humaine et caractère à l'âge classique*, Paris, PUF, 1993.

2 Voir entre autres l'ouvrage *La dynamique de l'Occident*, Paris, Calmann-Lévy, 1975.

3 Voir la monumentale *Histoire des femmes en Occident* (G. Duby et M. Perrot, Paris, Plon, 1991, 5 vol.), de même que, pour un regard plus précis, l'ouvrage de référence de R. Lathuillère, *La préciosité. Étude historique et linguistique*, Genève, Droz, 1966.

avec celle dont le théâtre s'est chargé, au moins durant le premier tiers du siècle. Très tôt au cours de son ministère, Richelieu a fait du théâtre un instrument de rayonnement du pouvoir royal[1], mais aussi l'élément clé d'une politique de rationalisation des comportements qui consistait à élever le seuil de la pudeur, à multiplier les interdits, à accroître les raffinements du savoir-vivre. Il est frappant de constater que la femme et le théâtre, pendant cette période cruciale de l'histoire de France où l'on assiste à une transformation du statut de la noblesse, ont été investis d'un rôle similaire : participer à « la réforme des mœurs et [à] l'ennoblissement des relations sociales[2] ». De nombreuses scènes de la tragédie des années 1630-1640 illustrent ce pouvoir souverain que possède le beau sexe. Elles présentent la femme comme un agent de pacification, un modèle d'honnêteté dont il faut suivre les enseignements. Avec Mairet, la tragédie donne naissance à une nouvelle « figure-type », l'*honnête femme*, à laquelle Jacques Du Bosc consacre un volumineux traité[3]. Une fois de plus, le personnage féminin est chargé de symbolisme. La mission qui lui incombe de répandre l'honnêteté sur scène peut être lue comme une mise en abyme du théâtre lui-même, eu égard à sa tâche de « civiliser » le public.

Aussi bien, il n'est pas suffisant d'observer que les figures féminines redoublent la poétique tragique. Il faut également chercher à mettre en évidence ce qui unit, sur le plan des structures de la pensée et des systèmes de représentations, la femme et la tragédie dans la culture de l'époque moderne. Un exemple en est la similitude entre les arguments avancés par les censeurs du théâtre et ceux utilisés par les adversaires du sexe féminin. Les deux plaidoyers comportent des lieux communs, des topiques récurrentes, des schémas de raisonnement analogues[4]. Les raisons pour lesquelles Nicole condamnait l'art dramatique et toute forme d'imitation en général sont les mêmes que celles des misogynes s'attaquant à la beauté féminine. L'association provient de Tertullien, qui, dans le *De spectaculis* et le *De cultu feminarum*, reliait la femme et

1 Voir G. Couton, *Richelieu et le théâtre*, Lyon, Presses universitaires de Lyon, 1986.

2 M. Angenot, *Les champions des femmes. Examen du discours sur la supériorité des femmes 1400-1800*, Montréal, Presses de l'Université du Québec, 1977, p. 142.

3 J. Du Bosc, *L'Honneste femme*, 1re partie, Paris, P. Billaine, 1632 ; 2e partie, Paris, A. Sourbon, 1634 ; 3e partie, Paris, A. Courbé, 1636.

4 Voir L. Thirouin, *L'aveuglement salutaire. Le réquisitoire contre le théâtre dans la France classique*, Paris, Champion, 1997.

le théâtre au même péché de concupiscence. Elle se prolongera tout au long des XVIe et XVIIe siècles, imprégnant les mentalités, alimentant les débats, de telle sorte que pour les moralistes de Port-Royal, la femme apparaît logiquement comme l'incarnation du spectacle et de ses dangers.

Fait remarquable : pour central qu'il soit dans la critique théâtrale et le discours relatif à la femme sous l'Ancien Régime, cette relation entre les catégories du féminin et l'art dramatique n'a jamais attiré l'attention des spécialistes contemporains. C'est pourquoi une réflexion s'impose, qui se donne pour but d'examiner le traitement des principaux sujets féminins de la tragédie du point de vue des constructions sociales et idéologiques. Surtout, une réflexion qui permette d'établir comment, et selon quels critères, l'âge classique a pu voir dans la femme une métaphore du théâtre, une personnification de la scène et du spectacle. Le présent essai n'a d'autre intention que de préciser les enjeux et la portée de cette métaphore.

Cet ouvrage étant le fruit d'une longue réflexion, je m'en voudrais de ne pas exprimer ma gratitude à l'égard de ceux et celles qui contribuèrent à sa réalisation. Mes pensées vont en premier lieu à M. Normand Doiron, qui me fait l'honneur d'une éloquente et généreuse préface. Pour ses lectures toujours attentives ; pour ses conseils toujours judicieux ; surtout, pour sa précieuse bienveillance, je le remercie sincèrement. Merci à M. Guy Beausoleil et Mme Anne Millaire, qui ont suivi avec enthousiasme les différentes étapes de ce travail. Merci encore à M. Frédéric Charbonneau, Mme Lucie Desjardins et Mme Diane Desrosiers, dont les commentaires m'ont aidé à élargir la portée de ces hypothèses. Enfin, je suis tout spécialement reconnaissant envers Mme Delphine Denis, Mme Tiphaine Karsenti et M. Christian Biet, qui ont accepté d'accueillir mon livre au sein de leur collection.

Paris, 30 avril 2015

PREMIÈRE PARTIE

ESTHÉTIQUE

LA FEMME EN SCÈNE

LA FURIEUSE

Mais rien n'est plus furieux que la rage
D'un cœur de femme[1].

Depuis l'origine, à Athènes, au Ve siècle avant notre ère, la tragédie a partie liée avec la fureur. Dionysos, dieu du théâtre, est aussi le dieu de l'ivresse, le maître des Ménades et de leur folie divine. Par sa fonction tutélaire, il préside aux spectacles de toute nature, de la pantomime au dithyrambe, mais également aux délires mystérieux, aux transes frénétiques, au « dépaysement radical de soi-même[2] ». De nombreuses scènes du théâtre antique présentent des cas de fureur spectaculaire[3]. Ajax, guidé par une colère redoutable dans la pièce d'Euripide, se transforme en furieux sous le regard effaré d'Ulysse. Il massacre les bêtes des armées grecques, comme Hercule, aux prises avec d'épouvantables hallucinations, anéantit sa famille dans l'*Hercules furens* de Sénèque. Le furieux est aveuglé par ses passions. Elles l'empêchent de voir clair, de dissocier le vrai du faux, jettent sur lui des ténèbres qui le font agir comme un monstre. Sénèque, plus que tout autre poète de l'Antiquité, dramatisera ce désordre de l'âme. Dans son théâtre, la fureur constitue

1 E. Jodelle, *Cléopâtre captive*, éd. K. M. Hall, Exeter, University of Exeter Press, 1979, v. 1088-1089.

2 J.-P. Vernant, *Mythe et tragédie en Grèce ancienne – II*, Paris, La Découverte, 1986, p. 18-19.

3 Ces crises, dans la langue grecque, possèdent un nom, *mania*, que Platon définit comme un état de possession extatique (*Phèdre*, 244a – 245c). Pour le philosophe, il s'agit d'une « maladie de l'âme », qui signale la présence du divin. Suivant le même paradigme, le pseudo-Aristote présente la *mania* comme la forme paroxystique de la *melancholia* (*Problème XXX*, 954a). Chez les latins, le phénomène est moins humoral que psychologique ; Cicéron fait de la *mania*, qu'il rend par « *furor* », le résultat d'une passion exacerbée (*Tusculanes*, III, IV). Voir à ce sujet l'étude de J. Pigeaud, *La maladie de l'âme. Étude sur la relation de l'âme et du corps dans la tradition médico-philosophique antique*, Paris, Les Belles Lettres, 1981.

un état exaspéré de *dolor* préalable à l'accomplissement du crime tragique (*scelus nefarium*)[1].

Les dramaturges de la Renaissance redécouvrent la tragédie par l'intermédiaire des pièces de Sénèque[2]. Ils placent donc naturellement le *furor* au centre de leur poétique. Le titre d'une tragédie de Jean de la Taille, *Saül le furieux* (1572) annonce quelle importance revêt cette topique dans son théâtre. On y voit à l'acte I Saül en crise, proférant d'effroyables menaces à l'endroit de ses enfants. De même, dans *l'Hercule furieux* de Brisset (1589), le héros tout droit sorti des enfers fait irruption sur la scène comme un forcené. La fureur dans ces pièces excède le simple cadre rhétorique. C'est un état d'âme éminemment spectaculaire, qui possède une pleine valeur dramatique.

Or, les premières tragédies humanistes ont ceci de particulier qu'elles mettent en scène non seulement des furieux, mais aussi, et dans une très large proportion, des furieuses. La plus célèbre d'entre elles est Médée, la magicienne infernale, la sorcière de Colchide, qui s'envole impunie dans un char de feu. Puis il y a Didon, la veuve éplorée, l'amante bafouée, qui s'immole sur la scène dans un mouvement de colère et de désespoir. La fureur féminine caractérise toute la tragédie des années 1550. Elle est l'emblème de la nouvelle dramaturgie, fondée sur la représentation spectaculaire de la passion[3].

---

1 Voir F. Dupont, *Le théâtre latin*, Paris, Armand Colin, 1988.

2 Voir à ce titre les deux ouvrages de référence : J. Jacquot (dir.), *Les tragédies de Sénèque et le théâtre de la Renaissance*, Paris, Éditions du C.N.R.S., 1964 et G. Braden, *Renaissance Tragedy and the Senecan Tradition*, New Haven, Yale University Press, 1985.

3 Cette idée renvoie au débat sur la dimension performative du théâtre humaniste. Rappelons brièvement les positions de quelques grands critiques concernant ce problème. Adolf Ebert et Eugène Rigal ont été les premiers au XIXe siècle à penser que la tragédie humaniste était destinée à la seule lecture. Ils ont été suivis en cela par Elliot Forsyth, pour qui la tragédie du XVIe siècle était « surtout caractérisée par la rhétorique » (Introduction à Jean de La Taille, *Saül le furieux – La Famine ou les Gabéonites – Tragédies*, Paris, Didier, 1968, p. XXVII), ainsi que par Jacques Scherer, qui soutient que les dramaturges humanistes ont mené une « recherche exclusivement littéraire » (« Le Théâtre Phénix », *Le théâtre en France*, J. de Jomaron (dir.), vol. I, Paris, A. Colin, 1988, p. 104). D'autres critiques, au contraire, défendent la valeur proprement dramatique de la tragédie humaniste. On notera Émile Faguet, Gustave Lanson et Raymond Lebègue, puis, plus récemment, Françoise Charpentier, qui ne cache pas sa dette à l'égard de ce dernier. Enfin, Marie-Madeleine Fragonard formule ce qui est largement admis par la critique depuis les années 1990 : « Il faut en finir avec le débat sur l'incompatibilité entre texte poétique et texte théâtral : une tragédie se joue et une tragédie se voit. Même si elle n'était que récitée devant le public, la tragédie resterait du théâtre du seul fait qu'elle est mimésis de la parole directe, distincte

LA FUREUR SPECTACULAIRE

La *Médée* de La Péruse (1556), précédée de quelques années par la *Cléopâtre captive* de Jodelle, représentée en janvier 1553[1], est typique de la dramaturgie du XVIe siècle, qui s'attache plus à peindre les affects d'un personnage qu'à reproduire la *mimèsis* d'une action. Il s'agit en effet d'une constante de la tragédie humaniste que de procéder par excès, aussi bien dans les développements oratoires que dans l'expression physique de la souffrance. Le principe est central dans l'*Art de la Tragédie* (1572) : la tragédie doit frapper l'imagination. Nulle fable, fût-elle hautement pathétique, ne saurait « [...] poindre merveilleusement les affections[2] » sans le recours au spectaculaire, qui pourrait se définir dans ce théâtre comme l'intensité avec laquelle la représentation interpelle les sens du spectateur. C'est du reste ce que confirment, dans le traité de La Taille, l'adjectif « extresme » et l'adverbe « extresmement », qui évoquent l'idée de démesure.

Ainsi la barbare Médée fait son entrée en scène, exhibant son corps déformé par la colère. Le visage brûlé, les cheveux ébouriffés, le regard perdu sont autant de manifestations extérieures de sa fureur vindicative. Miroirs de l'agitation psychique, ses traits reproduisent la tempête, l'orage qui menace d'éclater incessamment au-dessus de sa tête. Il n'y a pas un personnage qui ne frémisse devant son allure terrifiante :

> Ces ïeux ardans, et cette chevelure
> Effraïement hérissée, et ce front,

---

en cela depuis Aristote de la poésie narrative et de la poésie lyrique : le statut même du texte théâtral, cette parole d'emprunt, interdit de réduire la tragédie au poème, dont elle a pourtant diverses qualités, en particulier dans la fable comme dans l'élocution » (« Réinventer la tragédie », *Par ta colère nous sommes consumés, Jean de La Taille auteur tragique*, M.-M. Fragonard (dir.), Orléans, Paradigme, 1998, p. 8). Ainsi, dans la mesure où les dramaturges la conçoivent comme un phénomène psychologique et physique, la fureur implique une mise en scène ; elle appartient à l'univers de la représentation.

1 Raymond Lebègue allègue, sans preuve à l'appui, que la pièce de La Péruse fut représentée avant l'automne de 1553 (*La tragédie religieuse en France. Les débuts 1514-1573*, Paris, Les Belles Lettres, 1929, p. 114). Ce qui est certain en revanche est que la *Médée* fut la première tragédie imprimée en France, la *Cléopâtre captive* n'ayant été imprimée qu'en 1574.

2 J. de la Taille, *De l'Art de la Tragédie*, éd. E. Forsyth, Paris, Société des textes français modernes, 1986, p. 4.

> Que voz courrous ainsi refrogner font,
> Menacent fort : tout cela m'épouvante [...][1].

Le corps meurtri de Médée est la première marque visible de la fureur qui l'anime. Mais la physionomie furieuse est aussi appuyée par une *actio* spectaculaire. La tragédie commence, dans ce qui deviendra un lieu commun de la dramaturgie humaniste, avec une description des Enfers. Rageuse, Médée entame *in medias res* une série d'invocations maléfiques, puis exhorte au châtiment. Incoercibles, ses cris affreux sont appel au *pathos* :

> Furies accoures, et dans vos mains sanglantes
> Horriblement portés voz torches noircissantes [...][2].

Dans cette scène où le *furor* se rapproche de la fureur poétique, les vers furieux de Médée participent à une cérémonie incantatoire. Jaillissement d'affectivité pure, ils relèvent simultanément de la folie et de l'enthousiasme. Toutefois, à la différence de la fureur qui anime Ronsard et les poètes qui l'entourent, les forces infernales inspirent Médée, et non le verbe divin. Elle n'a de cesse d'ailleurs d'implorer les Furies, dans le but d'assouvir sa soif de vengeance. En ce sens, la litanie de propos furieux qu'elle déverse sur la scène rappelle la croyance, très présente à la Renaissance, du pouvoir inhérent aux mots[3]. Médée incarne le « versant trouble et inquiétant de l'éloquence[4] », le pôle noir et diabolique de la parole inspirée. Dans la bouche de la magicienne, chaque mot est investi d'une puissance, qui « touche l'auditeur au plus profond de lui-même[5] ».

Cette capacité de la voix furieuse à émouvoir suppose une forte dimension performative, qui trouve sa pleine expression lors des scènes de rituels magiques. Dans ces passages profondément spectaculaires, le discours furieux est présenté comme une forme spécifique d'éloquence,

1 J. de La Péruse, *Médée*, éd. J. A. Coleman, Exeter, University of Exeter Press, 1985, v. 808-811.

2 *Ibid.*, v. 17-18.

3 Voir C.-G. Dubois, *Mythe et langage au seizième siècle*, Bordeaux, Duclos, 1970.

4 L. Frappier, « La topique de la fureur dans la tragédie française du XVIe siècle », *Études françaises*, vol. XXXVI, n° 1, 2000, p. 42.

5 E. Buron, « La renaissance de la tragédie ou le spectacle de la parole. Vue et parole dans les tragédies d'Estienne Jodelle », *L'inscription du regard. Moyen Âge – Renaissance*, M. Gally et M. Jourde (dir.), Fontenay-aux-roses, E.N.S. Éditions Fontenay/Saint-Cloud, 1995, p. 155.

qui possède ses propres modalités d'énonciation. Avec le geste (*gestus*), la *declamatio* compose la théâtralité de Médée : on s'imagine sans peine la magicienne en rage gesticuler et prononcer ses anathèmes avec violence, d'une voix qui s'élève et s'enflamme. En maîtrisant l'*actio* oratoire, l'héroïne – ou plutôt l'actrice, encore que le XVIe siècle n'établisse pas de distinction nette entre ces deux personnes – maîtrise le *movere.* « Médée en furie s'avère un redoutable orateur[1] », non tant pour convaincre, que pour représenter avec force la passion qui la domine. Toute la tragédie de La Péruse peut être lue comme une réflexion sur la puissance de la voix, dont les tirades de la sorcière offrent une poignante illustration :

> Là, si onques jamais, ô lumière nocturne,
> Là je t'invoquerai sou' l'horreur taciturne. [...]
> Je courrai grommellant, et appellant sans cesse,
> De suite, tes trois noms : tu m'oirras, ma Déesse,
> Et de mes cris ouïs signe me donneras [...][2].

Cette fureur spectaculaire devrait normalement conduire à la cruauté, comme c'est le cas chez Sénèque et dans les tragédies ultérieures de la Renaissance. Or il n'en est rien. Les scènes de sadisme sont en effet réduites au minimum dans la tragédie de La Péruse, comme si ce dernier avait voulu insister sur la douleur morale de l'héroïne plutôt que sur les crimes qu'elle commet. On peut s'étonner, après avoir lu les pièces d'Euripide et de Sénèque, de la façon dont l'auteur expédie le moment de l'infanticide : « Tiens, voilà un des fils » (v. 1190), s'écrie Médée éperdue, à l'intention de son défunt frère ; « Tiens, voilà l'autre fils » (v. 1997), termine-t-elle quelques instants plus tard, après que le dernier enfant eut rendu l'âme. La sobriété des descriptions contraste avec l'orgie de violence à laquelle la scène donne lieu dans les tragédies grecque et latine. C'est que la fureur chez La Péruse ne vise pas l'horreur, ce sentiment de répulsion devant le spectacle du sang, mais bien la terreur, l'effroi face au danger qui menace la cité.

La fureur de Cléopâtre dans la première tragédie d'Étienne Jodelle (1553), si elle n'est pas aussi violente que celle de Médée, n'est pas moins

---

1 L. Frappier, « La topique de la fureur », *op. cit.*, p. 42.

2 J. de La Péruse, *Médée*, éd. citée, v. 931-937.

spectaculaire. Celle qui fut choisie pour incarner une des premières héroïnes de la tragédie française se distingue par son charme, ainsi que par des attraits séduisants sous lesquels se dissimule une nature sauvage et impétueuse. Une longue tradition associe le personnage de Cléopâtre à la sorcellerie. Déjà, dans la *Vie d'Antoine*, Plutarque dépeint l'héroïne comme une magicienne :

> Mais c'est surtout en elle-même, en ses charmes, en ses philtres qu'elle plaçait ses principales espérances lorsqu'elle alla trouver Antoine[1].

Dans la même lignée, de nombreux aspects de la tragédie de Jodelle évoquent l'art de la prestidigitation, du mystère qui entoure Cléopâtre jusqu'à ses pouvoirs surnaturels, en passant par les incantations qu'elle formule et qui lui donnent des allures de grande prêtresse :

> Tantost au lict exprés emmaigrissiez,
> Tantost par feinte exprés vous pallissiez, [...]
> Entretenant la feinte et sorcelage,
> Ou par coustume, ou par quelque breuvage[2].

Toutefois, Jodelle s'écarte du modèle de Plutarque en ce qu'il joint au motif de la magie celui de la fureur : association qui laisse entrevoir le modèle sénéquien et qui surtout renvoie au contexte dans lequel le poète compose sa tragédie : celui des procès de sorcellerie. À l'instar de la sorcière, Cléopâtre est animée d'une fureur diabolique. En elle brûle un « souffle chaud et maléfique pour empoisonner et rendre malade », un feu « qui sème l'incendie passionnel de l'amour fou[3] » :

> C'est que ja ja charmé, enseveli des flammes [...],
> Nourrissant en mon sein ma serpente meurdriere [...][4].

Ainsi Antoine s'enflamme-t-il dès qu'il croise le regard de la reine. L'héroïne est peut-être « captive », prisonnière d'Octave et de l'Empire (c'est le premier sens du titre de la tragédie), mais elle tient par ailleurs

1 Plutarque, *Vies illustres*, trad. R. Flacelière et É. Chambry, Paris, Les Belles Lettres, 1963-1980, t. 13, p. 122.

2 E. Jodelle, *Cléopâtre captive*, éd. citée, v. 973-974, 977-978.

3 A. Danet, « L'inquisiteur et ses sorcières », dans H. Institoris et J. Sprenger, *Le Marteau des sorcières* (*Malleus maleficarum*), Grenoble, J. Millon, 1990, p. 58.

4 E. Jodelle, *Cléopâtre captive*, éd. citée, v. 43, 46.

captif le cœur d'Antoine en vertu d'un charme qui s'apparente plus à un sortilège qu'à un thème tiré du pétrarquisme. Plus spécifiquement, Cléopâtre *fascine* Antoine, dans le sens où Cornélius Agrippa définit le mot :

> La fascination est un lien qui, issu de l'esprit du fascinateur, passe par les yeux du fasciné et arrive jusqu'à son cœur[1].

À l'instar de Marsile Ficin dans sa traduction du *Corpus hermeticus* (1549), Agrippa conçoit la magie comme un savoir placé au service de la connaissance. Son rôle est d'interpréter les signes obscurs, de révéler le mystère des forces telluriques, de faire le lien entre le monde des vivants et celui des morts. Les savants de l'Institut Warburg ont montré quelle importance revêtent ces croyances dans la culture de la Renaissance[2]. Loin d'être réservé aux couches inférieures de la société, l'engouement pour la magie touche les sphères les plus élevées, et s'étend jusqu'à la cour. On raconte que Catherine de Médicis était entourée de mages et d'astrologues[3] ; « Henri Estienne rapporte que celle-ci ne quittait jamais un talisman où figurait Anubis tendant un miroir à Jupiter[4] ». De ce point de vue, le personnage de Cléopâtre, reine magicienne dotée d'un pouvoir surnaturel, paraît tout indiqué pour assurer le succès de cette première tragédie, puisqu'il s'accorde au goût contemporain pour l'occultisme et l'ésotérisme.

Or, chez Jodelle, la magie procède toujours d'une passion destructrice. Le champ lexical, avec des mots comme « sorcelage », (v. 977), « maléfices », (v. 1487) « poisons », (v. 111) suppose une pratique dangereuse et nuisible. Dans cette version du mythe, les attraits de l'héroïne ne sont plus que « trompeurs apasts » (v. 192), et les philtres de Plutarque se transforment en poison mortifère :

> O moi dès lors chétif, que mon œil trop folâtre
> S'égara dans les yeux de Cléopâtre !

---

1 H. C. Agrippa, *Les Trois livres de la philosophie occulte*, trad. J. Servier, Paris, Berg international, 1982, t. 1, p. 142.

2 Voir D. P. Walker, *La magie spirituelle et angélique de Ficin à Campanella*, Paris, Albin Michel, 1988.

3 Voir E. Defrance, *Catherine de Médicis, ses astrologues et ses magiciens*, Paris, Mercure de France, 1911.

4 Y. Loskoutoff, « Magie et tragédie : la *Cléopâtre captive* d'Étienne Jodelle », *Bibliothèque d'Humanisme et Renaissance*, 1991, n° 1, p. 65.

> Depuis ce seul moment je sentis bien ma plaie
> Descendre par l'œil traître en l'âme encore gaie,
> Ne songeant point alors quel poison extrême
> J'avais ce jour reçu au plus creux de moi-même[1].

De même, les agissements de Cléopâtre semblent dictés par une rage irrépressible, particulièrement lorsque ses larmes et ses appels à la pitié échouent à la garder en liberté. À l'acte IV, c'est un « cœur terrible » (v. 1079) qui se déchaîne et qui fait craindre le pire à Octave :

> Voilà
> Tous mes bienfaits : hou ! Le dueil qui m'efforce,
> Donne à mon cœur langoureux une telle force,
> Que je pourrois, ce me semble, froisser
> Du poing tes os, et tes flancs crevasser
> A coups de pied[2].

Par endroits, le texte suggère même qu'elle s'en prend physiquement à ses geôliers :

> A faux meurdrier ! A faux traistres, arraché
> Sera le poil de ta teste cruelle.
> Que pleust aux Dieux que ce fust ta cervelle !
> Tien traistre, tien[3].

De cette superposition des modèles découle une esthétique contrastée qui contribue à la singularité de la pièce. En effet, la tragédie de Jodelle se situe à la jonction entre deux conceptions différentes et complémentaires de l'art dramatique : d'une part, celle qui assimile l'illusion théâtrale à la magie et le dramaturge au prestidigitateur ; d'autre part, celle qui, dans le sillon de la tragédie sénéquienne, considère le théâtre comme un lieu d'exacerbation des passions. Cléopâtre est la somme de ces deux visions. Elle incarne le *charme* de la scène, son pouvoir de fascination, mais aussi sa dimension proprement terrifiante, le spectacle relevant, comme en font foi les premières tragédies humanistes, d'un envoûtement qui pétrifie.

1 E. Jodelle, *Cléopâtre captive*, éd. citée, v. 13-18.
2 *Ibid.*, v. 1082-1087.
3 *Ibid.*, v. 1074-1077.

L'insistance sur la fureur spectaculaire caractérise également la deuxième tragédie d'Étienne Jodelle, *Didon se sacrifiant* (1555), qui partage avec la *Médée* de La Péruse le même univers de magie noire et de vengeance meurtrière. Les furies hantent cette pièce du début à la fin. Elles allument çà et là des brasiers qui délimitent comme des bornes l'espace dramatique. Imitant Médée, Didon est en proie à la fureur dès l'ouverture, avec une intensité qui ne manque pas de soulever la crainte parmi les Troyens :

> Ja desja je la voy forcener, ce me semble [...][1].

Comme dans de nombreuses tragédies contemporaines, le furieux est entouré d'une nature hostile, censée refléter son tourment, et dont la description constitue un signe précurseur de la catastrophe. Tout dans cette nature, du ciel impitoyable à la mer enragée, annonce l'issue fatale de la tragédie. C'est un « jour sombre » (v. 1) qui se lève sur Carthage et qui laisse présager de « meurtrières tempestes » (v. 26). La foudre menace à tout instant de s'abattre sur Énée. Les « charbons » (v. 56), qui « braisill[e]nt » (v. 55) dans le cœur de Didon, sont comme le « tonnerre »,

> Lors qu'à son élément il s'esleve de terre,
> Dans le milieu de l'air, clos d'une froide nuë,
> Double de cent esclairs la longue pointe aiguë[2].

De même, la traversée périlleuse d'Énée ne fut qu'un prologue en vue de l'ultime tempête. Sur le visage de Didon se dessine une « fureur suprême » (v. 1523), bien supérieure à celle des éléments déchaînés. En sorte que dans cette fable, toute la tension dramaturgique repose sur une logique de la surenchère, sur l'obscur pressentiment d'un cataclysme, d'un désastre qui finalement se produira.

Ces éléments spectaculaires, contenus dans le discours tragique, se traduisent dans la représentation par le trouble qui s'empare de Didon à l'annonce du départ d'Énée. Dans l'*Énéide*, l'épisode marque chez Didon le passage de la colère sourde à la rage tonitruante, du courroux violent mais encore lucide aux emportements incontrôlés qui secouent le furieux.

---

1 E. Jodelle, *Didon se sacrifiant*, dans *Théâtre complet*, t. III, éd. J.-C. Ternaux, Paris, Champion, 2002, v. 21.

2 *Ibid.*, v. 58-60.

Telle une Thyiade, la reine « erre perdue à travers toute la ville, le cœur en flammes [...][1] ». Fidèle à l'épopée virgilienne, Jodelle dépeint Didon comme une authentique bacchante. Elle se démène, répand la clameur sur tous les toits, enfin succombe au délire qui l'envahit :

> Il semble que je face à Thebes la Bacchante,
> Qui sentant arriver les jours Trieteriques,
> Fait forcener ses sens sous les erreurs Bacchiques[2].

Que Dionysos prenne d'assaut la reine n'a rien d'étonnant : la scène est son territoire. Il est le grand metteur en scène de cette hystérie collective. Sous sa gouverne, Didon devient un personnage sulfureux. Son âme sans défense est livrée aux illusions frénétiques. Agissant en Mégère, elle sème partout la discorde, et les exécrations qu'elle profère semblent jaillir des profondeurs des Enfers :

> Mon nom entre tes dents on t'orra murmurant :
> Nommant Didon Didon, et lors toujours présente
> D'un brandon infernal, d'une tenaille ardente,
> Comme si de Mégère on m'avoit fait la sœur[3].

Puis, elle regrette de n'avoir pas fait comme Atrée, avec son horrible banquet :

> N'ay-je peu déchirer son corps dans la mutine,
> Son Ascaigne égorger, et servir à la table,
> Remplissant de son fils un père détestable[4] ?

Ces passages s'inspirent directement du théâtre de Sénèque. Ils développent un aspect particulier du *furor*, sur lequel les dramaturges de la Renaissance insisteront d'une manière significative : la fureur relève de l'animalité. Sénèque, après avoir décrit l'apparence physique du furieux dans le *De ira*, procède à une comparaison avec la bête[5]. De même que

1 Virgile, *Énéide*, IV, v. 300-303, trad. J. Perret, Paris, Les Belles Lettres, 1992.

2 E. Jodelle, *Didon se sacrifiant*, éd. citée, v. 468-470.

3 *Ibid.*, v. 936-939.

4 *Ibid.*, v. 2141-2143.

5 « Si tu veux avoir la preuve que ceux que domine la colère n'ont pas leur bon sens, regarde leur extérieur ; car si ce sont des symptômes manifestes de la folie que des yeux hardis et menaçants, un front sombre, une physionomie farouche, [...] les mêmes signes se retrouvent dans la colère : les yeux s'enflamment, lancent des éclairs, une vive rougeur

l'animal, par pulsion, obéit à la sauvagerie, de même le furieux, dans son emportement, est prompt à la cruauté. La fureur est étrangère à la raison. Elle est inhumaine. Les perturbations violentes qu'elle engendre, et qui viennent se peindre sur le visage et dans le geste, rappellent la férocité instinctive de l'animal, aussitôt qu'un mouvement de frayeur le saisit.

Cette fureur sauvage, bien qu'elle ne soit pas un phénomène strictement féminin, touche particulièrement les héroïnes de la tragédie. En Didon, comme en maintes autres figures féminines de l'époque, brûle un « feu bestiaire » (v. 1076). Ses paroles ne sont que rugissements. Elle est un « animal inconstant » (v. 1081), un monstre que plus rien ne permet de rattacher au genre humain. Il s'agit là d'un lieu commun. Presque toutes les tragédies de la Renaissance expriment la crainte des hommes face aux puissances occultes, qui prennent pour eux le visage affreux et redoutable de la femme.

La scène finale de *Didon se sacrifiant* offre une image spectaculaire de cette prédisposition à l'animalité. Furibonde, Didon se tient sur le bûcher surplombant la cité. Elle se livre alors à d'ultimes imprécations, fulmine tant et si bien que le peuple excité par ses cris semble vouloir à son tour s'élancer vers la mort :

> Arrachez vos cheveux, Tyriens, qu'on maudisse
> De mille cris enflez l'amoureuse injustice,
> Rompez voz vestements :
> Escorchez vostre face, et soyez tels qu'il semble
> Que l'on voye abysmer vous et Carthage ensemble[1].

La fureur dans cette scène a le caractère d'une exhibition. Elle agit comme un dispositif visuel par lequel le spectacle hypnotise, capte le regard dans une sorte d'effarement vertigineux. Pour Jean de La Taille, ce sont bien là les effets propres au spectacle tragique : la tragédie doit « esmouvoir[2] », saisir au vif, remuer le spectateur jusqu'aux tréfonds de l'âme. Devenu

---

se répand sur tout le visage sous l'action du sang qui afflue du cœur, les lèvres tremblent, les dents se serrent, les cheveux se dressent et se hérissent, [...] les traits, grimaçants et bouffis, sont défigurés et hideux. [...] Vois comme chez tous les animaux, sitôt qu'ils bondissent pour nuire, se révèlent des signes précurseurs, comme leur être tout entier sort de son calme accoutumé et exaspère encore leur humeur féroce », Sénèque, *De ira*, I, 1, trad. A. Bourgery, Paris, Les Belles Lettres, 1971.

1 E. Jodelle, *Didon se sacrifiant*, éd. citée, v. 2229-2334.

2 J. de la Taille, *L'Art de la tragédie*, *op. cit.*, p. 2.

« témoin » de l'immolation de la reine, le peuple ne résiste pas à l'effroi qui le gagne. Il paraît médusé devant cette vision d'horreur, comme le spectateur, au sortir du théâtre, a l'âme remuée par ce qu'il a vu et entendu.

LA PEUR DE LA FEMME

Les premières tragédies humanistes, bien qu'érudites, reconduisent donc une peur ancestrale, populaire, une peur qui remonte aux origines de la société patriarcale, et qui prend dans le contexte des procès de sorcellerie une ampleur sans précédent : la peur de la femme. De nombreuses estampes du XVIe siècle expriment la crainte de l'homme face à la violence féminine : Médée, bien sûr, la terrible magicienne, mais aussi Margot, la guerrière sanguinaire, immortalisée par Brueghel dans son célèbre tableau *Dulle Griet* (1562). Dans son ouvrage sur la représentation de la femme dans l'iconographie de la Renaissance, Sara Matthews Grieco consacre un chapitre entier aux portraits de femmes furieuses, de même qu'aux prototypes historiques de la cruauté féminine[1]. Une telle imagerie peut expliquer la construction des personnages féminins dans le théâtre renaissant : la figure de la furieuse assimile les préjugés de son époque, c'est-à-dire d'une culture marquée par la peur du féminin[2].

Pour le public des années 1550-1560, la figure de la furieuse devait nécessairement rappeler celle de la sorcière. Conformément à la démarche des humanistes, qui traduisent la mythologie antique en termes chrétiens, la fureur païenne est interprétée dans le cadre du discours démonologique. Elle devient une forme de possession diabolique. De fait, pendant que Jodelle et La Péruse écrivent leurs tragédies, une fièvre démoniale s'empare de toute l'Europe, culminant avec l'affaire des possédées de Loudun ; Réforme et Contre-Réforme feront successivement de la femme le bouc émissaire des malheurs du siècle[3]. Aussi, quand bien

1 S. Matthews Grieco, *Ange ou diablesse. La représentation de la femme au XVIe siècle*, Paris Flammarion, 1991.

2 Voir à ce sujet l'étude de J. Delumeau, *La peur en Occident (XIVe – XVIIIe siècles). Une cité assiégée*, Paris, Fayard, 1978.

3 Certes, il existe à la Renaissance un discours favorable à la femme, sur lequel nous reviendrons dans les chapitres suivants. Cependant, le XVIe siècle dans son ensemble

même elles proviennent de la mythologie et de l'histoire païennes, on ne peut abstraire des personnages comme Médée, Cléopâtre et Didon de la « culture satanique » dans laquelle baignent les dramaturges de la Renaissance.

Le *Malleus maleficarum* (1486), célèbre manuel à l'intention des inquisiteurs, est sans doute l'ouvrage qui a le plus fait pour rattacher la femme au mal. Son argumentation repose sur un présupposé universel : la femme est un être de passions. Non que l'homme ne connaisse lui aussi la haine, l'ambition, la jalousie. Mais la femme en est plus violemment éprise, elle en brûle d'un feu plus féroce, d'une flamme plus dévastatrice : « comme les vagues de la mer sont sans cesse en ébullition et en mouvement, ainsi elle est totalement en fureur[1] ». De la même manière que les tempêtes s'opposent à l'ordre cosmique, la femme porte en elle le chaos, la passion dévorante et corruptrice. Ce n'est pas un hasard si l'une des accusations les plus fréquemment reprises lors des procès de sorcellerie concerne la sexualité débridée de la femme. « C'est pour satisfaire leur passion, soutiennent les auteurs du *Malleus*, que [l]es femmes sorcières folâtrent avec les démons[2] ». L'argument est déjà chez saint Augustin, qui, « au livre quinze de la *Cité de Dieu*, dit que telle copulation des Diables avec les femmes est certaine, que ce serait une grande imprudence d'aller au contraire[3] ». Pour les inquisiteurs, la fureur féminine est d'abord érotique[4]. C'est au demeurant une constante du discours sur l'anatomie féminine, depuis Platon jusqu'à Vésale, en passant par Galien, que les femmes soient « plus dépendantes que les hommes de leurs pulsions génitales, moins capables de les dominer[5] ».

Les auteurs du *Malleus* ne sont pas les premiers à diaboliser le sexe féminin, ni encore les derniers, mais ils se livrent à leurs attaques avec

« était [...] une époque où les femmes ont subi une marginalisation progressive ». Ainsi, « [l]a célébrité de certaines femmes n'indique pas leur degré d'émancipation, ni celui du sexe entier. Il faut faire une distinction entre les louanges d'une idéologie optimiste ou précieuse, limitée aux milieux savants et à la cour, les accomplissements de certaines personnalités politiques ou littéraires, et les conditions réelles dans lesquelles vivait la grande majorité des femmes », S. Matthews Grieco, *Ange ou diablesse*, *op. cit.*, p. 15.

1 H. Institoris et J. Sprenger, *Le Marteau des sorcières*, trad. et éd. A. Danet, Grenoble, J. Millon, 1990, p. 177.

2 A. Danet, « L'inquisiteur et ses sorcières », *op. cit.*, p. 58.

3 J. Bodin, *De la démonomanie des sorciers*, Lyon, P. Frellon et A. Cloquemin, 1593, p. 239.

4 *Cf.* J. Delumeau, *La peur en Occident*, *op. cit.*, p. 342-343.

5 M. Lazard, *Images littéraires de la femme à la Renaissance*, Paris, PUF, 1985, p. 21.

une ardeur et un zèle qui seront rarement égalés. Leur plaidoyer trouve écho dans la culture populaire, mais aussi dans les esprits les plus éclairés. Jean Bodin, dans la *Démonomanie des sorciers* (1580), reprend les thèses des deux inquisiteurs. Il y réfute les opinions de Jean Wier et réitère le diagnostic : « La présomption est plus grande que la femme soit sorcière[1] ». Cette superstition pénètre loin dans le XVIe siècle, et même dans le XVIIe. Henry Boguet, dans le *Discours exécrable des sorciers* (1603), réaffirme la complicité qui unit le Diable au sexe féminin[2]. En 1617, Jacques Olivier publie *L'Alphabet de l'imperfection et de la malice des femmes*. Il y énumère tous les vices de la femme, qui la font s'unir à Satan. Le pamphlet, qui lance une virulente querelle entre les partisans de la femme et les misogynes (la querelle des « Alphabets »), étonne par la violence de ses incriminations. On y dépeint la femme comme « [...] l'hameçon du Diable, le tison d'Enfer, l'allumette du vice[3] ». De toutes ces accusations se dégage une hantise profonde, celle du Diable, omniprésent, et pour qui la femme, en raison de la « faiblesse naturelle » de son sexe, s'avère l'entremetteuse attitrée[4].

Cette invincible obsession, on le sait, finira par allumer des bûchers, puis décimer des villages et des provinces entières. Ce serait, selon des estimations avancées en premier par Michelet, puis confirmées par de nombreux historiens à sa suite[5], pas moins de cent mille femmes qu'on aurait brûlées ainsi sur la place publique entre 1560 et 1600. Un tel contexte offre aux dramaturges un axe sémantique de choix dans la composition des personnages féminins. Le modèle de la sorcière permet d'inscrire le spectacle tragique dans le cadre de représentations culturellement signifiantes. Puisqu'elle implique un renoncement à Dieu, un pouvoir merveilleux sur les hommes et les choses, la fureur de Médée, comme celle de Cléopâtre et de Didon, équivaut à un pacte avec le Diable. La fureur fait d'elles des suppôts de Satan.

---

1 J. Bodin, *De la démonomanie des sorciers*, *op. cit.*, p. 537.

2 Publié à Paris chez D. Dinet. L'ouvrage s'ouvre sur l'exemple de Françoise Secretain, accusée d'avoir ensorcelé une jeune fille de huit ans.

3 J. Olivier, *L'Alphabet de l'imperfection et de la malice des femmes*, Lyon, Claude Armand, 1628, p. 4.

4 À la Renaissance, « [l]e visage visible du maléfique, c'est d'abord la femme », A. Danet, « L'inquisiteur et ses sorcières », *op. cit.*, p. 74.

5 Voir, entre autres, l'étude de R. Mandrou, *Magistrats et sorciers en France au XVIIe siècle. Une analyse de psychologie historique*, Paris, Seuil, 1980.

UNE ESTHÉTIQUE DE L'EFFROI

Si cette peur obsédante de la femme investit toute la dramaturgie des années 1550, c'est qu'elle correspond en grande partie à l'idée que se font les poètes du spectacle tragique. En effet, la fureur qui anime les héroïnes de Jodelle et de La Péruse est bien plus qu'une simple passion. Elle ne se réduit pas, si néfaste qu'elle soit, à la perte momentanée de la raison. Dans la mesure où les dramaturges l'ont toujours présentée comme terrifiante, la fureur féminine s'accorde à l'esthétique de l'effroi qui marque le caractère distinctif des premières tragédies humanistes.

Précisons que l'effroi dont il est question ne cadre pas avec la définition que donne Aristote de la crainte dans la *Poétique*. Il lui est même assez étranger, en ce sens où la représentation théâtrale en tant que telle n'intéresse pas le philosophe[1]. Pour Aristote, la peur éprouvée par le spectateur découle de l'appréhension d'être victime d'un malheur semblable à celui qui frappe le héros (« [...] la crainte est une peine ou un trouble consécutifs à l'imagination d'un mal à venir [...][2] »). Ce sentiment naît de l'agencement des faits qui forment la fable et n'a guère besoin de la représentation scénique pour survenir : « [...] la crainte et la pitié peuvent aussi naître de l'agencement des faits, ce qui vaut mieux et est l'œuvre d'un meilleur poète[3] ». L'effroi que recherchent La Péruse et Jodelle est au contraire inséparable de la dimension spectaculaire de la tragédie. D'un point de vue subjectif, la représentation des dérèglements qui touchent le héros est la source vive de l'épouvante, que la scène doit transmettre directement au parterre. Ce qui effraie chez Médée, ce n'est pas l'idée, hautement improbable, de se trouver un jour dans sa situation, c'est la vision terrible de la manie qui s'empare d'elle.

Par ailleurs, l'esthétique de l'effroi n'équivaut pas à l'horreur, comme c'est le cas chez Sénèque, qui dans son théâtre dépeint la passion sur

---

1 « Le spectacle, bien que de nature à séduire le public, est tout ce qu'il y a d'étranger à l'art et de moins propre à la poétique ; car le pouvoir de la tragédie subsiste même sans concours ni acteurs [...] », Aristote, *Poétique*, 1450b, trad. R. Dupont-Roc et J. Lallot, Paris, Le Seuil, 1980.

2 Aristote, *Rhétorique*, II, 1382a, trad. M. Dufour, Paris, Les Belles Lettres, 1967.

3 Aristote, *Poétique*, *op. cit.*, 1453b.

un mode expressionniste – ainsi la cruauté d'Atrée, la joie qu'il ressent à occire les enfants de Thyeste donnent lieu à une forme de réalisme horrible[1]. Il faut se garder d'exagérer l'influence de ce procédé sur les premières tragédies de la Renaissance. Ce que les dramaturges imitent, ce sont moins les détails atroces de la dramaturgie sénéquienne que son imaginaire esthétique.

De tous les états d'âme, la fureur est sans doute le plus spectaculaire, et de toutes les fureurs, la féminine est assurément la plus saisissante. Achate, quand il a constaté la colère de Didon dans la pièce de Jodelle, s'adresse à Énée :

> Tu sais comme est monstrueuse
> D'un courroux féminin l'ardeur tempétueuse[2].

La fureur féminine ne connaît aucune borne, aucune limite :

> Est-il possible, hélas ! qu'en l'âme féminine
> Une fureur tant aspre et sans bride domine[3] ?

Extrême par nature[4], la furieuse commet à tout moment le crime d'*hybris*. C'est au plus haut point un personnage de théâtre, parce que, comme lui, il « ramène l'homme à la faute, à l'excès primitif, au déchaînement des passions, aux anomalies de la nature[5] ». Ainsi, à la terreur que doit susciter le spectacle tragique correspond l'épouvante que soulève la femme furieuse à l'intérieur de la fable. Tragédie par excellence de la fureur spectaculaire, la *Médée* de La Péruse est par là même la tragédie de l'effroi. Partout dans cette pièce s'exprime la peur des maléfices, lesquels menacent de faire basculer la civilisation dans la barbarie. L'acte II s'ouvre sur la crainte du Gouverneur :

> J'ai peur, je crains, je prévois le danger [...][6].

1 Voir l'étude de C. Federici, *Réalisme et dramaturgie. Étude de quatre écrivains : Garnier, Hardy, Rotrou, Corneille*, Paris, Nizet, 1974.

2 E. Jodelle, *Didon se sacrifiant*, éd. citée, v. 338-339.

3 *Ibid.*, v. 1765-1766.

4 Cette idée, centrale dans le discours sur la femme, se retrouve encore au XVIIe siècle. Ainsi lit-on chez La Bruyère : « Les femmes sont extrêmes ; elles sont meilleures, ou pire que les hommes », *Les Caractères*, « Des femmes », 53.

5 C. Naugrette, *L'esthétique théâtrale*, Paris, Armand Colin, 2005, p. 57.

6 J. de La Péruse, *Médée*, éd. citée, v. 367.

Le troisième reprend le même vocabulaire et insiste sur la frayeur du roi Créon :

> J'ai peur, je crains, je doute, et mes troublés esprits
> Sont de nouvelle horreur effraïement surpris[1].

Enfin, la première tirade d'Énée dans *Didon se sacrifiant* est une longue description de « [c]este effroyante nuict » (v. 240) où les Atrides pénètrent dans Troie. Des palais saccagés, des richesses pillées, des temples enflammés, et même d'Hector « l'effroyable figure » (v. 217), de la vue de tout ceci, dit-il, « Je n'ay point eu d'effroy, et je l'ay d'un visage / D'un visage de femme [...][2] ». Ce sont ses premières paroles. Elles insistent, au moyen de la comparaison, sur le caractère outrancier de la fureur féminine. Même les guerriers les plus courageux tremblent devant la femme contrariée. Les traits que décochent ses regards sont plus meurtriers que le fer ennemi.

L'*Hercule sur l'Oeta* de Sénèque fournit le modèle d'une des scènes les plus spectaculaires du théâtre latin : l'immolation d'Hercule. Elle servira d'exemple à Jodelle, qui s'en inspirera pour la mort de Didon. Or, l'épisode, dans le contexte des procès de sorcellerie, est investi d'une signification particulière. Pendant que la reine s'immole sur le théâtre, des centaines de bûchers sont dressés à travers toute la France, où sont jetées les victimes des persécutions, des femmes, majoritairement, accusées de pratiques illicites. Didon se lançant dans le feu, Didon se déchirant la poitrine et proférant les pires anathèmes, n'est-ce pas la sorcière possédée que l'on brûle sur la place publique ? Le feu scelle la mort des furieuses. En même temps qu'il expose les ravages de la passion dévorante, le supplice du bûcher devient le symbole éclatant de l'hérésie. Aussi, peu de choses au final distinguent le spectacle tragique du spectacle qu'offrent les condamnations publiques. L'un et l'autre possèdent une fonction purgative (exorciser le mal qui pollue et corrompt le corps social) ; l'un et l'autre mettent en scène la femme furieuse, la femme coupable, dont le supplice sert de châtiment exemplaire.

1 *Ibid.*, v. 585-586.
2 E. Jodelle, *Didon se sacrifiant*, éd. citée, v. 182-183.

LA CONTAGION

Il est un dernier aspect de l'association entre la fureur féminine et l'esthétique tragique qui mérite d'être souligné. Une longue tradition morale et philosophique voit dans le commerce des femmes et la fréquentation des spectacles une même forme d'idolâtrie contagieuse. Relayée par le discours médical[1], cette idée connaît son apogée au XVIIe siècle avec la critique augustinienne des divertissements. Mais en fait, on la formule dès le XVIe siècle, au moment où réapparaît la tragédie à l'antique.

De la même manière que les contempteurs de la femme s'en prennent à son pouvoir de séduction, « [t]ous les augustiniens font reposer leur rejet de la Comédie sur une théorie de la contagion[2] ». L'argument remonte à Platon, qui, dans les *Lois*, parle de la corruption qu'entraîne la poésie imitative[3]. Les spectacles provoquent un dérèglement des sens, qui à son tour engendre une perturbation de la raison. Lucien de Samosate raconte que les habitants d'Abdère, après avoir vu représenter l'*Andromède* d'Euripide, sortirent du théâtre aux prises avec une fièvre ardente, et qu'ils déambulèrent ainsi toute la nuit dans les rues de la ville, furieux et comme étrangers à eux-mêmes[4]. Il n'est pas de spectacle,

1 Les théories de la contagion appliquées au champ de la médecine remontent aux temps les plus anciens. Les médecins de l'Antiquité « expliquaient les mécanismes de propagation des maladies par le contact immédiat avec un poison ou par la médiation de l'air corrompu entre un agent malade et un patient sain » (A. Robert, « Contagion morale et transmission des maladies : histoire d'un chiasme, XIIIe-XIXe siècle », *Tracé*, n° 21, 2011-2012, p. 41). Au fil des siècles, « les usages non-médicaux de la contagion firent leur apparition dans le domaine de la philosophie morale où les idées d'imprégnation (*infectio*) et de souillure servaient à décrire la marque corporelle du vice chez l'homme [...]. Cette tendance à associer contagion et morale semble devenir plus systématique chez les Pères de l'Église, puisqu'ils appliquent l'idée de contagion à la transmission des péchés – tant du péché originel qui s'est transmis d'Adam à tous les hommes par contagion héréditaire, que des péchés personnels qui se transmettent parmi les hommes – et à la possible expansion de l'hérésie. Dans ces contextes, on ne cherche jamais véritablement à expliquer le détail des mécanismes de la propagation du mal, mais seulement à illustrer sa nocivité individuelle et collective », *ibid.*, p. 42.

2 L. Thirouin, *L'aveuglement salutaire. Le réquisitoire contre le théâtre dans la France classique*, Paris, Champion, 1997, p. 122.

3 *Cf.* Platon, *Les Lois*, III, 600b-605c.

4 L. de Samosate, *Comment écrire l'histoire*, trad. A. Hurst, Paris, Les Belles Lettres, 2010, p. 3-4.

écrit Tertullien, « qui ne s'accompagne d'un ébranlement de l'esprit[1] ». Assimilant le plaisir du spectateur à la « tristesse compatissante » (*misericors contristabar*), Augustin dans ses *Confessions* qualifie l'adoration de la scène de « folie misérable » (*miserabilis insania*)[2].

Parallèlement à une politique officielle favorable au théâtre, renaît au XVIe siècle un rigorisme anti-théâtral dont les thèses recoupent celles des Pères de l'Église[3]. Autour du cardinal Charles Borromée se développe une critique de l'art dramatique considéré comme intrinsèquement pervers. Se prononçant sur les dangers du mimétisme, le jésuite Mariana, dans son *Tractatus de Spectaculis* (1609), réfléchit à l'efficacité psychagogique du théâtre, qu'il présente comme une forme de corruption[4]. Le débat se poursuit au XVIIe siècle avec les polémiques jansénistes. « Le théâtre, écrit Bossuet, saisit les yeux, les tendres discours, les chants passionnés pénètrent le cœur par les oreilles. Quelques fois la corruption vient à grands flots, quelques fois elle s'insinue comme goutte à goutte : à la fin on n'en est pas moins submergé[5] ». La représentation théâtrale n'assure en rien l'apaisement des passions, au contraire, elle en accroît l'intensité. Comment le spectateur, tout ébranlé de la tragédie qui se joue devant lui, peut-il espérer quitter le théâtre l'âme sereine, purgée des passions qui la troublaient ? « Un poète habile, écrit le père Lamy, donne tant de feu à ceux dont il peint les mouvements qu'il est impossible qu'en même temps que nous sommes liés à eux par le plaisir, nous ne soyons aussi brûlés des mêmes flammes[6] ».

Spectaculaire, envoûtante, la fureur féminine apparaît donc comme l'illustration du pouvoir scénique dans la culture de la Renaissance. La furieuse allume partout autour d'elle la passion. Un seul de ses regards

---

1 Tertullien, *De Spectaculis*, XV, 3, éd. et trad. M. Turcan, Paris, Éditions du Cerf, 1986.

2 « Mais pourquoi donc l'homme veut-il s'apitoyer au spectacle d'aventures lamentables et tragiques : il ne voudrait pas lui-même les souffrir, et cependant, spectateur, il veut, de ce spectacle, éprouver de la douleur, et cette douleur même est ce qui fait son plaisir. Qu'est-ce donc sinon une pitoyable aberration ? », Saint Augustin, *Confessions*, III, 2, 2, trad. P. de Labriolle, Paris, Les Belles Lettres, 1944, p. 46.

3 Voir M. Fumaroli, « La querelle de la moralité du théâtre avant Nicole et Bossuet », *Revue d'Histoire littéraire de la France*, n° 5-6, novembre-décembre 1970, p. 1007-1030.

4 *Cf.* J. Mariana, *Tractatus III De Spectaculis*, dans *Tractatus VII*, Cologne, A. Hieratus, 1609, p. 127-130.

5 Bossuet, *Maximes et réflexions sur la comédie*, Paris, Jean Anisson, 1690, p. 37-38.

6 B. Lamy, *Nouvelles réflexions sur l'art poétique*, éd. T. Gheeraert, Paris, Champion, 1998, p. 199.

contamine l'esprit. Elle est un fléau à l'image de la peste. Dans la *Didon se sacrifiant* de Jodelle, c'est entièrement aveuglé des traits de Didon qu'Énée se présente devant Achate. De même, Jason, dans la tragédie de La Péruse, n'a de cesse de fuir Médée, de peur d'en être ensorcelé. On pourrait multiplier longuement les exemples qui font de la fureur féminine une folie contagieuse. On trouverait alors, inscrit en creux dans la dramaturgie, ce qui attache en propre la scène à la femme.

Depuis l'Antiquité jusqu'au XVIIe siècle, le théâtre et la femme sont condamnés par les moralistes en tant qu'ils exposent l'âme au « divertissement » sensuel. Tertullien réprouve pour les mêmes raisons les séductions mimétiques qui se déroulent sur la scène et les parures des courtisanes. Toutes deux excitent le regard. Toutes deux font naître le désir et la tentation. Toutes deux piègent l'homme « comme un oiseau dans les filets qu'on lui tend[1] ». Dans son *Traité de la Comédie* (1667), Pierre Nicole compare le spectacle théâtral à « cette attache passionnée des hommes envers les femmes[2] ». La confrontation n'est pas innocente. Au même titre que le corps féminin, le théâtre n'est que « sensualité, curiosité, ostentation[3] ». D'ailleurs, la *concupiscentia oculorum* (concupiscence des yeux) ne se réduit pas à la *libido spectandi* (le plaisir du spectacle) dans la doctrine augustinienne. Elle désigne toute soif perverse du regard, toute jouissance égoïste de l'image. Quelle différence y a-t-il, de ce point de vue, entre le visage d'une femme et les beautés de la scène ? « Toutes les curiosités se valent ; elles ont une seule et unique source[4] » : la *libido sentiendi*, la satisfaction, puissante et immédiate, vaine et diabolique, des plaisirs sensoriels. Les prédicateurs chrétiens s'élèveront contre cette fascination pour les spectacles. Ils verront dans le jeu dramatique, comme dans la fureur féminine, la manifestation des puissances infernales qui règnent sur le monde. Pour eux, le seul spectacle qui soit moralement acceptable, c'est celui, intérieur et immatériel, de la plénitude de Dieu.

---

1 Bossuet, *Maximes et réflexions*, *op. cit.*, p. 31.
2 P. Nicole, *Traité de la comédie*, éd. L. Thirouin, Paris, Champion, 1998, p. 57.
3 Bossuet, *Maximes et réflexions*, *op. cit.*, p. 29.
4 L. Thirouin, *L'aveuglement salutaire*, *op. cit.*, p. 241.

LA FEMME CHARMANTE

L'on ne se peut servir d'un charme plus
[puissant [...][1].

Face à la popularité grandissante de la tragi-comédie dans le premier tiers du XVIIe siècle, la tragédie se voit forcée de se redéfinir[2]. Le temps n'est plus à la fureur sénéquienne, mais bien aux intrigues romanesques, qui séduisent plus qu'elles n'effraient. Se pliant aux goûts du public, les dramaturges, de concert avec les théoriciens, apportent de profonds changements au spectacle tragique. La tragédie ne rompra jamais tout à fait avec sa finalité didactique, l'édification morale (*docere*), qui lui confère du reste toute sa noblesse. Mais elle emploiera dorénavant, pour atteindre le but qu'elle se propose, un moyen que les auteurs de la Renaissance n'avaient exploité que d'une manière secondaire : le plaisir lié à la représentation (*placere*).

À partir des années 1630, l'esthétique tragique repose sur la notion de charme. Tous les doctes l'affirment : l'illusion mimétique ne saurait réussir sans lui. Conformément à son usage au XVIIe siècle, et à la différence de celui en vigueur au XVIe siècle, le mot « charme » ressortit davantage à la séduction qu'au sortilège, encore que les deux acceptions ne s'excluent pas nécessairement dans l'esprit des classiques. Furetière, dans son dictionnaire, indique le glissement de sens qu'il subit. Le charme renvoie toujours à la magie – c'est la première entrée –, mais aussi au plaisir général que procurent les agréments, et surtout, dans

1 I. de Benserade, *Cléopâtre*, Paris, A. Sommaville, 1636, v. 1455.

2 Voir G. Forestier, « De la modernité anti-classique au classicisme moderne. Le modèle théâtral (1628-1634) », *Littératures classiques*, n° 19, 1993, p. 87-128 ; repris sous le titre de « La crise des genres. Mort et renaissance de la tragédie », dans G. Forestier, *Passions tragiques, règles classiques. Essai sur la tragédie française*, Paris, PUF, 2003, p. 13-66.

le contexte de la préciosité, aux douceurs et aux attraits de la femme. Charmer, c'est « toucher, dire, ou faire une chose agréablement ; ravir ; enchanter ; plaire extrêmement[1] » : autant de pratiques dans lesquelles excellent traditionnellement les dames. « Hermione à Pyrrhus prodiguait tous les charmes », écrit l'auteur à propos de l'*Andromaque* de Racine. Puis il cite le Chevalier de Méré : « Les femmes qui ont des charmes pour plaire, ont leur part au péril où elles mettent les autres[2] ». Les exemples abondent, qui précisent ce mystérieux pouvoir féminin.

Plaire au spectateur, c'est d'abord l'envoûter par la beauté du spectacle, de manière qu'il n'en perçoive pas les rouages, de manière qu'il oublie, l'espace d'un instant, la nature factice de l'entreprise théâtrale. Cette conception de la représentation engendre au XVIIe siècle un double discours, une série d'arguments *pro et contra* servant à condamner ou à célébrer le pouvoir des apparences sur l'esprit. Pour les partisans du théâtre, l'illusion mimétique n'est rien de plus qu'une « agréable tromperie ». Mais pour ses détracteurs, la duperie qui définit la relation entre la scène et le public équivaut à un affreux sacrilège.

Concrètement, cette polarité se cristallise autour d'une figure emblématique : la *femme charmante*. Personnage au statut ambigu, elle se rencontre dans nombre de tragédies des années 1630, où elle soulève des problèmes d'ordre moral et métaphysique. Tandis que les galants verront dans son allure séduisante les formes du Bien et du Beau, les moralistes s'en défieront comme d'une menace à leur salut. Cette femme est d'autant plus dangereuse, soutiennent ces derniers, qu'elle se montre plus honnête et plus aimable.

PORTRAITS DE FEMMES CHARMANTES

La *Sophonisbe* de Mairet (1634) marque un moment important dans l'histoire de la tragédie. Elle annonce le retour aux règles, après une période de flottement où la tragédie à l'antique s'était vue contestée par

1 A. Furetière, *Dictionnaire universel*, La Haye/Rotterdam, Arnout et R. Leers, 1690, t. I, p. 568.

2 *Loc. cit.*

la tragi-comédie et la tragédie baroque. Avec les unités, elle prescrit un modèle ; avec les bienséances, elle impose un ton. Cependant, la pièce fait plus que modifier les règles de l'art. Dans la dédicace de sa pièce, Mairet se vante « d'avoir tiré des soupirs des plus grands cœurs, et des larmes des plus beaux yeux[1] ». Il indique là un changement radical dans l'esthétique du spectacle et les attentes du public. Pour le dramaturge, le plaisir de la représentation l'emporte sur sa dimension morale. Les beautés du théâtre touchent infiniment plus le « vrai esprit des gens de cour[2] » que les enseignements qu'on y reçoit. Depuis les origines de la tragédie, *docere* et *placere* sont indissociables, mais l'on peut dire que pour les poètes du premier tiers du XVIIe siècle, la nécessité d'instruire se subordonne à celle de divertir.

Cette hiérarchie des fonctions se traduit, sur le plan dramaturgique, par le rôle central que joue la beauté physique de l'héroïne dans *Sophonisbe*. Pour tous ceux qui la croisent du regard, cette beauté est à la fois un objet de contemplation et un sujet d'aveuglement. La tragédie s'ouvre sur la désillusion de Syphax :

> Quoi perfide ? s'entendre avec mes ennemis ;
> Est-ce là cet amour que tu m'avais promis ?
> Est-ce là cette foi que tu m'avais donnée,
> Et le sacré respect qu'on doit à l'Hyménée[3] ?

La scène est bien connue. Elle présente la colère du vieux roi, après qu'il eut découvert l'infidélité de son épouse. Le charme, pour l'infortuné, est bel et bien rompu : sur le « beau visage » (v. 272) de Sophonisbe se lisent les marques de la perfidie. Pour mieux l'abhorrer, Syphax se remémore le jour détestable où il fut « perclus de l'esprit et des yeux » (v. 50), piqué par « l'atteinte empoisonnée » de la traîtresse :

> Soit maudit à jamais le lieu, l'heure, et le jour,
> Que son aspect charmeur me donna de l'amour[4].

La trahison de Sophonisbe possède un modèle fameux, le plus célèbre peut-être de toute l'Antiquité : l'adultère d'Hélène. Comme dans le mythe

1 Dans *Théâtre complet*, t. I, éd. B. Louvat, A. Riffaud et M. Vuillermoz, Paris, Champion, 2004, p. 102.
2 *Ibid.*, p. 76.
3 J. Mairet, *Sophonisbe*, éd. citée, v. 1-4.
4 *Ibid.*, v. 137-138.

grec, le parjure de la reine renferme une dimension politique. Il est cause de la victoire du jeune Massinisse sur les troupes de Syphax, puis de sa chute face au pouvoir romain. De même, la métaphore militaire est partout présente dans cette pièce pour dépeindre la « conquête » amoureuse – ainsi les « lauriers de la guerre » vont de pair avec les « myrtes de l'amour » (v. 278). Or l'association n'a rien en soi de glorieux, au contraire. Elle annonce l'issue fatale de la tragédie, toute passion devant se solder un jour par la douleur de la « défaite ». Par ailleurs, la référence à Hélène fait apparaître l'hypocrisie de l'héroïne :

> Eh bien aurais-tu cru que sous tant de beauté
> Logeât tant de malice et de déloyauté[1] ?

Dissociant habilement être et paraître, la reine déguise sous une « feinte amour » (v. 100) ses véritables désirs, use de la séduction comme d'un instrument destiné à satisfaire son ambition secrète. Au fond, Sophonisbe n'a que faire de l'amour de Syphax. C'est la conservation du pouvoir qui l'intéresse. Et maintenant que les Romains sont aux portes de la ville, il faut choisir son camp. Aussi le pire adversaire de Syphax, ce n'est pas Massinisse, c'est sa déloyale épouse :

> Déguise mieux tes inutiles ruses,
> De qui le faux éclat ne saurait m'éblouir,
> Adieu, je ne veux plus ni te voir ni t'ouïr.
> Va-t'en, va, que sur toi ma colère n'éclate,
> Femme sans foi, sans cœur, et sur toutes ingrates[2].

C'est à ses propres dépens que Massinisse apprendra à son tour la leçon. La scène IV de l'acte III, qui montre la rencontre des amants, fonctionne comme un développement de l'oxymore du « vainqueur-vaincu ». La figure apparaissait déjà chez Tite-Live, au livre XXX de *l'Histoire romaine*[3] : « *amore captivae victor captus* ». Elle sera plus tard amplifiée par Pétrarque au chant V de l'*Africa*. Mais on doit à Mairet d'en avoir exploité au maximum le potentiel dramatique. Tragédie de Sophonisbe, cette pièce pourrait tout aussi bien être la tragédie de Massinisse. Dès

1 *Ibid.*, v. 213-214.
2 *Ibid.*, v. 124-128.
3 Il s'agit de la principale source de Mairet, avec Appien, *Livre Ibérique*, XXXVII et *Livre Africain*, X, XVI-XVII, et XXVI-XXVIII.

qu'il entre en scène, le héros tombe sous le charme de la reine. La pitié qu'il éprouvait tourne en une passion ardente, et les profonds respects se transforment en « soupirs brûlants » (v. 893) :

> Ô Dieux ! que de merveilles,
> Enchantent à la fois mes yeux et mes oreilles !
> Certes jamais esprit n'eut un plaisir si doux,
> Que celui que je sens d'être estimé de vous[1].

Une réplique de Scipion confirme le caractère soudain de l'enchantement :

> Massinisse en un jour, voit, aime, et se marie[2].

C'est dire que, chez Mairet, la beauté possède une valeur égale à celle de la force, conférant aux femmes un « pouvoir absolu » (v. 822) sur le cœur des hommes.

D'un autre côté, il n'est qu'un « esprit extrêmement crédule » (v. 872) pour s'éprendre d'un beau visage. Sophonisbe ne vise pas directement Massinisse avec ces paroles. Néanmoins elle nomme ce qui pourrait être considéré comme le second argument de la tragédie, après la mort de la reine : l'aveuglement du héros. À la troisième scène de l'acte IV, même les mises en garde de Scipion, le grand consul, s'avèrent vaines et échouent à le ramener à la raison. Pour les Romains, la reine est un « butin » (v. 1249) de guerre ; pour Massinisse, elle représente un juste « salaire amoureux » (v. 1274) après « toute une vie en services passée » (v. 1275). Le débat sur la « propriété » de Sophonisbe se déplace alors sur un terrain proprement juridique. Au « salut de la chose publique » (v. 1295) s'oppose l'intérêt personnel du jeune prince. Prenant le parti de l'Empire, Scipion réitère l'« immuable arrêt » (v. 1294) : Sophonisbe sera menée en triomphe dans les rues de Rome. Les lois de la guerre l'exigent, de même que la raison d'État[3]. Hélas, les ordres des Romains se heurtent à l'entêtement du prétendant victorieux, dont l'égoïsme contraste avec la générosité de l'illustre général. Contrairement à Massinisse, Scipion, lui, n'hésite pas à se sacrifier pour le bien commun. Il sait distinguer la vraie vertu des illusions charmantes.

---

1 J. Mairet, *Sophonisbe*, éd. citée, v. 811-814.

2 *Ibid.*, v. 1231.

3 « Et la force et le droit veulent que je la rende », *ibid.*, v. 1263.

Ainsi, bien que l'impossible revendication de liberté de Sophonisbe puisse être vue comme « la figure même du genre tragique[1] », elle ne rivalise d'aucune manière, sur le plan pathétique, avec la folie de Massinisse. Rappelant la tragédie *Pyrame et Thisbé* de Théophile de Viau (1622), la *Sophonisbe* de Mairet se termine avec les plaintes déchirantes de l'amant sur le corps de sa maîtresse. Ici comme chez Viau, l'exaltation amoureuse s'inverse en une course effrénée vers la mort, seule conclusion logique à cette passion destructrice. Loin de défaire le charme, la scène finale le consacre, et surtout en accentue le caractère mortifère. C'est d'ailleurs ce que confirme Scipion, s'adressant à Lélie :

> Allons-nous-en, Lélie ;
> Puisque notre présence irrite sa folie[2].

Massinisse est la victime non d'une force abstraite, de la Fortune qui mène le monde, mais de l'œuvre d'une femme, Sophonisbe, source de tous ses maux. Est-ce le « Ciel » (v. 1799) ou le « cruel Sénat » (v. 1807) qu'il faut blâmer, ainsi que le fait le pauvre homme rendant l'âme ? Ou ne serait-ce pas plutôt le « poison » de quelques « regards charmants » (v. 1349) qu'il faut accuser d'avoir causé la perte du héros, comme le médite avec gravité Scipion avant de quitter la scène ? Finalement, la déchéance fulgurante de Massinisse donne raison à Syphax, quand il lançait furieusement à son rival :

> Pour te faire un présent digne d'un ennemi,
> Et te souhaiter pis que le fer ni la flamme,
> Je te souhaite encor Sophonisbe pour femme[3].

Après le succès retentissant de la *Sophonisbe* sur les planches de l'Hôtel de Bourgogne, Mairet récidive un an plus tard avec *Le Marc Antoine ou La Cléopâtre* (1635). La parenté entre les deux pièces est évidente. D'une part, le suicide de Cléopâtre est une évocation à peine voilée du sacrifice de Sophonisbe devant la puissance romaine. D'autre part, la passion d'Antoine se confond avec celle de Massinisse, tous deux refusant la

1 C. Delmas, « Les *Sophonisbe* et le renouveau de la tragédie en France », *Revue* XVIIe *siècle*, n° 208, 2000, p. 457.

2 J. Mairet, *Sophonisbe*, éd. citée, v. 1777-1778.

3 *Ibid.*, v. 230-232.

guerre au nom de l'amour. Mairet lui-même voyait dans cette seconde tragédie le prolongement de la première : « Si je mets ma *Cléopâtre* au jour, je m'étendrai davantage sur cette matière », écrit-il en parlant de la « commisération » que le dénouement de la *Sophonisbe* avait réussi à éveiller[1]. On aurait tort de négliger l'influence qu'ont exercée ces œuvres sur la tragédie du premier XVIIe siècle. Avec *Sophonisbe*, Mairet crée le personnage de la femme charmante ; avec *Cléopâtre*, il le reprend et l'approfondit, lançant définitivement une mode qui n'allait s'essouffler qu'avec la tragédie cornélienne.

La tragédie de Cléopâtre commence là où se terminait celle de Sophonisbe. C'est tout charmé déjà qu'Antoine, à l'instar de Massinisse, entre en scène au lever du rideau. Lucile, le valeureux capitaine, voit bien l'urgence de raisonner son chef, avant que l'armée ne se retourne contre lui :

> Il est temps, à la fin, de vous désaveugler,
> Et que le jugement commence à vous régler[2].

Or, les « avis prudents » (v. 160) ne sont plus de saison. Antoine s'efforce en vain de convaincre son peuple que la guerre n'est pas perdue, que la victoire contre les troupes d'Octave est encore possible, mais en réalité, il n'a d'yeux que pour Cléopâtre. Abandonnant dès le début le combat, il « se soumet docilement à son destin[3] ». Tout le premier acte insiste sur l'oisiveté du héros, laquelle risque à chaque instant de provoquer la mutinerie. Comme dans le récit de Plutarque, Antoine troque les armes pour le commerce agréable de la reine :

> Cléopâtre [...] imaginait toujours pour Antoine [...] quelque agrément nouveau et ainsi le tenait sous sa coupe, ne le quittant ni jour ni nuit [...][4].

En effet, le modèle de la *Vie d'Antoine* devait s'imposer à Mairet pour plusieurs raisons. D'abord, le charme de Cléopâtre y est présenté comme un phénomène prodigieux, qui relève, outre de la beauté plastique, d'un magnétisme proprement féminin :

---

1 J. Mairet, « Au lecteur », *Sophonisbe*, dans *Théâtre complet*, *op. cit.*, p. 104.

2 J. Mairet, *Marc Antoine*, dans *Théâtre complet*, *op. cit.*, v. 151-152.

3 P. Tomlinson, « Le personnage de Cléopâtre chez Mairet et Corneille », *Revue XVIIe siècle*, 1996, n° 190, p. 68.

4 Plutarque, « Vie d'Antoine », dans *Vies illustres*, trad. R. Flacelière et É. Chambry, Paris, Les Belles Lettres, 1963-1980, t. 13, p. 369.

> Et de fait sa beauté en elle-même n'était pas, dit-on, incomparable ni susceptible d'éblouir ceux qui la voyaient, mais son commerce avait un attrait irrésistible et son physique, joint au charme de sa conversation [...] laissait un aiguillon qui pénétrait jusqu'au vif. [...] Ainsi s'empara-t-elle de l'esprit d'Antoine [...][1].

Ensuite, il existe dans ce texte, et plus encore dans la pièce de Mairet, une espèce de démonstration par son contraire du caractère lascif de Cléopâtre. Si Plutarque souligne le charme sensuel de l'Égyptienne, c'est pour mieux l'opposer à la beauté pure d'Octavie, renvoyant par là à la tradition des deux Aphrodite : le plaisir de la chair et l'amour spirituel. Cléopâtre exhale les parfums les plus capiteux, sa voix reproduit le doux son de la cithare, son corps épouse le mouvement cadencé des tambours. C'est une nymphe venue festoyer avec Dionysos, pour le plus grand bonheur d'Antoine. À l'inverse, Octavie respire la chasteté ; les sentiments nobles qu'elle découvre la rapprochent d'une sainte. En conformité avec cette image, Mairet idéalise le personnage, porte aux nues sa sagesse, si bien que l'on s'étonne presque de voir Antoine lui préférer une autre femme.

> C'est la très vertueuse, et très belle Octavie,
> Qui vous peut conserver la fortune et la vie[2],

affirme Lucile, vantant les innombrables qualités de la Romaine. L'acte II offre un véritable catalogue de ses vertus, à la manière des recueils de femmes illustres qui se multiplient à partir des années 1630. Figurent parmi ses mérites la pudeur (v. 509), la modestie (v. 482), la prudence (v. 545), la patience (v. 557), enfin la constance (v. 557). L'ensemble est couronné d'un esprit de sacrifice digne des âmes les plus héroïques. Le portrait est tel que même Antoine, pourtant obnubilé par Cléopâtre, est saisi d'admiration :

> Ô femme, incomparable entre les plus parfaites[3] !

Or, malgré toute sa perfection, la probité d'Octavie n'a rien en soi de « charmant ». Quoiqu'elle soit une « femme sans reproche et sans prix »

1 *Ibid.*, p. 367.
2 J. Mairet, *Marc Antoine*, éd. citée, v. 405-406.
3 *Ibid.*, v. 641.

(v. 419), sa bonté fait pâle figure à côté de la « chaleur » (v. 287) que fait naître Cléopâtre chez Antoine. Il semble donc que certains critiques fassent erreur, quand ils prétendent que Mairet « désensualise » le personnage de Cléopâtre dans cette pièce[1]. L'Égyptienne y apparaît au contraire dans son aspect le plus charnel. La reine elle-même le reconnaît, cependant qu'elle le déplore :

> Ah ! Si mes yeux alors eussent eu moins de charmes, [...]
> Que je serais contente, et qu'il serait heureux,
> S'il eut vu ma beauté sans en être amoureux[2] !

Représentée quelques mois à peine après la pièce de Mairet au Théâtre du Marais, *La Cléopâtre* d'Isaac de Benserade met en scène une héroïne qui n'a rien perdu de son charme légendaire. Se démarquant par un ton et un style qui empruntent à l'esprit mondain, cette tragédie est imprégnée des lieux communs du pétrarquisme, que la préciosité intègre à sa langue et à sa rhétorique. Homme de tous les divertissements, Benserade était un poète de cour, l'auteur de nombreux ballets notamment : un galant connaissant mieux que quiconque cette politesse supérieure qui portait depuis Faret le nom d'« honnêteté ». Aussi n'est-il guère surprenant que la topique du charme soit partout présente dans cette pièce, allant jusqu'à lui donner des airs de tragédie galante.

Avant même que ne débute le premier acte, les charmes féminins se prêtent au jeu de la flagornerie. Dans une sorte de prologue situé à l'extérieur du temps dramatique, Cléopâtre paraît sur scène, récitant un sonnet en l'honneur de Richelieu. Le passage prend la forme d'un panégyrique à la gloire de la monarchie :

> Je reviens des enfers d'une démarche grave,
> Non pour suivre les pas d'un César, mais d'un dieu,
> Ce que je refusais de faire pour Octave,
> Ma générosité le fait pour Richelieu[3].

Certes, il peut sembler étonnant que Benserade place la figure de Cléopâtre sous le patronage de Richelieu, elle qui symbolise le refus de

1 P. Tomlinson, « Le personnage de Cléopâtre chez Mairet et Corneille », *op. cit.*, p. 70.
2 J. Mairet, *Marc Antoine*, éd. citée, v. 221, 223-224.
3 I. de Benserade, « Sonnet pour Duc de Richelieu », *Cléopâtre*, éd. citée, f. 5.

la soumission. Mais les premières répliques de la reine révèlent le sens que prendra le conflit politique dans cette tragédie. Quelque puissant qu'il soit, le charme de Cléopâtre ne suffira pas à entraver la marche de Rome vers l'*imperium*. On en trouve confirmation dans les derniers vers de la pièce, qui s'adressent directement à l'éminent cardinal :

> Vos ennemis sont morts, vous demeurez le maître,
> Nous verrons dans vos mains l'empire florissant,
> Le ciel s'étonnera de vous voir si puissant,
> Et de voir élevé si haut l'aigle de Rome,
> Quoi qu'il ne soit posé que sur le front d'un homme[1].

De cette brève introduction découle l'argument suivant : la beauté ne trompe que les plus faibles. À la scène VII de l'acte IV, Cléopâtre tente de séduire Octave, le futur Auguste, afin d'obtenir de lui la clémence et la liberté de mourir :

> Je veux dans ma misère
> Obtenir deux faveurs, c'est tout ce que j'espère,
> L'une que vous souffriez pour borner mon ennui
> Que je retrouve Antoine en mourant comme lui, [...]
> L'autre que mes enfants soient moins infortunés,
> Et qu'à votre triomphe ils ne soient point menés[2].

Elle prononce ces vers à genoux, suppliante, n'épargnant ni pleurs ni soupirs. Et cependant, Octave reste de marbre, insensible aux démonstrations de la reine. À peine pose-t-il les yeux sur elle, se gardant bien de s'exposer aux dangereux attraits :

> Ce cruel ne m'a pas seulement regardée,
> Dieux de quelles fureurs me sens-je possédée[3] !

Prodigieuse, cette résistance au charme apparaît d'autant plus méritoire qu'une série de répliques vient en frapper la toute-puissance : « Le pouvoir de ce sexe est partout reconnu » (v. 1773), ou encore : « Qu'une femme aisément séduit, et abuse ! » (v. 197). Ainsi Agripe ne peut croire que son maître ait réussi là où tous les Romains avant lui ont échoué :

1 I. de Benserade, *Cléopâtre*, éd. citée, v. 1836-1840.
2 *Ibid.*, v. 1389-1392, 1395-1396.
3 *Ibid.*, v. 1409-1410.

Avoir pu résister à de si forts appas ? [...]
Avoir paré les traits d'une reine si belle ?
Vaincre Antoine était moins que se défendre d'elle,
Se détourner d'un feu si subtil, et si prompt,
C'est le plus beau laurier qui ceigne votre front[1].

Les charmes féminins ne peuvent rien contre la *virtus* romaine : c'est là tout le sens de cette pièce, qui fait la part belle au projet absolutiste. Octave n'incarne peut-être pas l'idéal antique de l'impassibilité, mais il sait dominer ses affections, au nom d'un idéal politique composé de force morale et de courage. Quant à Antoine, la vertu qu'il fait sienne, et qui se confond avec une forme d'amabilité et d'obligeance, se présente comme un pur produit de la galanterie. Toute sa gloire passe du côté des sentiments, et les honneurs sont saufs, pourvu que son amour trouve la réciproque :

Mon cœur n'affecte plus cette grandeur suprême,
Ma honte, c'est ma gloire, et pour tout dire, j'aime[2].

En ce sens, la pièce de Benserade expose, pour mieux les confronter, deux philosophies de l'héroïsme complètement opposées. Antoine est un héros « émasculé », comme on en trouve dans *L'Astrée* d'Honoré d'Urfé et dans de nombreux autres romans pastoraux de l'époque. Ses vers déploient toute la gamme des clichés du registre élégiaque, tandis que son trépas cristallise en une image pitoyable la dégradation qu'entraîne la passion amoureuse. Le personnage d'Octave, en revanche, se fait le porte-étendard d'un héroïsme fondé sur la force d'âme. Son obsession pour la gloire participe d'un mouvement général de rehaussement des valeurs héroïques qui atteindra son apogée au courant des années 1640. Nous verrons plus loin comment cet antagonisme se développe dans le théâtre du deuxième tiers du XVIIe siècle, influençant la construction des caractères masculins et féminins. Mais pour l'instant, sans chercher à le confondre avec le héros cornélien, disons simplement que le personnage d'Octave répond au principe, fort cornélien celui-là, selon lequel la tragédie « demande quelque grand intérêt d'État, ou quelque passion plus noble et plus mâle que l'amour[3] ».

1 *Ibid.*, v. 1547, 1549-1552.
2 *Ibid.*, v. 217-218.
3 Corneille, *Discours de l'utilité et des parties du poème dramatique*, dans *Œuvres complètes*, éd. G. Couton, Paris, Gallimard, coll. « Bibliothèque de la Pléiade », 1980, t. III, p. 124.

Plus que toute autre œuvre dramatique de cette décennie, la *Didon* de Georges Scudéry (1637) laisse deviner la future tragédie cornélienne. Pièce de transition, son esthétique oscille entre le charme et l'admiration. En effet, la beauté de Didon y est à la fois sensuelle et éthérée, voluptueuse et spirituelle ; c'est tour à tour une reine et une femme charmante. De même, le code de la galanterie côtoie l'éthique de la générosité : ambivalence symptomatique d'une dramaturgie en quête de légitimation auprès d'un public depuis quelque temps avide de sentiments élevés.

Dès l'ouverture, la question du charme se révèle nettement plus complexe qu'elle ne l'est dans les tragédies contemporaines à sujets féminins. D'une part, l'opposition entre le « corps » et l'« âme » n'est pas aussi tranchée qu'elle ne l'était chez un Mairet, par exemple. Aux charmes des « attraits » se joignent ceux de l'« esprit » (v. 72) ; à l'éclat des « yeux » se joint celui du « sceptre » (v. 88). Anne, la sœur de la reine, confirme cet état de fait, après avoir constaté la passion d'Énée au début de l'acte II :

> L'esprit comme le corps a sa part de la peine[1].

D'autre part, la topique de l'éclat, si présente chez Corneille, se trouve déjà chez Scudéry[2]. Manifestant une nouvelle définition de la beauté faite de magnificence et de grandeur, elle se décline en une série de figures qui apparaissent intimement liées à l'idée de lumière. Comme les rois de France, Didon est un « divin soleil » (v. 523) qui répand sur son royaume une « clarté féconde » (v. 173) ; ses yeux sont des perles scintillant au fond de la mer ; son visage, un astre brillant dont les « rayons » (v. 524) percent les plus sombres nuées. Bref, c'est une beauté majestueuse, qui s'élève au-dessus de la nature et qui provoque l'admiration.

1 G. Scudéry, *Didon*, dans *Didon à la scène*, éd. C. Delmas, Toulouse, Société de littératures classiques, 1992, v. 429. De même : « Mais pour le retenir, faites tous vos efforts ; / Étalez les beautés de l'esprit et du corps », v. 71-72 ; ou encore : « Vous flattez mon esprit d'un faux appât de gloire, [...] / Et je remarque en moi, dedans comme dehors, / Les taches de l'esprit, et les défauts du corps. », v. 497, 499-500.

2 Christian Delmas souligne l'abondance du vocabulaire héroïque chez Scudéry : « De *La Mort de César* à *Didon* le nombre de mots portant la connotation héroïque double presque, puisqu'on passe d'un total de 23 à 41, distribués ainsi : *Honneur* (10), généreux (9), *gloire* (10), *raison* (7), *vertu* (6) ». Il poursuit en précisant qu'on est « loin des 127 occurrences du *Cid* de Corneille », mais que le nombre est significativement plus élevé que dans les tragédies précédentes (*Didon à la scène*, *op. cit.*, p. LXIV).

Paradoxalement, Didon est toujours cette femme charmante dont les appâts exercent sur les hommes une formidable puissance d'attraction. Énée, quand il aperçoit le visage séduisant de la reine, est soudainement privé de ses forces vives, au point qu'il en oublie la mission dont il est investi. Comme Érec s'immobilisant dans la contemplation d'Énide dans le roman de Chrétien de Troyes, il cesse de guerroyer, et sa vigueur s'épuise dans la satisfaction de ses sens. Le français médiéval désigne par le terme *récréance* cette espèce de renoncement passif du héros. En effet, à mesure que s'étire son séjour en sol carthaginois, Énée se fait de plus en plus sourd aux avertissements provenant de l'extérieur. Il n'est rien qui puisse l'empêcher de jouir de son bonheur, pas même les alarmes des capitaines, pressés de partir. Aussi, la « *récréance* » dont il est question dans cette pièce n'est pas un synonyme de « divertissement », ni encore de « délassement », comme le mot *récréation* en français moderne pourrait le laisser croire : c'est un état de profonde langueur par lequel toute volonté se trouve paralysée.

S'ouvrant sur une scène de chasse, l'acte II réaffirme l'égarement d'Énée. Surpris par l'orage, les deux amants trouvent refuge dans une grotte. L'épisode est le prétexte d'une effusion de sentiments galants et de promesses de fidélité :

> La chasse ne fait pas tout le plaisir d'Énée,
> Et l'honneur de vous voir m'empêche absolument
> D'attacher mon esprit au divertissement[1].

À première vue, cette scène, dont le caractère bucolique est fortement inspiré de la pastorale, peut sembler anodine, mais son rôle dans l'économie de la tragédie ne l'est pas. Elle rappelle justement que le charme n'est jamais inoffensif, que le jeu de la séduction, partie intégrante de l'esprit galant, comporte toujours une part de risque. Dans les versions antérieures du mythe (celles de Jodelle et de Hardy), Mercure descendait du ciel pour rappeler la nécessité d'aller fonder une « nouvelle Troie » au *Latium*. Le dieu ici est absent ; le rappel provient de l'intérieur. À l'acte III, l'« esprit languissant » (v. 1267) dont fait montre Énée finit par soulever l'exaspération des Troyens :

> Enfin c'est trop languir dans un climat sauvage,
> Il faut rompre le charme et quitter ce rivage,

1 G. Scudéry, *Didon*, éd. citée, v. 486-488.

Il faut parler au prince, et lui représenter
Que ce n'est point ici qu'il se doit arrêter[1].

Le fils d'Anchise doit bien se rendre à l'évidence : une tâche hautement plus noble l'appelle. Ce destin, il en prend conscience beaucoup trop tard, soulevant du même coup l'ire de Didon. « Je suis toute de fureur » (v. 1176), vocifère-t-elle, constatant l'imminence du départ. Puis d'ajouter, brûlant de colère :

J'espère si les Dieux ont pouvoir sur la terre,
Que parmi des rochers brisé comme du verre,
Ton malheureux vaisseau réduit à l'abandon,
Traître, tu nommeras la fidèle Didon :
Tu penseras la voir après ta barbarie,
La torche en main, ainsi qu'une Furie [...][2].

Le dernier acte rend visible l'état de déréliction dans lequel sombre l'héroïne. Au mélange de charme et de magnificence qui la caractérisait jusqu'alors succède une rage irrépressible. En accord avec les imprécations prononcées par Didon dans l'épopée virgilienne, la reine exhorte à la vengeance du haut de son bûcher. Elle s'adresse aux furies, ces « Noires filles d'enfer » (v. 1491), afin qu'elles pourchassent l'infidèle par-delà les mers et les monts :

Au moins, je vous demande en ce mal que je sens,
Qu'il soit attaqué par des peuples puissants,
Que ce perfide trouve en tous lieux de la terre,
Sans avoir de repos, les travaux de la guerre,
Que loin de tout secours, que loin de son pays,
Il se voie arracher des bras son cher fils,
Et périr les siens sur les bords de l'Italie[3].

En somme, la présence dans une même pièce de la femme charmante, de la reine et de la furieuse prouve qu'il ne faut pas réfléchir à ces différents modèles en termes de succession, mais bien en termes de coexistence et de continuité. Quoiqu'elle se rattache plus spécifiquement

1 *Ibid.*, v. 709-712. De même : « Quoi, n'a-t-il traversé tant de si vastes mers, / Que pour venir régner au milieu du désert, / Séduit par les plaisirs, enchanté d'une femme ? », v. 807-809.

2 *Ibid.*, v. 1189-1194.

3 *Ibid.*, v. 1503-1509.

à la tragédie renaissante, la furieuse ne disparaît jamais complètement de la scène, puisqu'elle incarne un paramètre de la représentation qui concerne toute la culture théâtrale d'Ancien Régime : la fureur spectaculaire. De surcroît, cet entremêlement est révélateur des transformations que subit la poétique tragique au courant des années 1630. L'œuvre théâtrale de Scudéry s'inscrit dans une période de « désordre » relatif marquée par les querelles autour de la tragi-comédie du *Cid*, et cela est particulièrement sensible dans la *Didon*, où se dessine une tension entre les topiques héritées de la tragédie renaissante et les enjeux esthétiques du théâtre préclassique. La tragédie cornélienne démêlera pour de bon cette confusion. Elle fera de la scène tragique non plus le lieu de la séduction et de l'envoûtement, mais bien de l'admiration, ce sentiment supérieur d'élévation face au spectacle du sublime.

LE MASQUE TROMPEUR

Si on veut l'apprécier dans sa toute valeur symbolique, ce rôle prédominant du charme féminin dans la tragédie du premier tiers du XVIIe siècle doit être rapproché du discours contemporain sur la beauté féminine. Il faut dire avant toute chose que l'image de la femme durant cette période est contrastée. En même temps que son statut social se voit rehaussé, surtout sous la régence d'Anne d'Autriche, la femme continue de faire l'objet d'une certaine méfiance. Derrière les parures féminines se dissimuleraient la vanité et l'ambition. Cette idée est omniprésente chez les moralistes qui, suivant en cela l'opinion de Tertullien, sont unanimes à condamner le goût de la femme pour le fard et l'ostentation. Il n'est de beauté selon eux qui ne soit un masque trompeur.

Dans le mouvement suscité par la préciosité paraissent de nombreux ouvrages sur l'éducation des femmes et sur la place qui leur revient dans la société. Ce sont pour l'essentiel des textes à visée pédagogique, des traités de savoir-vivre, où se donne à lire, d'après la mode lancée par *L'Honnête homme ou l'Art de plaire à la cour* (1630) de Nicolas Faret, une nouvelle définition de la vertu ayant pour fondements la bienséance et les convenances (parmi les plus importants, mentionnons *L'Honneste femme* du cordelier Jacques Du Bosc et *L'Honneste fille* de François de Grenaille, ancien moine venu faire fortune à Paris). L'intérêt accru des ecclésiastiques pour le sexe féminin remonte à la publication en 1609 de l'*Introduction à la vie dévote* de Francois de Sales, dans lequel l'auteur élabore une réflexion positive sur le rôle des femmes au sein de la famille et de l'État. Ce livre, comme on sait, connaîtra une remarquable postérité. Il influencera grandement la conception de la beauté au XVIIe siècle, principalement en ce qu'il établit une distinction fort importante entre la beauté dite « naturelle » et la beauté « artificielle ». « La beauté pour avoir bonne grâce doit être négligée ; la science nous déshonore quand elle nous enfle et qu'elle dégénère en pédanterie[1] », écrit l'évêque de Genève, s'adressant à Philothée. Puis il poursuit : « Tenez-vous toujours, tant qu'il vous sera possible, du côté de la simplicité et de la modestie, qui est sans doute le plus grand ornement de la beauté et la meilleure excuse pour la laideur[2] ». En outre, pour François de Sales comme pour la plupart des prédicateurs, si la pureté du visage peut signaler une certaine bonté intérieure, la beauté affectée, en revanche, ne « sert qu'à l'œuvre de perdition que la femme accomplit[3] ».

L'idée n'est pas neuve. Tertullien, dans le *De cultu feminarum*, est un des premiers à l'avoir soulevée. Les femmes qui recourent à l'artifice pour s'embellir se rapprochent du démon : « Ce qui est de nature est l'œuvre de Dieu, ce qui est factice est donc l'affaire du diable[4] », affirme-t-il, s'appuyant sur un lieu commun du christianisme primitif. Entre autres, le maquillage, art païen par excellence, est une offense à la Création. Ces femmes qui se « maculent les joues de rouge » et qui « étirent leurs yeux avec du noir », ne disent-elles pas suffisamment que « l'œuvre pétrie par Dieu leur déplaît[5] » ? Ne critiquent-elles pas avec une insolence inouïe « l'artisan de toutes choses[6] » ? C'est commettre

1 Saint François de Sales, *Introduction à la vie dévote*, éd. É.-M. Lajeunie, Paris, Seuil, 1962, p. 25.

2 *Loc. cit.*

3 M. Angenot, *Les champions des femmes. Examen du discours sur la supériorité des femmes 1400-1800*, Montréal, Presses de l'Université du Québec, 1977, p. 117.

4 Tertullien, *De cultu feminarum*, trad. M. Turcan, Paris, Éditions du Cerf, « coll. Sources chrétiennes », 1971, p. 113.

5 *Ibid.*, p. 111.

6 « C'est critiquer, en effet, que de corriger, d'ajouter, surtout quand les ajouts sont pris à l'artisan adverse, c'est-à-dire au diable. Qui pouvait en effet montrer à modifier le corps, sinon celui dont la malice a aussi métamorphosé l'esprit de l'homme ? C'est lui, sans

un grave péché que de promener partout un « visage factice quand on est astreint en tout à la simplicité, d'avoir une figure menteuse quand la langue ne doit pas l'être [...][1] ». Car enfin, le premier devoir d'une chrétienne est de veiller à la sobriété de sa tenue.

Publié entre 1632 et 1636, l'ouvrage de Du Bosc opère une synthèse entre la doctrine salésienne et les arguments avancés par Tertullien. Inspiré de l'idéalisme platonicien, l'auteur soutient qu'il existe une beauté du corps et de l'âme, une beauté physique et de l'esprit, lesquels sont autant d'aspects discordants et inconciliables. De cette dichotomie initiale dérive une seconde opposition, beaucoup plus importante celle-là, mettant en conflit la beauté de l'honnête femme et celle de la courtisane :

> Il est vray que Caton fist tant d'estime de la Beauté, qu'il dit publiquement, que ce n'est pas un moindre crime de l'offenser que de piller un Temple : Mais il parloit de la Naturelle, & non pas de celle qui est pleine d'estude, & d'affetterie. Sulpitia entre les Romains avoit les yeux si beaux, que ceux de son temps ne la pouvoient voir sans la vouloir adorer. La gorge & le sein de Theodote Athenienne étoient si agréables, que Socrate mesme en devint amoureux. Ce sont des traits, ou des charmes qu'il ne faut pas chercher par artifice, ny posséder par vanité : la Nature en gratifie quelques personnes, à dessein de contenter les yeux, & d'élever les esprits jusques à l'amour de celuy qui est la source de toutes les perfections humaines[2].

Loin de se limiter à la réflexion des moralistes, ce dualisme structure tout le champ discursif de la beauté féminine au XVIIe siècle. Dans *L'Honneste homme, ou l'art de plaire à la cour*, Faret s'érige contre le goût des femmes pour la cosmétique, lequel porte ombrage aux « grâces » dont elles sont naturellement pourvues :

> Les Femmes mesmes ne perdent-elles pas tous les jours par là ce qu'elles cherchent avec tant de passion ? Il ne s'en voit gueres qui ne desirent estre belles, ou du moins de le paraistre. C'est pourquoy lors que la nature leur a manqué en ce point, elles font venir l'artifice au secours : Et de là leur naissent tant de soins ridicules de s'unir le teint, pour sembler jeunes ; de composer leurs regards, pour s'adoucir les yeux ; de s'ajancer les cheveux, pour s'esgaler le front, de s'arracher les sourcils, pour se rendre l'air du visage moins rude ; &

---

aucun doute, qui a machiné de telles inventions pour porter en quelque sorte la main sur Dieu à travers nous », *ibid.*, p. 113.

1 *Ibid.*, p. 115.

2 J. Du Bosc, *L'Honneste femme*, t. I, Paris, P. Billaine, 1632, p. 243-244.

> enfin de se refaire si elles pouvoient jusques aux traicts & aux linéaments qui leur sont empreints de la main de Dieu, comme des caractères que l'on ne sçauroit effacer. Ainsi l'on voit que cette trop visible affectation, & cette envie desreiglée qu'elles ont de paraistre belles, font que mesmes nos yeux souffrent en les regardant, & montrent clairement que cette grace qu'elles estudient, est une leçon qui ne se peut apprendre que de celles qui semblent la vouloir ignorer. Aussi ne peut-on nier qu'une Dame, qui après s'estre parée, l'a sçeu faire si dextrement, que ceux qui la considèrent sont en doute si seulement elle a songé à s'ajuster, ne soit plus agréable qu'une autre, qui non contente de se sentir accablée sous la pompe de ses habits, ose bien encore se monstrer si plastrée, qu'il semble qu'elle n'ait qu'un masque au lieu d'un visage, & qu'elle n'ose rire de peur d'en faire paraistre deux[1].

De manière générale donc, la courtisane fait l'objet d'un blâme sévère. Gagnant sa vie à faire l'amour, elle transgresse tous les principes chrétiens. Du Bosc consacre un chapitre entier à ce type de femme, dont la laideur du visage reflète la laideur de la conscience. Il l'intitule « La Débauchée ». François de Grenaille, dans *La Bibliothèque des dames* (1640), reprend la même idée : une femme fardée est une femme impudique[2]. C'est pourquoi, dit-il, les véritables belles ont « grand besoin d'esprit et de vertu, afin de se défendre du dédain et du mépris[3] ». Dans l'*Honneste fille*, l'auteur suggère aux jeunes filles que la nature a choyées de se couvrir le corps, dans le but d'éviter d'être accusées de vanité : « À quoi bon t'ingénier à plaire, femme », si c'est « pour rencontrer des soupçons ou de l'indifférence[4] ? ». Partout, l'argument est le même : il faut se méfier des parures ostentatoires, qui « ravi[ssent] l'Esprit en même temps que les yeux[5] ».

Que la beauté féminine soit considérée comme un masque trompeur dans la culture d'Ancien Régime, le discours médical au XVIIe siècle le prouve encore, et avec force exemples basés sur la physionomie. L'œuvre

1 N. Faret, *L'Honneste homme ou l'art de plaire à la cour*, Paris, Du Bray, 1630, p. 38-40. – De même, Jacques Du Bosc écrit : « Que d'Art, & de peine plusieurs employent inutilement pour couvrir les défauts de la Nature, comme s'il ne valloit pas mieux avoir recours à la vertu, qu'au fard, ou comme s'il ne leur estoit pas plus advantageux de reparer par les qualitez de leur esprit, celles qui manquent à leur visage. Leur dessein reüssit fort mal, puis que leur vanité paroist avec leur laideur, & qu'elles n'en sont pas plus excusables, mais plus ridicules », *L'Honneste femme*, t. I, *op. cit.*, p. 244-245.

2 F. Grenaille, *La Bibliothèque des dames*, Paris, T. Quinet et A. Sommaville, 1640, p. 12.

3 *Loc. cit.*

4 Tertullien, *De cultu feminarum*, *op. cit.*, p. 109-111.

5 F. Grenaille, *L'Honneste fille*, éd. A. Vizier, Paris, Champion, 2003, p. 244.

de Marin Cureau de la Chambre, médecin de Louis XIV, est à cet égard incontournable. Dans la suite de son chapitre sur la « perfection naturelle des hommes », l'auteur de *L'Art de connoistre les hommes* s'attache à démontrer les qualités du sexe féminin. Cependant, avoue-t-il,

> [...] que cette entreprise est difficile ! qu'elle est périlleuse ! puisqu'elle ne se peut exécuter qu'on ne choque la plus grande & la plus formidable puissance qui soit dans le monde. Car enfin il faut détrôner cette Beauté qui commande aux Rois & aux Monarques, qui se fait obéir par les Philosophes, & qui a causé les plus grands changements qui se soient jamais faits sur la terre. Il faut de ce haut point de gloire et de perfection où elle s'est placée, l'abaisser dans l'ordre des choses vicieuses, & montrer que tous ces attraits & cette grâce charmante dont elle est parée n'est autre chose qu'un masque trompeur qui cache un nombre infini de défauts[1].

Voyant dans les efforts déployés par les femmes pour enjoliver leur teint une façon de masquer leur véritable nature, Cureau de la Chambre en appelle au rejet des ornements. S'ensuit une dévaluation du rôle proprement esthétique du corps féminin au nom des valeurs de modestie et d'humilité : « C'est la Vérité qui nous force à condamner cette Beauté, et à donner un jugement contre elle, qui tout sévère qu'il soit est néanmoins juste et nécessaire[2] ». Bien entendu, ces témoignages s'élaborent dans le contexte de la vie de cour, qui s'articule autour d'un art de plaire, et l'on comprend que nos auteurs insistent longuement sur la beauté physique, puisque c'est elle qui agrée en premier lieu aux sens, et surtout à la vue.

Enfin, si l'on se méfie tant de la beauté féminine au XVIIe siècle, c'est parce qu'elle confère à la femme un pouvoir unique, contre lequel même les âmes les plus austères ne peuvent lutter : « La beauté ne se donne pas seulement à contempler, elle possède un pouvoir *sui generis* : ce qui au XVIIIe siècle ne sera plus que fadaise galante – "l'empire que les femmes ont sur nous" – doit s'entendre au XVIIe siècle dans toute la force du terme[3] ». La beauté, écrit Grenaille, écarte l'homme du vrai chemin de l'honneur, « pour lui faire prendre le détour dans celuy de l'infamie[4] ».

1 M. Cureau de La Chambre, *L'Art de connoistre les hommes. Première partie. Où sont contenus les discours préliminaires qui servent d'introduction à cette science*, Paris, P. Rocolet, 1659, p. 47.

2 *Ibid.*, p. 48.

3 M. Angenot, *Les champions des femmes*, *op. cit.*, p. 118.

4 F. Grenaille, *L'Honneste fille*, *op. cit.*, p. 401.

On ne compte plus ces « pauvres aveugles » qui, séduits par l'« éclat trompeur », se « font brûler comme des papillons à la chandelle[1] ». Aussi bien, les charmes féminins constituent un grave péril pour l'homme, puisqu'ils le privent de tout discernement : « Il est certain que cette belle robe du corps nous perd en nous ravissant, et que plus elle est agréable, plus elle est redoutable aux hommes[2] ».

Or, cette beauté qui trompe en séduisant, c'est celle, précisément, de la femme charmante, telle qu'on la retrouve dans le théâtre de l'époque : beauté de Sophonisbe, resplendissante et fallacieuse, beauté de Cléopâtre, sensuelle et corruptrice, beauté qui porte malheur, et qui entraîne inéluctablement la perte du héros.

LE CHARME DES APPARENCES

Parce qu'elle est définie comme un masque trompeur, la beauté de la femme cadre avec ce qu'il convient d'appeler une esthétique du charme, dont le but premier est de séduire le spectateur, de façon qu'il adhère « aveuglément » à l'histoire représentée. De ce point de vue, la topique de la grâce féminine ne se regarde plus uniquement comme un motif récurrent de la littérature dramatique. Elle est liée à la conception même que se font les dramaturges de l'illusion théâtrale.

Tous les traducteurs d'Aristote, à commencer par Heinsius, le plus important sans doute dans le premier tiers du XVIIe siècle[3], font de la question de la tromperie une notion centrale de la *Poétique*. Dans le *De constitutione tragoediae* (1611), l'humaniste hollandais se sert d'une figure féminine, *Apatê*, déesse personnifiant la duperie, pour représenter l'illusion du vrai recherchée par la tragédie : « la Tragédie est une *apatê*, c'est-à-dire

1 F. Grenaille, *La Bibliothèque des dames*, *op. cit.*, p. 37.

2 F. Grenaille, *L'Honneste fille*, *op. cit.*, p. 397-398.

3 Sa traduction de la *Poétique*, intitulée *De constitutione tragoediae*, connaît un rayonnement européen extraordinaire. Rapidement traduit en français, l'ouvrage « propose une synthèse qui constitue, à côté de celle du Tasse, l'un des grands modèles de celles qui seront ébauchées en France dans les années 1620-1630, en particulier par Jean Chapelain, et d'où sortiront les principaux concepts qui articulent les puissants systèmes théoriques du classicisme français à venir », A. Duprat, « Introduction », D. Heinsius, *De constitutione tragoediae*, éd. et trad. A. Duprat, Genève, Droz, 2001, p. 7.

une sorte de tromperie[1] ». En conformité avec le dogme aristotélicien, l'illusion mimétique pour Heinsius résulte de la composition de la fable, elle est le résultat d'une mécanique calculée, d'un « mensonge savant » qui consiste à agencer les « pièces » de la diégèse de manière que les fils de l'intrigue disparaissent devant l'équilibre de l'ensemble. Ce dispositif prend chez lui le nom d'*artificium*[2] : espèce de ruse s'adressant non pas tant à l'affect du spectateur, qu'à son l'intelligence. Pour ces raisons, l'illusion décrite par Heinsius ne coïncide plus exactement, il est vrai, avec le phénomène de séduction irrationnelle que personnifie la femme charmante. Néanmoins, en faisant de la tromperie un concept clé de son traité, l'auteur ouvrait une perspective cruciale dans la réflexion sur l'esthétique théâtrale.

Jean Chapelain est sans doute celui qui contribua le plus à répandre la pensée de Heinsius en France. La correspondance qu'il entretint avec son fils, Nicolas Heinsius, également érudit et diplomate, est d'ailleurs abondante et témoigne d'une connaissance approfondie de l'œuvre du père[3]. Plusieurs des arguments développés dans *Les Sentiments de l'Académie française sur la tragicomédie du Cid* paraissent inspirés de cette filiation intellectuelle (notamment les critiques qui concernent son dénouement « invraisemblable »). Toutefois, la pensée de Chapelain se distingue de celle de Heinsius sur un point capital : pour le théoricien, la composition habile du poème dramatique ne garantit plus seule l'effet mimétique voulu par Aristote. Encore faut-il, pour que l'illusion réussisse, convoquer des éléments extérieurs au texte lui-même, et qui relèvent en propre de l'univers de la représentation.

La parution de ce pamphlet inaugure une ère nouvelle dans l'histoire du théâtre français, puisqu'il introduit pour la première fois le critère de l'expression des passions dans le débat contemporain sur l'esthétique théâtrale. Chapelain, « le premier peut-être à opérer la distinction théorique entre le théâtre comme spectacle et le théâtre comme texte[4] »,

---

1 *Ibid.*, p. 189.

2 « La dramaturgie dont Heinsius pose ici les bases a pour principe d'être à la fois la plus artificielle, puisqu'elle repose tout entière sur le montage d'un mécanisme, et non sur le travail des sentiments [...] », A. Duprat, *Vraisemblances. Poétiques et théorie de la fiction, du Cinquecento à Jean Chapelain*, Paris, Champion, 2009, p. 296-297.

3 Voir *Les Lettres authentiques à Nicolas Heinsius (1649-1672). Une amitié érudite entre France et Hollande*, éd. B. Bray, Paris, Champion, 2005.

4 F. Siguret, *L'Œil surpris. Perception et représentation dans la première moitié du XVIIe siècle*, Paris, Klincksieck, 1978, p. 61.

était particulièrement sensible à cette dimension. Il fonde sa critique du *Cid* sur le paramètre de vraisemblance – cela est bien connu –, mais également sur « le jugement de l'œil qui perçoit la représentation[1] ». La pièce de Corneille regorge d'« agrément[s] inexplicable[s][2] », admet-il, situant son appréciation en dehors du champ rationnel. En particulier, la passion de Chimène, par sa « véhémence » et sa « naïveté », compense les défauts de l'ouvrage et permet d'éclipser les manquements aux règles :

> Si maintenant on nous allegue pour sa deffense, que cette passion de Chimene a esté le principal agréement de la Piece, & ce qui luy a excité le plus d'applaudissemens, nous respondrons que ce n'est pas pource qu'elle est bonne, mais pource que, quelque mauvaise qu'elle soit, elle est heureusement exprimée. Ses puissans mouvemens joints à ses vives & naïves expressions, ont bien peu faire estimer ce qui en effect seroit estimable, si c'estoit une piece separée, & qui ne fust point une partie d'un tout qui ne la peut souffrir ; En un mot elle a assez d'esclat & de charmes, pour avoir fait oublier les regles, à ceux qui ne les sçavent gueres bien, ou à qui elles ne sont gueres presentes[3].

Un peu plus loin, Chapelain précise le lien de causalité entre l'expression des passions et le plaisir du spectateur : « Les passions violentes bien exprimées font souvent en ceux qui les voient une partie de l'effet qu'elles font en ceux qui les ressentent véritablement[4] ». Compris dans le cadre de la représentation, le charme et l'éclat évoqués par le théoricien renvoient à des effets rhétoriques précis, liés tantôt à la *declamatio*, tantôt à l'*actio*. Contribuant à la persuasion, l'expression des passions est réglée sur un code minutieusement normatif, sur un ensemble de techniques oratoires et gestuelles à la faveur desquelles s'impose le corps éloquent de Chimène. Nous touchons ici à l'art de l'acteur, indissociable au XVIIe siècle d'un art de la feinte, où il s'agit de contrefaire les passions en reproduisant dans le discours et dans le geste les marques qu'elles impriment d'ordinaire[5].

1 *Ibid.*, p. 60.

2 *Les Sentiments de l'Académie française sur la tragicomédie du Cid*, dans *La Querelle du Cid (1637-1638) : édition critique intégrale*, éd. J.-M. Civardi, Paris, Champion, 2004, p. 1036.

3 *Ibid.*, p. 965-966. De même : « […] & s'il se trouve que les Pieces irrégulières contentent quelquesfois, […] ce n'est que pour quelques beautés veritables et extraordinaires, qui emportent si loin l'esprit, que de long temps après il n'est capable d'appercevoir les diormités dont elles sont suivies, & qui font couler insensiblement les defaux pendant que les yeux de l'entendement sont encore esblouïs par l'éclat de ses lumières », *ibid.*, p. 938.

4 *Ibid.*, p. 1032.

5 Cette technique, qui exige une mise à distance de soi, demande une connaissance approfondie des signes physiologiques qui accompagnent chaque passion humaine. Sur cette

Quoique la bienséance y manque en beaucoup de lieux, écrit Chapelain, les beautés de cette pièce « ostent à tous la liberté d'esprit » ; elles font que le spectateur « se laisse tromper agréablement[1] », préférant le plaisir d'une « douce illusion » à celui d'une « véritable connaissance[2] ». En ce sens, à travers les propos de Chapelain se dévoile une pensée des effets de la représentation scénique sur le public : pensée qui, à tout prendre, ne laisse pas de recourir à l'idée d'une tromperie visuelle[3]. Plus que par la vérité de l'action dramatique, c'est par le « puissant mouvement » des passions, qui plus est, de la passion d'une femme, que Corneille « s'est facilement rendu maître de [l]'âme [des spectateurs], après y avoir excité le trouble et l'émotion[4] ».

Sans aller jusqu'à faire la promotion du spectacle, l'abbé d'Aubignac reconnaît que les « éléments » de la représentation[5] peuvent avoir leur part dans le plaisir que prend le spectateur à l'événement scénique : « Tout de même le Poète en considérant dans sa Tragédie le Spectacle ou la Représentation, il fait tout ce que son Art et son Esprit lui peuvent fournir pour la rendre admirable aux Spectateurs : Car il ne travaille que pour leur plaire[6] ». Certes, d'Aubignac ne cesse d'affirmer sur toutes les tribunes que le « théâtre n'est que discours », privilégiant la lecture – l'imagination – comme mode de représentation idéale. Il n'empêche, image intelligible et image visible sont chez lui inséparables :

> Contrairement à une idée reçue, les auteurs de poétiques s'intéressent au plus haut point à la part visuelle de l'événement scénique. Ils pensent continuellement la scène comme une image, même quand ils affichent un

question, nous renvoyons aux travaux de Sabine Chaouche : *L'art du comédien : déclamation et jeu scénique en France à l'âge classique (1629-1680)*, Paris, Champion, 2001.

1 *Ibid.*, p. 1031.

2 *Loc. cit.*

3 « S'ils eussent este moins ingénieux, ils eussent este moins sensibles ; ils eussent veu les defaux que nous voyons en cette Piece s'ils ne se fussent point trop arrestés à en regarder les beautez [...] », *ibid.*, p. 1032.

4 *Loc. cit.*

5 « [J]'appelle Représentation, l'assemblage de toutes les choses qui peuvent servir à représenter un Poème Dramatique, et qui s'y doivent rencontrer, en les considérant en elles-mêmes et selon leur nature, comme les Comédiens, les Décorateurs, les Toiles peintes, les Violons, les Spectateurs et autres semblables », D'Aubignac, *La Pratique du Théâtre*, éd. H. Baby, Paris, Champion, 2001, p. 85.

6 *Ibid.*, p. 81.

> souverain mépris pour le visuel. [...] Ainsi d'Aubignac picturalise le discours pour éviter d'avouer la part de picturalité du spectacle[1].

De fait, dans les *Dissertations contre Corneille*, la règle de vraisemblance est traitée dans le cadre d'une théorie de l'illusion charmante : « [T]andis que les choses se passent, écrit-il, ils [les spectateurs] doivent être si agréablement trompés, qu'ils se puissent persuader que tout est arrivé dans la vérité de l'Histoire, comme ils le voient dans la représentation[2] ». L'idée est reprise dans *La Pratique du théâtre*, où la « grâce » de la scène est présentée comme une condition *sine qua non* de l'illusion référentielle. À cette « grâce », explique-t-il, tout se subordonne, y compris le vraisemblable : « Il ne faut jamais s'attacher aux circonstances de l'Histoire, quand elles ne s'accordent pas avec la beauté du théâtre[3] ». Le modèle, c'est bien entendu celui de la peinture, ou, suivant la formule d'Emmanuelle Hénin, de l'« *ut pictura theatrum* ». Conformément au paradigme pictural, l'illusionnisme mimétique repose moins sur l'agencement des différentes parties de la fable que sur la matérialité même du spectacle ; il émerge non de la réalité absente, mais du signe, dans toute la force de sa présence immédiate (*enargeia*) :

> Je prends ici la comparaison d'un tableau, dont j'ai résolu de me servir souvent en ce traité, et je dis qu'on peut le considérer en deux façons. La première comme une peinture, c'est-à-dire, en tant que c'est l'ouvrage de la main du peintre, où il n'y a que des couleurs, et non pas des choses ; des ombres, et non pas des corps, des jours artificiels, de fausses élévations, des éloignements en perspective, des raccourcissements illusoires, et de simples apparences de tout ce qui n'est point. La seconde en tant qu'il contient une chose qui est peinte, soit véritable ou supposée telle, dont les lieux sont certains, les qualités naturelles, les actions indubitables, et toutes les circonstances selon l'ordre et la raison. Il en est de même du poème dramatique. On peut du premier regard y considérer le spectacle, et la simple représentation, où l'art ne donne que des images qui ne sont point. Ce sont des princes en figure, des palais en toiles colorées, des morts en apparence, et tout enfin comme en peinture. Pour cela les acteurs portent toutes les marques de ce qu'ils représentent, la décoration du théâtre est l'image des lieux où l'on feint qu'ils se sont trouvés,

1 E. Hénin, Ut pictura theatrum. *Théâtre et peinture de la Renaissance italienne au classicisme français*, Genève, Droz, 2003, p. 10-11.

2 D'Aubignac, *Dissertation sur Sophonisbe*, dans *Dissertations contre Corneille*, éd. N. Hammond et M. Hawcroft, Exeter, University of Exeter Press, 1995, p. 10.

3 *Ibid.*, p. 13.

> il y a des spectateurs, on fait parler les personnages en langue vulgaire, et toute chose doit y être sensible. Et c'est pour parvenir à cette représentation que les poètes font paraître et discourir tantôt un personnage, tantôt un autre, qu'il fait des récits de ce qu'on n'a point vu, et tant de machines différentes sur les théâtres[1].

Ainsi, pour d'Aubignac, l'expérience du spectateur n'est complète que si elle s'appuie sur le double plaisir évoqué par Aristote au quatrième chapitre de la *Poétique* : le plaisir sensuel du matériau pictural et le plaisir intellectuel créé par la reconnaissance de l'histoire. En attestent les passages qu'il consacre aux « Machines et Décorations du Théâtre » dans leur rapport à l'imitation parfaite : couleurs, décors, costumes, tel qu'il est nécessaire qu'ils se rassemblent pour que le charme opère.

Autrement dit, la vraisemblance n'a de valeur pour les théoriciens que si elle s'accompagne d'une sorte de bienséance fondée sur le sentiment du beau. Mairet, dans la préface de sa *Sophonisbe*, offre un bel exemple de ce principe, qui pourrait du reste s'appliquer à tout le théâtre des années 1630 :

> Il est vrai que j'y ai voulu ajouter pour l'*embellissement*[2] de la pièce, et que j'ai même changé deux incidents de l'Histoire assez considérables, qui sont la mort de Syphax, que j'ai fait mourir à la bataille, afin que le peuple ne trouvât point étrange que Sophonisbe eût deux maris vivants : et celle de Massinisse, qui vécut jusques à l'extrême vieillesse[3].

L'« embellissement » est d'ordre moral, bien sûr, mais il est aussi d'ordre esthétique. Que Sophonisbe ait eu deux maris vivants heurte les convenances. Cette polygamie est contraire aux attentes du public, venu voir au théâtre le spectacle d'une nature anoblie, « embellie », pour paraphraser Mairet, c'est-à-dire dépouillée de ses imperfections. Mieux

1 D'Aubignac, *La Pratique du théâtre*, *op. cit.*, p. 77-78.

2 Nous soulignons.

3 « Au lecteur », *Sophonisbe*, dans *Théâtre complet*, *op. cit.*, p. 103. – On retrouve pareille idée chez Corneille, qui rapporte la question de l'ordonnance des différentes actions de la fable au critère de la « beauté du spectacle » : « [...] le poète n'est pas tenu d'exposer à la vue toutes les actions particulières qui amènent à la principale. Il doit choisir celles qui sont les plus avantageuses à faire voir, soit par beauté du spectacle, soit par quelque autre agrément qui leur soit attaché, et cacher les autres derrière la scène, pour les faire connaître au spectateur soit par une narration, soit par quelque autre adresse de l'art », *Discours des trois unités*, dans *Trois Discours sur le poème dramatique*, éd. B. Louvat, M. Escola, Paris, Garnier-Flammarion, 1999, p. 135.

vaut une illusion qui plaise, et à laquelle on désire croire, qu'une vérité qui répugne et qui laisse pantois[1].

Or, il est une facette de la représentation qui assure plus que toute autre le charme du spectacle : la présence de la femme en scène. L'établissement des troupes de comédiens ambulants dans les salles parisiennes au début du XVIIe siècle est concomitant de l'apparition des premières actrices professionnelles : Mlle Le Noir, Mlle de Villiers, sans oublier la grande Marguerite Béguin. L'époque est révolue où la comédienne était systématiquement associée à la prostituée. En effet, le public des années 1630 regarde le corps de l'actrice non plus comme la source d'une sexualité dangereuse, mais bien comme le symbole du raffinement vers lequel se dirige le théâtre. Il est certain, affirme Aurore Evain, que le charme féminin exerça un très grand pouvoir de fascination sur le parterre. Non seulement « spectateurs et auteurs faisaient l'expérience d'une nouvelle complicité[2] » basée sur la séduction, mais le personnage féminin était désormais « charnellement relié à son public[3] ». Le présupposé, nous le disions, est que la femme se présente sur scène différemment de l'homme, qu'elle possède son propre code gestuel et vocal[4], en accord avec la théorie des tempéraments qui postule une différence absolue entre les sexes[5]. Dans sa *Poétique* (1639), La Mesnardière exigera de représenter avec constance les caractères au nom de la vraisemblance. Chez lui, les femmes seront « dissimulées, douces, délicates, modestes,

---

1 Il convient en ce sens de citer le père René Rapin : « Vous ne devez pas attendre que la fortune ou le hasard vous donnent infailliblement les belles choses ; quoique celles que nous voyons soient vraies et naturelles, elles ne sont pas toujours pour la bienséance et l'ornement : car ce n'est pas assez d'imiter de point en point d'une manière basse toute sorte de Nature ; mais il faut que le peintre en prenne ce qu'il y a de plus beau, comme l'Arbitre souverain de son Art, et que par le progrès qu'il y aura fait, il en sache réparer les défauts et n'en laisse point échapper les beautés fuyantes et passagères », *Les Réflexions sur la poétique et sur les ouvrages des poètes anciens et modernes*, éd. P. Thouvenin, Paris, Champion, 2011, p. 475.

2 A. Evain, *L'apparition des actrices professionnelles en Europe*, Paris, L'Harmattan, 2001, p. 202.

3 *Ibid.*, p. 203.

4 Voir S. Chaouche (dir.), *Consuming the Actress – L'Actrice le corps en spectacle*, *European Drama and Performance Studies*, n° 4-5, 2015.

5 Les médecins sont sans doute les principaux représentants de cette théorie au XVIIe siècle : « [L]a Nature a dans ses idées la figure qui convient à chaque espèce & qu'elle donnerait à tous les individus, si elle n'était empêchée par les causes particulières, tel qu'est le Tempérament. Et quoi qu'elle donna à chaque Sexe une construction de corps différente, elle y conserve toujours autant qu'elle peut le caractère de la figure qui est propre à l'espèce », M. Cureau de la Chambre, *L'Art de connaître les hommes*, *op. cit.*, p. 34-35.

pudiques [...][1] » : autant de dispositions s'accompagnant de manifestations corporelles spécifiques (rougeur de la peau, mouvement des mains et des yeux, posture ou démarche particulière, etc.) et correspondant à l'*ethos* féminin alors en vogue, celui, relayé par la préciosité, de la femme charmante et gracieuse. Dans le même ordre d'idées, le jésuite René Rapin observe que si

> [l]a peinture représente les visages par leurs traits, [...] la poésie représente les esprits par leurs mœurs et la règle la plus universelle pour peindre les mœurs est de représenter chaque personne dans son caractère : un valet avec des sentiments, et des inclinations serviles ; un prince avec un cœur libéral et un air de majesté ; un soldat farouche, insolent ; une femme vaine, timide, volage [...][2].

Ces indications, qui témoignent, outre de la prégnance du modèle aristotélicien, de tout un savoir scientifique et médical au XVIIe siècle, débordent la poétique pour englober la représentation scénique. Dans leur travail d'embellissement du théâtre, les auteurs tragiques pouvaient compter sur la mise en scène du corps féminin, qui personnifiait les enjeux esthétiques d'un genre en pleine mutation.

En somme, ce culte de la beauté sur scène, qui préside à toutes les règles de la représentation, ne répond qu'à un seul objectif : pousser toujours plus le spectateur vers une forme de « plaisir halluciné ». La tragédie du premier XVIIe siècle exprime la quête d'une illusion absolue, d'une vraisemblance totale, d'une imitation parfaite[3]. Son dessein est de recréer une vérité tenue pour idéale, spirituelle si l'on veut, en ce sens où elle prétend à l'universalité. Toute la tâche du dramaturge, écrit Bernard Lamy, est de confondre le public « par la grandeur des choses qu'il propose[4] », le plaisir du spectateur tenant précisément dans cette négation du réel au profit de la perfection des images représentées[5]. En

1 La Mesnardière, *La Poétique*, Paris, A. Sommaville, 1639, p. 123.

2 R. Rapin, *Les Réflexions sur la poétique*, *op. cit.*, p. 421.

3 Il s'agit d'un « idéal extrême, celui d'une esthétique théâtrale supposant qu'on ôte au spectateur toute conscience de la représentation », G. Forestier, *Passions tragiques, règles classiques*, *op. cit.*, p. 316.

4 B. Lamy, *Nouvelles réflexions sur l'art poétique* [1678], éd. T. Gheeraert, Paris, Champion, 1998, p. 190.

5 « Toute représentation, fondée techniquement sur l'illusion d'une réalité (et non sur la réalité elle-même), reconstruit un espace et un temps où l'observateur, prenant l'artifice pour vrai dans l'instant représenté et les raccourcis de la représentation, se voit placé au

cela, le rituel tragique équivaut bel et bien à un acte de foi. « La foi est d'absolue nécessité en poésie », précise Chapelain dans la préface de l'*Adone* de Marino (1623), car,

> [o]ù la créance manque, l'attention ou l'affection manque aussi ; et où l'affection n'est point, il ne peut y avoir d'émotion et par conséquent de purgation, ou d'amendement des mœurs des hommes, qui est le but de la poésie[1].

On ne s'étonnera guère, par conséquent, que les adversaires de la scène et de la femme parlent souvent d'une seule voix. Au même titre que la beauté féminine, l'illusion mimétique brouille les rapports entre vérité et mensonge, elle fait naître en l'homme désordre et dérèglements. Selon Bossuet, on ne peut fréquenter ces vains spectacles comme s'il s'agissait d'un jeu sans conséquence. Ainsi qu'il faut s'efforcer d'éviter « les femmes dont la parure porte à la licence[2] », il faut fuir le théâtre, qui n'est jamais un divertissement inoffensif. Une scène dans la *Cléopâtre* de Mairet illustre à merveille les dangers que représentent le spectacle théâtral et les charmes féminins. C'est celle qui montre le suicide d'Antoine, après qu'il eut appris la fausse mort de Cléopâtre :

> [...] la Princesse a voulu que je fisse
> L'essai de votre amour avec cet artifice,
> Pour voir si son malheur vous pourrait inviter
> À plaindre son destin, plutôt qu'à l'imiter[3].

La scène relève de la mise en abyme. À un premier niveau, Antoine est la victime d'une tromperie, machinée et orchestrée par une femme ambitieuse. Mais, sur un plan métathéâtral, il tient le rôle du spectateur naïf[4], qui, aveuglé par les beautés de la scène, accorde créance au

---

cœur d'une contradiction : ce qui se proposait à sa vue comme un objet l'assujettit, le transporte et lui ment une vérité en vue de certains effets, de telle sorte que la représentation, toujours là et toujours reportée, capte et piège indéfiniment son spectateur », F. Siguret, *L'œil surpris*, *op. cit.*, p. 62.

1 J. Chapelain, *Lettre ou discours en forme de préface à l'Adonis du chevalier Marino*, dans *Opuscules critiques*, éd. A. Hunter, Genève, Droz, 2007, p. 195.

2 Bossuet, *Maximes et réflexions sur la comédie*, Paris, Jean Anisson, 1690, p. 29.

3 J. Mairet, *Marc Antoine*, éd. citée, v. 1185-1188.

4 Voir sur cette question l'article de Bénédicte Louvat-Molozay, « Figures du spectateur naïf : d'Aubignac, Corneille, Mairet », dans *Le spectateur de théâtre à l'âge classique (XVIIe-XVIIIe siècles)*, B. Louvat-Molozay et F. Salaün (dir.), Montpellier, L'Entretemps, 2008, p. 209-229.

faux. Dans ce passage où Antoine croit découvrir le cadavre de celle qu'il aime, le corps enivrant de Cléopâtre devient l'espace où se joue la simulation qui trompe et qui tue.

Au fond, un égal refus des apparences anime les adversaires du théâtre et de la femme. Dans la doctrine augustinienne, le monde d'ici-bas n'a aucune valeur ; il est un néant. Seul compte le ciel, où s'accomplit le destin de l'homme. Les « choses séculières », affirme Bossuet, ne sont que trompeuses réalités en comparaison avec les « choses de Dieu », qui constituent l'unique vérité. Aux yeux des censeurs, « [l]es comédies sont les ombres des ombres[1] », l'expression extrême et caricaturale de cette inconsistance :

> Si nous sommes donc obligés, en qualité de chrétien, de demander à Dieu qu'il nous ôte les yeux pour toutes les folies de monde, dont la Comédie est comme l'abrégé, et qu'il nous en imprime la haine et l'aversion dans le cœur, comment pourrons-nous croire que nous puissions repaître nos yeux de ces vains spectacles, et mettre notre contentement en ce qui doit être l'objet de notre aversion et de notre horreur[2].

À leur manière, les charmes féminins, eux aussi, constituent un égarement dans le factice. Ils redoublent la vanité du monde. En regard de la métaphysique chrétienne, toute espèce de parure et d'éclat est un leurre que doit mépriser le fidèle. Ainsi Octave, dans la *Cléopâtre* de Mairet, choisit de fermer les yeux sur la beauté de la reine, assurant par là la tranquillité de son esprit. C'est exactement la solution que préconisait Nicole face à toutes ces folies qui assaillent l'homme et troublent son repos : un *aveuglement volontaire*, condition première du salut. Car enfin, écrit-il, s'adressant à tous ceux que les images ont séduits, « si vous étiez aveugles, vous n'auriez point péché[3] ».

1 P. Nicole, *Traité de la Comédie*, éd. L. Thirouin, Paris, Champion, 1998, p. 35.
2 *Loc. cit.*
3 *Loc. cit.*

LA REINE

> Cette femme n'est pas une femme
> [ordinaire[1].

Les querelles littéraires qui éclatent à la fin des années 1630 font plus que définir les règles du théâtre classique. Ils remettent aussi en question le statut du héros, sa place dans l'univers, son rapport à l'action tragique. Au-delà des problèmes de dramaturgie, c'est une philosophie de l'héroïsme qui est en jeu. Les héros de Corneille ne sont pas des victimes pitoyables de la Fortune, ni encore des galants affaiblis par la passion amoureuse : ils sont animés d'une force qui les place au-delà de la condition humaine. Nul obstacle, fût-il insurmontable, ne peut les empêcher d'accomplir leur destin.

Paul Bénichou s'est intéressé jadis à l'exaltation de l'héroïsme qui s'empare des esprits dans la première moitié du XVIIe siècle[2]. La morale des grands se nourrit d'un idéal de sublime, à travers lequel s'accomplit l'« essence aristocratique ». L'œuvre de Corneille, sans doute plus que n'importe quelle autre, répond de ce modèle. À cheval entre les thèmes d'orgueil et de générosité, elle exprime la tension entre la volonté de dépassement individuel et la soumission à l'État. Jusqu'à la Fronde, les aspirations de la noblesse, loin d'être silencieuses, le disputent encore à la puissance du monarque.

Remontant aux origines de la société féodale, cette pensée héroïque imprègne tous les domaines de l'art au tournant des années 1640. Les vertus exemplaires intéressent poètes, sculpteurs, peintres, qui immortalisent en des tableaux somptueux les exploits d'une aristocratie en

---

1 F. Boisrobert, *La Vraye Didon, ou Didon la chaste*, dans *Didon à la scène*, éd. C. Delmas, Toulouse, Société de littératures classiques, 1992, v. 1145.

2 Voir P. Bénichou, *Morales du Grand siècle*, Paris, Gallimard, 1947.

quête de gloire. L'héroïsme, tel qu'il se définit sur le plan esthétique à partir de Corneille, est d'abord une grandeur d'âme qui vise à provoquer l'admiration. Il trouve ses modèles à la cour et, dans une très large proportion, parmi les dames, dont l'histoire offre un vaste répertoire d'*exempla*. La multiplication des recueils de femmes illustres sous la régence d'Anne d'Autriche atteste ce phénomène : entre 1647 et 1672, on compte dix-sept impressions de la *Galerie des femmes fortes* de Pierre Lemoyne, et presque autant pour *La Galerie des Dames illustres* de François de Grenaille. C'est dire que par le nouveau rôle social qui lui est confié, par la gloire mondaine dont elle est désormais auréolée, la femme acquiert un prestige et un éclat qui ne le cèdent en rien à ceux de l'homme. Ainsi s'estompent les différences génériques au profit du culte supérieur des valeurs héroïques.

Forcément, les dramaturges voient dans ce mouvement de célébration de la femme une matière qui s'accorde parfaitement au style « élevé » de la tragédie. Suivant le modèle initié par la *Mariane* de Tristan l'Hermite (1636), les héroïnes qu'ils mettent en scène paraissent calquées sur les dames illustres qui remplissent des livres comme *Les Harangues héroïques* de Georges et Madeleine Scudéry. Dotés d'une parole éloquente et d'une vertu inébranlable, ces personnages féminins correspondent à une nouvelle figure-type du théâtre : la *reine*. Avec elle, l'esthétique de la tragédie s'engage durablement dans la voie de l'admiration, cette « subite surprise de l'âme[1] » que travaillent à nourrir Corneille et les poètes de sa génération.

GRANDEURS DE LA REINE

On peut dire que la première véritable héroïne « cornélienne » du théâtre français est la Mariane de Tristan L'Hermite. À en juger par le succès de la pièce, qui égale celui des plus grandes tragédies de Corneille, aucun personnage féminin avant elle ne souleva autant l'enthousiasme du public. Les raisons de cette fortune sont multiples. En proposant une pièce où la trahison d'État est au centre de l'action tragique et où

1 Descartes, *Les Passions de l'âme*, « De l'admiration », 70.

le conflit repose sur un choix entre la clémence et la vengeance, Tristan touchait de près à l'actualité politique de son époque. Toutes ses tragédies « présentent des situations de crise de pouvoir, une atmosphère de désobéissance ou de conjuration[1] » qui n'est pas sans annoncer les révoltes nobiliaires du milieu du XVIIe siècle. Par ailleurs, la tragédie de Mariane développe une nouvelle forme de pathétique, qui rompt avec l'esthétique de la tragédie des années 1630. La reine n'a en commun avec les modèles féminins antérieurs ni le pouvoir séducteur de la femme charmante, ni la fureur des premières héroïnes de la tragédie humaniste. Elle possède une qualité que ces dernières n'ont pas, et qui fait toute sa singularité sur le plan psychologique. Alors que Cléopâtre et Sophonisbe usaient de leur beauté afin d'envoûter leurs ennemis, un « noble orgueil[2] » oppose Mariane aux férocités d'Hérode. Le combat qu'elle mène contre son bourreau, c'est celui du généreux face au tyran.

La première rencontre entre les deux protagonistes, qui survient à l'acte III, révèle d'entrée de jeu la suprématie de la reine sur son oppresseur. Mariane y paraît intraitable,

> Superbe, dédaigneuse, au courage invincible [...][3].

Employé comme adjectif, « superbe » en français vient du latin *superbus*, qui se dit d'une personne orgueilleuse, altière, hautaine. Le substantif « superbe » (*superbia*), quant à lui, désigne la vanité. Cette définition est ancienne. Chez les Grecs, la notion (*huperêphania*) se rattache à celle d'*hybris*. De même, Cicéron considère la *superbia* comme une forme d'excès. Dans le *De Republica*, l'arrogance est une faute politique, puisqu'elle œuvre contre la *pietas*[4]. C'est d'ailleurs ce que confirme Furetière dans son dictionnaire : l'esprit de superbe est une forme de « vanité qui rend orgueilleux[5] ». Or, en regard de l'héroïsme cornélien, la notion de superbe est investie d'une valeur positive, elle prend le sens de « noble fierté ». Il

1 J. Morel, *Agréables mensonges. Essais sur le théâtre français du XVIIe siècle*, Paris, Klincksieck, 1991, p. 198.

2 T. L'Hermite, *La Mariane*, éd. J. Madeleine, Paris, Société des textes français modernes, 1992, v. 1501.

3 *Ibid.*, v. 527.

4 Cicéron, *De Republica*, I, 51.

5 A. Furetière, *Dictionnaire universel*, La Haye/Rotterdam, Arnout et R. Leers, 1690, t. III, p. 1967.

s'agit d'une qualité virile, qui implique un haut niveau d'abnégation. Se situant au-dessus des contingences, le véritable héroïsme relève non de la force physique, mais de la grandeur d'âme. En ce sens, l'esprit de superbe dans la tragédie de Tristan se rapproche de l'éthique stoïcienne. Pour Mariane, le projet de maîtrise de soi se traduit par une constance admirable, un courage exemplaire devant la mort. Son cœur, « sans exemple en générosité » (v. 1509), lui assure déjà une victoire morale sur ses adversaires :

> On lisait sur son front le mépris du cercueil.
> Jamais Reine Amazone avecque plus de gloire
> Ne parut triomphante après une victoire ;
> Le peuple en la suivant, se fondait tout en pleurs,
> Admirant sa constance, et pleignant ses malheurs [...][1].

Salomé aura beau dépeindre Mariane comme une « furie » (v. 1224), une « Erynne infernale » (v. 1227) auprès de son frère, cherchant par tous les moyens à obtenir sa tête, elle ne réussit qu'à accentuer davantage la passion d'Hérode, dont le cœur balance entre la haine et l'admiration. Ainsi, en même temps qu'elle apparaît comme une ultime bravade, la procession qui mène Mariane à l'échafaud constitue une glorieuse apothéose. L'image en est cette beauté pure et radieuse que Tristan peut comparer à la lumière du soleil, parce que, comme elle, Mariane resplendit d'une clarté merveilleuse :

> Mariane a des morts accru le triste nombre ?
> Ce qui fut mon Soleil n'est donc plus rien qu'une ombre ?
> Quoi ? Dans son Orient cet astre de beauté,
> En éclairant mon âme a perdu la clarté[2] ?

La topique de la lumière, dont nous avons constaté toute l'importance dans la *Didon* de Scudéry, oriente chez Tristan vers l'idée de sainteté. Sacrificielle, la mort de Mariane ressemble à celle du martyr. Endurant courageusement les persécutions, la reine s'achemine vers l'estrade où l'attend son bourreau. Elle offre alors un ultime témoignage de son innocence. Il n'y a pas de gloire plus éclatante, proclame-t-elle, que celle qui consiste à mourir pour sa foi :

1 T. L'Hermite, *La Mariane*, éd. citée, v. 1502-1506.
2 *Ibid.*, v. 1447-1450.

Étant sur l'échafaud
Elle joignit les mains, leva les yeux en haut,
Conjurant à genoux la divine Puissance,
De rendre manifeste à tous son innocence,
Et que jamais aux siens il ne fût reproché
Des forfaits dont son cœur ne fut jamais taché[1].

Dans ce passage où l'on assiste à la déification de Mariane, l'affliction d'Hérode contraste avec la béatitude de l'héroïne. Les sentiments brutaux qui l'animaient ne sont plus que pénibles lamentations ; mille remords, mille regrets et bientôt une douleur ineffable l'accablent. Bien que survenant trop tard, la vénération du tyran pour la dépouille de Mariane possède dès l'instant une puissante valeur symbolique. Elle traduit une forme de ravissement vers le haut, ou, si l'on veut, un saisissement de l'âme[2] : moment pathétique auquel la figure de la reine contribue plus que toute autre, en étalant une grandeur qui transcende la mesure humaine.

Mais j'aperçois la Reine, elle est dans cette nue, [...]
Elle s'élève au Ciel pleine de Majesté,
Sa grâce est augmentée ainsi que sa beauté.
Des esprits bienheureux la troupe l'environne, [...]
Elle tourne sur moi ses regards innocents
Pour observer l'excès des peines que je sens[3].

À tous points de vue, la Didon que met en scène Boisrobert dans sa tragédie se veut plus proche de la Mariane de Tristan que de l'héroïne virgilienne. À la tradition d'une Didon éplorée, et donc diminuée par le sentiment amoureux, Boisrobert préfère celle d'une reine « chaste »,

---

1 *Ibid.*, v. 1529-1534.

2 Certes, l'admiration au XVIIe siècle ne se réduit pas au simple saisissement. Au contraire, chez Boileau, la notion implique une mise à distance entre l'œuvre et le public : « Loin de se fondre tout entière dans l'idée d'étonnement, elle [l'admiration] est une notion complexe, qui peut se comprendre comme un véritable cheminement critique : la surprise n'est jamais qu'une étape, s'effaçant devant une impression de grandeur stimulante. Admirer une œuvre, c'est à la fois exprimer son intime conviction et la relativiser, au regard d'une possible évolution de son sentiment et en fonction des appréciations portées par les autres lecteurs, par des générations de public », S. Hache, « Le saisissement de l'âme : sublime et admiration à l'âge classique », dans *L'admiration*, études réunies par D. Denis et F. Marcoin, Arras, Artois Presses Université, 2004, p. 133.

3 T. L'Hermite, *La Mariane*, éd. citée, v. 1763, 1765-1767, 1769-1770.

à la morale exemplaire et irréprochable – ce qui, dit-on, était aux antipodes de sa conduite publiquement licencieuse[1]. La rupture avec le texte de Virgile est indiquée dès le titre : *La Vraye Didon, ou Didon la chaste* (1642)[2]. Un pareil positionnement peut s'expliquer, d'une part, par la volonté de se plier aux nouvelles exigences théâtrales en matière de bienséance. Mais d'autre part, pour Boisrobert, le personnage de Didon représente un moyen très concret de renouveler son image, dépréciée par des mœurs douteuses et une existence dissolue. En effet, au moment où il compose sa pièce, l'abbé est en disgrâce. On lui interdit de paraître devant Richelieu, et sa situation à la cour semble désastreuse[3]. C'est donc en s'accrochant à une figure féminine, en l'occurrence à une reine admirable, que Boisrobert entend rétablir son honneur, comme si la probité de Didon devait, par contagion, rejaillir sur sa propre personne.

À la façon de Mariane, la Didon de Boisrobert se démarque par la fidélité qu'elle voue à son défunt mari. Le thème est annoncé dans la dédicace, adressée à la comtesse de Harcourt, elle-même veuve et nièce de Richelieu : « C'est, Madame, la véritable Didon que je vous présente, cette Didon chaste et généreuse qui dans les violentes recherches du plus puissant seigneur d'Afrique, aima mieux se donner la mort que de manquer à la fidélité qu'elle avait promise aux cendres de son époux. C'est en un mot la Vertu que je présente à la Vertu même[4] ». Cette *captatio benevolentiae* laisse entrevoir la place qu'occupera le registre de l'éloge dans cette tragédie. Parmi les ressources du discours épidictique employées afin de glorifier l'héroïne, l'accumulation se révèle des plus efficaces, puisqu'elle renvoie à l'idée d'une somme des qualités qu'incarne typiquement la figure de la reine. Didon « a l'âme fière, et superbe, et hautaine » (v. 342). C'est une femme « valeureuse » (v. 256),

1 Voir le portrait qu'en dresse Tallemant des Réaux dans les *Historiettes*, éd. A. Adam, Paris, Gallimard, coll. « Bibliothèque de la Pléiade », 1960, t. I, p. 392-417.

2 La source de Boisrobert est Justin, au chapitre VI du Livre XVIII de son *Abrégé des Histoires philippiques de Trogue Pompée.*

3 À tel point que le grand spécialiste américain Henry Lancaster n'hésite pas à voir dans la genèse de l'unique tragédie de Boisrobert une stratégie de réhabilitation morale auprès de la cour (*A History of French Dramatic Literature in the Seventeenth Century*, Baltimore, John Hopkins Press, 1929-1942, t. 1, p. 338). C'est une opinion qui semble confirmée par une lettre de Boisrobert au père Faure : « À ce changement d'affaire, j'espère mon rétablissement plus que certain, puisque celui qui m'avait perdu auprès du roi est maintenant dans l'accablement où m'avait mis sa calomnie », cité par C. Delmas, dans *Didon à la scène*, *op. cit.*, p. 83.

4 F. Boisrobert, « Dédicace », *La Vraye Didon*, éd. citée, p. 86.

au « courage invincible » (v. 830). À l'homme, elle emprunte la force, à la femme, la beauté, et surtout la chasteté, qui se présente chez Boisrobert comme le propre de l'héroïsme féminin. Hyarbas, quand il arrive aux portes de la ville, est ébloui par le « noble orgueil » (v. 249) de la reine :

> Quand je la vis puissante, autant qu'elle était belle,
> Je fus contraint de faire alliance avec elle [...][1].

Comme dans la tragédie de Tristan, où Hérode était aveuglé par la grandeur de Mariane, ce qui fait naître la passion chez Hyarbas, c'est la majesté de Didon. À l'acte II, cette puissance souveraine se décline métaphoriquement en une clarté féconde. Plus qu'une reine, c'est un « astre d'amour dont chacun suit la loi » (v. 451) ; plus qu'une « âme généreuse » (v. 1091), c'est un « temple précieux » (v. 1103) où tous viennent se recueillir. Ainsi, nul ne peut prétendre l'aimer sans du même souffle se livrer à la profanation :

> Tu ne peux offenser ce beau nom sans blasphème,
> Tu ne peux l'outrager sans t'outrager toi-même[2].

À l'opposé de Didon, qui incarne le noble et le beau, les personnages masculins concentrent tout ce qui se fait de vil et de laid. L'ensemble de l'acte IV présente la passion amoureuse de Hyarbas comme une fureur destructrice, que les refus de Didon ne font qu'exacerber. Le prince ne peut supporter l'insolence de la reine. Son âme est pleine d'une « bouillante ardeur » (v. 1122), elle « sème en tous endroits, ou la mort, ou l'effroi » (v. 1123) :

> Il est temps que le feu de mon courroux éclate
> Sur ce cœur endurci, sur cette femme ingrate[3].

De même, le personnage de Pygmalion, frère de la reine, se démarque par sa perfidie. Il n'a de cesse de comploter avec l'ennemi, allant jusqu'à proposer à Hyarbas la main de sa sœur en échange de l'immunité. De ce portrait se dégage, outre l'infamie de ces personnages anti-héroïques, la supériorité morale de Didon, fruit de la constance et d'une invincible

1 F. Boisrobert, *La Vraye Didon*, éd. citée, v. 245-246.
2 *Ibid.*, v. 1105-1106.
3 *Ibid.*, v. 1005-1006.

chasteté. « Opposons », dit-elle à sa sœur Anne, « [l]a force à la fureur, le mépris au mépris » (v. 1235-1236) :

> Traître Pygmalion, frère dénaturé,
> Et toi cruel tyran contre moi conjuré,
> Voyez où vos fureurs dans leur rage inhumaine
> Ont réduit le destin d'une si grande Reine[1].

Enfin, la mise en scène du personnage de Didon dans cette tragédie est indissociable d'une exaltation de l'héroïsme féminin, qui trouve sa pleine expression lors de la scène finale. Contrairement au dénouement des pièces de Jodelle et de Scudéry, où Didon se jette dans le feu aux prises avec une fureur vengeresse, c'est « libre » (v. 1353) et « pure » (v. 1407) que l'héroïne de Boisrobert se résout à mourir. Son suicide n'est plus un sacrifice expiatoire, la Reine étant demeurée fidèle à la « sainte promesse » (v. 1406) qui l'unit à Sichée ; c'est une « mort généreuse » (v. 1409), offerte à l'histoire ainsi qu'à la « postérité » (v. 1408). Les didascalies soulignent la solennité du moment. Didon s'empare d'un poignard, le baise et s'écrie fièrement, avant de mettre fin à ses jours :

> Voici qui peut sauver avec gloire infinie
> Celle qu'on voulait perdre avec ignominie[2].

La scène doit projeter une image saisissante. Ce courage qui se donne à voir avec éclat, cette vertu incorruptible qui colore chacune de ses paroles et chacun de ses gestes sont les attributs qui font de Didon une héroïne plus grande que nature. À travers elle, c'est bien le modèle exemplaire d'une « femme forte », d'une « femme illustre » que Boisrobert offre au public, dans le but de l'éblouir et de l'émerveiller.

« Comme dans *Sertorius*, *Agésilas* et *Attila*, écrit Michel Prigent à propos de la *Sophonisbe* de Corneille, les femmes sont plus fortes que les hommes : elles incarnent mieux la grandeur héroïque et la légitimité politique[3] ». Selon Serge Doubrovsky, les héroïnes de ces tragédies seraient l'incarnation du projet monarchique : « par une opposition

1 *Ibid.*, v. 1395-1399.
2 *Ibid.*, v. 1373-1374.
3 M. Prigent, *Le héros et l'état dans la tragédie de Pierre Corneille*, Paris, PUF, 1986, p. 404.

éclatante aux ravages du désordre sensuel, déchaîné chez les hommes, s'affirme la maîtrise absolue de soi chez les femmes[1] ». Il est vrai que la Sophonisbe de Corneille (1663) ne ressemble nullement à celles de ses prédécesseurs. Quoique sensible à la cause du pouvoir, le personnage, chez Mairet, se présentait d'abord sous les traits d'une femme charmante, tout entière absorbée par le sentiment amoureux. La reine de Corneille, pour sa part, subordonnera la nécessité de plaire aux intérêts politiques. Toute sa grandeur lui vient non plus de la beauté, mais bien du sceptre.

L'obsession presque maniaque de la gloire permet et justifie tout dans cette pièce, de la dissimulation à l'infidélité, en passant par le parjure. Pour Sophonisbe, il n'est rien que l'ambition de briller n'autorise :

> Je sais ce que je suis et ce que je dois faire,
> Et prends pour seul objet ma gloire à satisfaire[2].

Confondant le pouvoir et la grandeur d'âme, la reine agit en conformité avec une raison d'État qu'elle croit correspondre à l'action héroïque. Ne recherchant que les honneurs, elle n'hésite pas à trahir son époux pour le jeune Massinisse ; l'inconstance peut désormais être l'apanage de l'héroïne, si elle est un effet de sa gloire. De là le flegme avec lequel Sophonisbe s'adresse à Syphax, alors qu'elle le quitte pour le prince victorieux :

> Je me rends au pouvoir, et non pas à l'amour [...]
> Ainsi mon changement n'a point de perfidie[3].

Dans la logique de la pièce, nulle promesse d'amour ne doit entraver la conquête du pouvoir, qui est la seule et authentique raison d'être du héros. Le modèle féminin de cette conception du conflit tragique est bien sûr Cléopâtre (*Rodogune*), qui excelle dans le mal sans toutefois perdre la superbe qui la distingue du commun. « Cléopâtre dans *Rodogune* est très méchante, peut-on lire dans le *Discours sur le poème dramatique*, mais tous ses crimes sont accompagnés d'une grandeur d'âme, qui a quelque chose de si haut, qu'en même temps qu'on déteste ses actions, on admire la source dont elles partent[4] ». Pour Corneille, est admirable ce qui est

1 S. Doubrovsky, *Corneille et la dialectique du héros*, Paris, Gallimard, 1963, p. 355.

2 P. Corneille, *Sophonisbe*, dans *Œuvres complètes*, t. III, éd. G. Couton, Paris, Gallimard, coll. « Bibliothèque de la Pléiade », 1980, v. 993-994.

3 *Ibid.*, v. 968, 1057.

4 P. Corneille, *Discours sur le poème dramatique*, dans *Œuvres complètes*, t. III, *op. cit.*, p. 129.

grand. Et ce qui est grand, la tragédie de Sophonisbe le prouve assez, n'a pas nécessairement de résonance morale[1].

De ce point de vue, la « grandeur d'âme » de Sophonisbe, comme celle de Cléopâtre, se trouve aux antipodes de la magnanimité, telle que définie par Aristote dans l'*Éthique à Nicomaque*, et telle qu'elle apparaît par ailleurs dans de nombreuses autres œuvres de Corneille[2]. Cette vertu, qui exclut l'ambition et la vanité, suppose un désintéressement, une sorte de sérénité inspirant la noblesse et qui « exige d'adopter en toute circonstance une attitude conforme à l'honneur[3] ». Avec *Rodogune* et *Sophonisbe*, on peut dire au contraire que Corneille s'essaie à un nouveau type de pathétique d'admiration, qui ne découlerait plus de cette magnanimité aristotélicienne, mais plutôt de l'affirmation orgueilleuse du « moi » défiant le monde et la mort : « L'admiration, parce qu'elle est au départ moralement neutre en ce qu'elle se fonde sur quelque chose de "grand", est en mesure de s'appliquer à n'importe quel objet [y compris au mal], pourvu qu'il soit éclatant[4] ».

Cette noblesse spécifique de Sophonisbe, qui ne repose ni sur la beauté, ni sur les qualités morales, mais sur une disposition de l'âme n'admettant que la liberté absolue, les Romains, et même Éryxe, sa rivale, la reconnaissent sans peine :

> Le dirai-je, Seigneur, je la plains, et l'admire.
> Une telle fierté méritait un Empire [...][5].

À quoi Lélius répond sans hésiter :

1 N. Hepp décrit bien le type de personnage auquel cette conception de l'admiration est susceptible de donner lieu : « Il ne s'agit plus alors ni de femme qui agit en héros ni de femme parfaite, mais bien de femme qui attire l'attention de tous. Et très souvent, c'est par la rupture avec les valeurs que la morale religieuse ou les bienséances mondaines lui imposent qu'une femme s'assurera dans ce nouveau domaine une position d'éclat [...]. De telles femmes, exaltées par une idée unique, trouvent une jouissance sauvage dans l'exercice de leur passion », « La notion d'héroïne », dans *Onze études sur l'image de la femme dans la littérature française du dix-septième siècle*, W. Leiner (dir.), Tübingen-Paris, TBL Verlag Gunter Narr, 1978, p. 19.

2 Sur l'influence de ce traité sur l'œuvre de Corneille, voir l'article de M. Fumaroli, « L'héroïsme cornélien et l'éthique de la magnanimité », dans *Héros et orateurs. Rhétorique et dramaturgie cornéliennes*, Genève, Droz, 1996, p. 323-349.

3 A. Georges, « Magnanimité aristotélicienne et pathétique d'admiration », *Revue d'Histoire du Théâtre*, 1987, n° 3, p. 282.

4 C. Biet, « Plaisirs et dangers de l'admiration », *Littératures classiques*, 1998, n° 1, p. 128.

5 P. Corneille, *Sophonisbe*, éd. citée, v. 1803-1804.

Je dirai plus, Madame, en dépit de sa haine.
Une telle fierté devait naître Romaine[1].

Le distinguant du commun, la *fama* pousse le héros vers un soi grandiose. Elle encourage l'émulation, incite au dépassement, constitue son souverain bien. Pour cette raison, la renommée n'est jamais très loin de l'orgueil. La scène finale de la tragédie résume le sens que revêt la notion dans cette pièce. Pleine d'arrogance, Sophonisbe avale le poison mortel, et par là prouve qu'elle « sait vivre et mourir en Reine » (v. 384). Cette supériorité grandiose force l'admiration de Syphax et de Massinisse, qui tour à tour exaltent le « courage héroïque » (v. 72) de la reine. Mais elle devait aussi susciter l'émerveillement du public, à la fois surpris et fasciné par cette figure énigmatique. Nous touchons ici à la double dimension de l'admiration dans le cadre de la représentation théâtrale :

> L'admiration est intérieure à la tragédie en ce qu'elle est éprouvée et verbalisée par les protagonistes du héros, qui entraîne ainsi une sorte de conversion. Elle est aussi extérieure à l'action puisque les spectateurs sont, eux aussi, censés l'éprouver à l'égard du héros, puis à l'égard de ceux qui se convertissent[2].

Le premier sens du mot admirer, conformément à son étymologie et à son usage au XVIIe siècle, est « regarder avec étonnement[3] ». C'est dans ces mots que Donneau de Visé, d'abord adversaire, puis partisan de Corneille durant la querelle de Sophonisbe[4], s'exprime sur la pièce :

> Vous vous étonnerez peut-être de ce qu'ayant parlé contre Sophonisbe dans mes *Nouvelles nouvelles*, je viens de prendre son parti ; mais vous devez reconnaître par là que je sais me rendre à la raison : Je n'avais alors été voir Sophonisbe que pour y trouver des défauts ; mais l'ayant depuis été voir en disposition de l'admirer, et n'y ayant découvert que des beautés, j'ai cru que je n'aurais pas de gloire à paraître opiniâtre, et à soutenir mes erreurs, et que je me devais rendre à la raison[5].

---

1 *Ibid.*, v. 1811-1812.

2 C. Biet, « Plaisirs et dangers de l'admiration », *op. cit.*, p. 123.

3 A. Furetière, *Dictionnaire universel*, t. I, *op. cit.*, p. 43.

4 La représentation de la pièce en 1663 suscita une querelle qui opposa Corneille à l'abbé d'Aubignac, ennemi déclaré du dramaturge depuis la publication en 1660 des *Trois discours sur le poème dramatique.* Sur la genèse de la pièce et les circonstances de cette querelle, voir la présentation de G. Couton, dans Corneille, *Œuvres complètes*, t. III, *op. cit.*, p. 1460-1468, ainsi que R. Bray, *La tragédie cornélienne devant la critique classique d'après la querelle de Sophonisbe*, Genèvre, Droz, 1927.

5 J. Donneau de Visé, *Défense de la Sophonisbe de Monsieur de Corneille*, dans *Dissertations contre Corneille*, éd. N. Hammond et M. Hawcroft, Exeter, University of Exeter Press, 1995, p. 80-81.

Ce qui « étonne » Donneau de Visé, c'est, par-dessus tout, le portrait « viril » que dresse Corneille de son héroïne. Sophonisbe n'est pas ici, comme dans la tragédie de Mairet, une reine lascive qui se laisse gagner par l'amour. C'est une orgueilleuse, qui, en conformité avec les traditions du patriarcat, domine la scène par sa grandeur et son éclat. Que Syphax ou encore Massinisse se fussent illustrés par les mêmes qualités n'eût sans doute pas engendré une conversion aussi spontanée. Car en somme, c'est bien sur le renversement de perspective, sur l'inversion des représentations traditionnelles des sexes que s'appuie le pathétique d'admiration dans cette pièce, comme dans de nombreuses autres tragédies des années 1640. Pour le critique, la gloire de Sophonisbe est d'autant plus impressionnante qu'elle émane d'une femme, et non d'un homme, ainsi que le veulent les normes sociales et la culture guerrière au XVIIe siècle.

LA FEMME ILLUSTRE

Mariane, Didon et Sophonisbe ne sont pas les seules héroïnes à se démarquer dans le paysage dramatique du deuxième tiers du XVIIe siècle. De 1637 à 1663, une multitude de femmes fortes prennent d'assaut la scène française. On n'a qu'à penser aux héroïnes de Rotrou dans *Antigone* (1638) et *Iphigénie* (1640), mais aussi à Laodice dans *Nicomède* (1658), et même à Pauline dans *Polyeucte* (1642), qui incarne une forme de gloire céleste. Autour de ces figures se fixe un idéal esthétique (« l'illustration ») trouvant écho dans des pratiques discursives favorables à la femme, et plus généralement dans une culture de célébration du sexe féminin. À la veille de la Fronde, le féminisme héroïque est plus qu'une mode : « c'est un phénomène littéraire, artistique, mais aussi social[1] ».

En particulier, il est impossible de dissocier l'exaltation de l'héroïsme féminin sur scène du culte des femmes illustres qui se répand à partir des années 1640. Plusieurs des héroïnes glorifiées par Madeleine et

1 C. Mazouer, « Trois femmes illustres de Scudéry, héroïnes de tragédie : Panthée, Lucrèce, Marianne », *Les Femmes illustres. Hommage à Rosa Galli Pellegrini*, Publif@rum, n° 3, 2005, p. 1.

Georges de Scudéry dans les deux volumes des *Femmes illustres ou Les Harangues héroïques* sont en même temps des figures de la tragédie contemporaine. Scudéry s'inspire de Tristan dans la composition du personnage de Mariane[1]. À l'inverse, la Sophonisbe fière et hautaine de Corneille rappelle l'oratrice des *Harangues*. Le lien est évident entre des ouvrages comme la *Femme héroïque* du père du Bosc[2] et la tragédie de Boisrobert, qui prête à Didon le caractère d'une reine vertueuse. Durant au moins une décennie, qui correspond à l'apogée de la tragédie cornélienne, s'observe une prolifique circulation des sujets entre les écrivains dramatiques et les auteurs de recueils de femmes illustres.

Dans sa forme littéraire, le culte des femmes fortes poursuit la tradition antique de l'éloge biographique. Sur ce point, il faut souligner l'influence prépondérante de Plutarque : la traduction par Amyot entre 1559 et 1565 des *Vies parallèles des hommes illustres* connaît une dizaine de rééditions au cours du XVIe siècle, créant un engouement pour le récit d'exemplarité qui n'ira qu'en s'accroissant jusqu'à la fin du XVIIe siècle. De nombreux critiques ont précisé l'importance du modèle[3]. Plutarque fournit aux biographes modernes un cadre rhétorique et stylistique, une collection d'aphorismes et de réflexions morales, par ailleurs développées plus amplement dans les *Moralia*. Mais son principal legs est la notion même d'homme illustre. Dans son dictionnaire, Furetière définit le mot « illustre » comme : « Ce qui est élevé au-dessus des autres par son mérite[4] ». C'est dans cette perspective qu'il faut situer la tradition de l'hagiographie médiévale et des chansons de geste (récits des exploits chevaleresques), puis au XVIIe siècle le genre littéraire du portrait, lequel consiste à dresser une image magnifiée d'une personnalité célèbre. En accord avec le double héritage des Anciens et du Moyen Âge, l'homme illustre se présente à l'époque classique comme un être exceptionnel dont la vie est traversée de hauts faits et imprégnée de grandeur héroïque.

1 « L'apologiste de Marianne a donc lu aussi Flavius Josèphe et les dramaturges qui s'inscrivent dans sa tradition pour colorer sa Marianne d'un orgueil éclatant autant qu'héroïque », *ibid.*, p. 12.

2 J. du Bosc, *La Femme héroïque ou les Héroïnes comparées avec les Héros en toute sorte de vertus et, à la fin de chaque comparaison plusieurs réflexions morales*, Paris, N. et J. de La Coste, 1642.

3 Voir, entre autres, l'ouvrage de P. Eichel-Lojkine, *Le siècle des grands hommes. Les recueils de Vies d'hommes illustres avec portraits du XVIe siècle*, Paris, Peeters, 2001.

4 A. Furetière, *Dictionnaire universel*, t. II, *op. cit.*, p. 165.

La démarche des apologistes de la femme, comme celle des dramaturges, s'inscrit tout droit dans cette logique de l'exemplarité. Elle consiste à chanter les vertus des dames, de façon que le public, ébahi devant leur perfection, concède la supériorité du sexe féminin. L'ouvrage le plus important à cet égard est la *Cité des Dames* de Christine de Pizan. Ce livre, qui s'inspire du *De mulieribus claris* de Boccace – quoiqu'il ne considère que les portraits de femmes vertueuses –, est reconnaissable par sa structure en forme de « galerie ». Par définition, la galerie implique l'idée de « collection » : il s'agit d'un espace d'apparat où sont exposées quantité d'œuvres que le visiteur est invité à contempler et à admirer. Empruntée à l'architecture, cette métaphore se prête particulièrement bien à l'exercice apologétique : là où il pose le regard, le lecteur découvre le portrait d'une femme célèbre, dont les vertus sont étalées avec ostentation. Ainsi, chez Plutarque et plus encore chez les apologistes de la Renaissance, « illustrer » va de pair avec « admirer ». L'un et l'autre se répondent naturellement comme « montrer » et « regarder[1] ».

Les Femmes Illustres, ou les Harangues héroïques des deux Scudéry, tout comme *La Galerie des Dames illustres* (1642) de François Grenaille et *La Galerie des Femmes fortes* (1647) de Pierre Lemoyne, sont de même nature. Ils procèdent tous par accumulation, par « exhibition », pourrait-on dire. Chacune des femmes auxquelles Georges et Madeleine Scudéry prêtent la parole tend à adopter une posture triomphale, dans le but de provoquer l'éblouissement du lecteur. Cette pratique se situe au point de contact entre plusieurs traditions, celle des blasons, qui rattache les emblèmes aux grandes familles, mais surtout celle des *imagines majorum* (les galeries aristocratiques). Conformément à ces modèles, les auteurs accompagnent leurs harangues d'une gravure tirée des médailles antiques. Ce faisant, ils cherchent à figer en une image spectaculaire la gloire infinie de leurs héroïnes. Lemoyne et Du Bosc en font autant. Sur la gravure qui ouvre *La Femme Héroïque*, on peut voir une femme vêtue à la romaine, distribuant des couronnes de laurier. Elle se tient debout sur un piédestal, dominant une foule venue l'admirer. Au-dessus d'elle, sur

1 Un même rapprochement entre « voir » et « savoir » se trouve autorisé par ce jeu du regard. Derrière toutes ces tensions loge une attirance à observer sous toutes ses formes un objet – œuvre d'art, personne, situation – en cherchant à y éprouver une jouissance ou une excitation. Le prolongement de ces pratiques conduit au XXe siècle aux théories du voyeurisme, que nous ne développerons pas ici, puisqu'elles excèdent notre propos, mais qui se trouvent déjà au cœur de la dynamique du « regardant/regardé ».

ce qui compose le manteau de cette scène épique, est inscrit l'adage de Plutarque : « La vertu de l'homme et de la femme n'est qu'une même vertu ». De tels frontispices annoncent que l'art de l'illustration est pour ces auteurs « érigé en principe de composition[1] ».

FIG. 1 – Frontispice de *La Femme héroïque, ou les héroïnes comparées avec les héros en toutes sortes de vertus*, par le père Jacques Du Bosc, Paris, A. Sommaville et A. Courbé, 1645, BnF.

1 C. Pascal, « Les recueils de femmes illustres au XVIIe siècle », communication prononcée lors des premières rencontres de la SIEFAR : *Connaître les femmes d'Ancien Régime. La question des recueils et dictionnaires*, Paris, 20 juin 2003, p. 2, texte en ligne : http://www.siefar.org/docsiefar/file/Pascal-dicos.pdf.

Par ailleurs, quand elle ne relève pas de l'iconographie, l'illustration peut se concevoir sous la forme de l'hypotypose. Au sens propre, l'hypotypose « donne à voir », elle consiste en une description animée et expressive d'une scène ou d'un sujet. Pour Quintilien, l'hypotypose est très étroitement liée à l'illustration (*evidentia*)[1]. Elle s'accompagne d'un style énergique et puissant (*energeia*) qui a pour effet de grandir l'objet dont elle parle. Ainsi l'apostrophe de Mariamne à l'endroit d'Hérode dans les *Harangues* découvre une reine impérieuse, au faîte de sa gloire : « Souffrez donc Seigneur [...] que pour vous faire voir la pureté de mon cœur, je rappelle en votre mémoire ce que vous êtes et ce que je suis [...][2] ». De même, le touchant discours qu'adresse Sophonisbe à Massinisse montre une amoureuse que la mort n'effraie point : « Vous voyez bien, mon cher Massinisse, que mon âme n'est pas troublée et que je vous parle avec beaucoup de tranquillité[3] ». Enfin, la tirade de Didon renvoie l'image d'une femme chaste et pudique : « Il me semble entendre sa voix [celle de Sichée] ; il me semble voir son visage ; il me semble remarquer encore l'amitié qu'il avait pour moi [...][4] ». Toutes les héroïnes de Scudéry « incarnent naturellement, dans leur être et dans leur paraître, la générosité, la magnanimité[5] » : supériorité que l'hypotypose, très proche ici de la prosopopée, contribue à rendre « vivante » aux yeux du lecteur.

À côté des femmes illustres de droit, celles qui, par leur naissance, trônent déjà au sommet de la pyramide sociale, se trouvent les femmes illustres de fait, dont la conduite est digne d'être imitée de tous. Dans le sillon de *La Cour saincte* de Nicolas Caussin (1625), toute une littérature

1 « Quant à la figure, dont Cicéron dit qu'elle place la chose sous nos yeux, elle sert généralement, non pas à indiquer un fait qui s'est passé, mais à montrer comment il s'est passé, et cela non pas dans son ensemble, mais dans le détail : cette figure, dans le livre précédent, je l'ai liée à l'*evidentia* (l'illustration). C'est le nom que lui a donné Celse. D'autres l'appellent hypotypose, et la définissent comme une représentation des faits proposée en termes si expressifs que l'on croit voir plutôt qu'entendre », *Institution Oratoire*, IX, 2, 40, trad. J. Cousin, Paris, Les Belles Lettres, 1978.

2 G. Scudéry, *Les Femmes illustres ou les harangues héroïques*, Paris, A. Sommaville et A. Courbé, 1642, t. I, p. 40.

3 *Ibid.*, t. I, p. 76.

4 *Ibid.*, t. II, p. 360.

5 Ainsi, « [l]'œuvre des Scudéry se veut manifestement l'expression d'une littérature de classe, non seulement dans les idéaux que véhiculent ces discours, mais également dans sa forme même, celle de la harangue, qui n'a pas été retenue au hasard », C. Pascal, « Les recueils de femmes illustres au XVIIe siècle », *op. cit.*, p. 7.

morale et édifiante exalte le mérite de filles, épouses, mères et veuves parfaites au regard de la morale chrétienne. Des auteurs comme Hilarion de Coste[1] et François Dinet[2] proposent en leurs manuels des modèles de sainteté tirés des Écritures : Judith, Esther, Clotilde sont une à une érigées en symboles de vertu morale. Illustrant une forme de piété compatible avec les exigences du monde, ces reines sont « la preuve réelle, concrète qu'une femme noble peut parfaitement adopter, comme le commun des mortels, un comportement absolument conforme à l'esprit du christianisme, tout en satisfaisant aux obligations qu'impose son statut aristocratique[3] ». S'ensuit une définition de l'héroïsme féminin qui réussit à marier la perspective typiquement salésienne d'amour filial, conjugal, maternel, et le microcosme social dont il est issu, c'est-à-dire le milieu aristocratique, avec sa culture et ses valeurs, consacrées par l'usage et la coutume. Un chapitre de l'ouvrage de Caussin s'intitule « Que la cour sainte ne peut subsister sans la vertu des Dames et de leur piété à l'avancement du christianisme[4] ». Ce titre rend bien l'idée, fort répandue au XVIIe siècle, selon laquelle la gloire féminine se situe au carrefour de l'éthique religieuse et profane. « La femme héroïque, écrit du Bosc, est au-dessus de toutes les autres : elle contient et ramasse en elle tous les degrez des autres vertus, ou de dévotion, ou de générosité, ou d'honnesteté, ou de quelque autre louable qualité qu'on se puisse imaginer[5] ». Même discours du côté du père de Coste, qui consacre son livre « à la mémoire des Dames honnestes & vertueuses » s'étant illustrées « en piété, en courage, & en sçavoir, ou en tous les trois ensemble[6] ».

La visée pédagogique de ces ouvrages est évidente. Il s'agit, à l'heure de la Contre-Réforme catholique, de réconcilier l'aristocratie – et à plus

1 H. de Coste, *Eloges et Vies des reynes, princesses, dames et damoiselles illustres en Piété, Courage et Doctrine, qui ont fleury de nostre temps, et du temps de nos Peres. Avec l'explication de leurs Devises, Emblèmes, Hyeroglyphes, et Symboles*, Paris, G. Cramoisy, 1647.

2 F. Dinet, *Le Théâtre françois des seigneurs et dames illustres*, Paris, N. et J. de La Coste, 1642.

3 C. Pascal, « Les recueils de femmes illustres au XVIIe siècle », *op. cit.*, p. 6.

4 N. Caussin, *La Cour saincte ou l'institution chrestienne des grands avec les exemples de ceux qui dans les cours ont fleury en saincteté*, Paris, S. Chappelet, 1625, p. 115.

5 J. Du Bosc, *La Femme héroïque*, *op. cit.*, p. 2-3. – « La femme devient héroïne parce qu'elle pousse à son paroxysme sa vertu », P. Bousquet, « L'héroïsme féminin au XVIIe siècle : entre admiration païenne et représentations chrétiennes », dans *Les femmes au Grand siècle, Actes du 33e congrès annuel de la* North American Society for Seventeenth-Century Literature, D. Westel et F. Canovas (dir.), Tübingen, Biblio 17, 2003, p. 100.

6 H. de Coste, *Eloges et Vies*, *op. cit.*, p. 1-2.

forte raison les membres féminins de la noblesse – avec la dévotion. Or, qu'il soit d'inspiration chrétienne ou païenne, le discours sur la femme dans les années 1640 établit un lien très étroit entre l'illustration, du point de vue esthétique, et l'admiration, sur le plan de la réception. De la sainte à la reine, en passant par l'Amazone[1], la femme illustre ne manque pas d'éveiller de nobles sentiments : son mérite lui confère une place à part parmi les hommes. C'est enfin le sentiment qui se dégage du portrait que dresse Lemoyne de la femme parfaite dans la *Galerie des femmes fortes* :

> La crainte de Dieu, la constance,
> La pudeur, la fidélité,
> D'une femme de qualité,
> Sont les armes, font la vaillance.
> Telle est la femme de courage :
> La foule affreuse des malheurs,
> Ne peut déconcerter ses meurs ;
> Ne peut altérer son visage[2].

Parce qu'il s'accorde avec ses conceptions poétiques, Corneille fera de la topique de la femme illustre un ressort central de son œuvre. Une des forces de son théâtre est d'avoir su saisir le potentiel dramatique du phénomène, et particulièrement le pouvoir de fascination qu'il exerçait sur le spectateur – en ce sens, le thème de la vertu féminine, très proche de celui du *virtute illustris* (être remarquable dont la vie est réputée exemplaire), apparaît bien comme un trait distinctif de la tragédie cornélienne. En mettant en scène des héroïnes glorieuses, puis en exaltant le destin de reines célèbres, le grand dramaturge rapprochait la tragédie du genre de l'illustration, et avec lui du pathétique d'admiration, tel qu'il s'imposait peu à peu dans la pensée artistique du premier XVIIe siècle.

---

1 Sur le phénomène des femmes d'armes et de leur représentation dans la littérature de la première moitié du XVIIe siècle, voir l'article de J. DeJean, « Amazones et femmes de lettre : pouvoirs politiques et littéraires à l'âge classique », dans *Femmes et pouvoirs sous l'Ancien Régime*, D. Haase Dubosc et É. Viennot (dir.), Paris, Éditions Rivages, 1991, p. 153-171.

2 P. Lemoyne, *La Galerie des femmes fortes*, Paris, A. Sommaville, 1647, p. II.

LE PATHÉTIQUE D'ADMIRATION

Dans une lettre à Charles Perreault datée de 1701, Boileau évalue l'originalité de la tragédie cornélienne à la lumière de la hiérarchie qu'elle établit entre les diverses passions tragiques :

> [Corneille a] invent[é] un nouveau genre de tragédie inconnue à Aristote. [S]e mettant au-dessus des règles de ce philosophe, il n'a point songé, comme les poètes de l'ancienne tragédie, à émouvoir la pitié et la terreur, mais à exciter dans l'âme des spectateurs, par la sublimité des pensées et par la beauté des sentiments, une certaine admiration, dont plusieurs personnes, et les jeunes gens surtout, s'accommodent beaucoup mieux que de véritables passions tragiques[1].

Dérogeant au modèle aristotélicien, Corneille aurait fait de l'admiration une émotion supérieure, la plus susceptible de plaire au public. Dans *Polyeucte*, le sentiment de pitié s'efface devant le sacrifice grandiose du héros. De même, dans *Suréna*, le spectateur est invité moins à plaindre, qu'à contempler la force d'âme du personnage. En outre, si elle dépend parfois de la pitié, comme c'est le cas dans la *Mariane* de Tristan L'Hermite, où l'on admire la constance de l'héroïne tout en plaignant son sort « pitoyable », en même temps elle l'excède : l'admiration peut surgir sans le support de la commisération. C'est du moins ce que signale l'*Examen de Nicomède*, qui est explicite à cet égard :

> Dans l'admiration qu'on a pour sa vertu [celle de Nicomède], je trouve une manière d'exciter les passions dont n'a point parlé Aristote et qui est peut-être plus sûre que celle qu'il prescrit à la tragédie par le moyen de la pitié et de la crainte. L'amour qu'elle nous donne pour cette vertu que nous admirons, nous imprime de la haine pour le vice contraire[2].

De l'aveu même du dramaturge, *Nicomède* serait *la* pièce de l'admiration. Ce prince généreux, dit-il, n'a d'amour que pour la vertu : « il regarde son malheur d'un œil si dédaigneux, qu'il n'en saurait arracher une

1 Boileau, *Œuvres complètes*, éd. F. Escal, Paris, Gallimard, coll. « Bibliothèque de la Pléiade », 1966, p. 570.
2 P. Corneille, *Œuvres complètes*, t. II, *op. cit.*, p. 643.

plainte[1] ». Laodice, quant à elle, règne sur son peuple « avec splendeur » (v. 765). Même frappée par les inconstances du sort, jamais elle ne perd « ce grand nom de Reine » (v. 771) qui lui appartient de droit :

> Je perdrai mes États, et garderai mon rang,
> Et ces vastes malheurs où mon orgueil me jette
> Me feront votre esclave, et non votre Sujette,
> Ma vie est en vos mains, mais non ma Dignité[2].

Ces vers magnifiques, non seulement dénotent une conception de l'honneur fondée sur le sang et la naissance, mais encore témoignent du projet, qui s'étend sur toute l'œuvre de Corneille, de remplacer le *movere* traditionnel (crainte, pitié) par un *pathos* reposant sur le sentiment d'élévation. « Pour plaire, peut-on lire dans le *Discours de la tragédie*, il [le poète] a besoin quelquefois de rehausser l'éclat des belles actions [...][3] » : opinion qui semble indiquer que l'auteur, à l'instar de Saint-Évremond, ne conçoit la *catharsis* qu'à l'intérieur du paradigme de l'admiration :

> Ce qu'on doit rechercher à la Tragédie, devant toutes choses, c'est une grandeur d'âme bien exprimée, qui excite en nous une tendre Admiration. Il y a dans cette sorte d'Admiration quelque ravissement pour l'esprit ; le courage y est élevé, l'âme y est touchée[4].

Pour la marquise de Sévigné, nul doute que c'est chez Corneille que l'on éprouve le plus fortement ce « plaisir ». Il n'y a point dans les tragédies de Racine, dit-elle, « de ces tirades de Corneille qui font frissonner[5] ». Puis d'ajouter : « La beauté des sentiments, la violence de passions, la grandeur des événements, et le succès miraculeux des redoutables épées » font que ce théâtre transporte et séduit[6]. À côté de la chaleur de Rodrigue, le Bajazet de Racine devait en effet paraître bien « froid et faible[7] ».

---

1 *Ibid.*, p. 642.

2 P. Corneille, *Nicomède*, dans *Œuvres complètes*, t. II, *op. cit.*, v. 786-789.

3 P. Corneille, *Discours de la tragédie*, dans *Œuvres complètes*, t. III, *op. cit.*, p. 171.

4 *Ibid.*, p. 184.

5 Mme de Sévigné, « Lettre à Mme de Grignan, Paris, 16 mars 1672 », *Correspondance*, éd. R. Duchêne, Paris, Gallimard, 1972-1978, t. I, p. 459.

6 Mme de Sévigné, « Lettre à Mme de Grignan, Aux Rochers, 12 juillet 1671 », *ibid.*, t. I, p. 294.

7 *Ibid.*, t. I, p. 294.

Ce que l'on admire dans la tragédie, précise de son côté Jean Chapelain dans la préface de l'*Adone* (1623), c'est le *merveilleux*, « qui ravit l'âme d'étonnement et de plaisir[1] » :

> La *merveille* a les mêmes sources ; la nature du sujet produit le merveilleux lorsque par un enchaînement de causes non forcées ni appelées du dehors, on voit résulter des événements ou contre l'attente ou contre l'ordinaire ; la merveille a lieu par les accidents quand la fable est soutenue par les conceptions et par la richesse du langage seulement, de façon que le lecteur laisse la matière pour s'arrêter à l'embellissement[2].

La première partie de cette définition concerne l'*inventio* : le merveilleux dramatique serait « le résultat d'un *coup de théâtre*, qui démêle l'action par une voie inattendue qui provoque la surprise, mais qui est explicable, après-coup, de façon rationnelle[3] » ; le merveilleux serait ainsi produit par le vraisemblable extraordinaire. La deuxième partie, quant à elle, traite de l'*elocutio*, à savoir du merveilleux dans le discours : aspect du problème qui n'occupe dans les faits qu'une place réduite dans la pensée esthétique de Chapelain[4]. Dans le sillon du Tasse, qui faisait de la « surprise émerveillée » (*maraviglia*) le fondement du plaisir théâtral, l'auteur du *Discours sur la poésie représentative* (1635) associe moins l'effet de merveilleux au style pathétique qu'au retournement diégétique[5]. Pour le théoricien, la notion de merveille se rapporte en premier lieu à la constitution de la fable, à la disposition de ses diverses actions et péripéties[6] ; elle survient généralement au dénouement de l'intrigue, accompagnée ou non par le procédé de la reconnaissance[7].

---

1 J. Chapelain, *Les Sentiments de l'Académie française sur le Cid*, dans *La querelle du Cid (1637-1638) : édition critique intégrale*, éd. J.-M. Civardi, Paris, Champion, 2004, p. 998.

2 J. Chapelain, *Lettre ou discours en forme de préface à l'Adonis du chevalier Marino*, dans *Opuscules critiques*, éd. A. Hunter, Genève, Droz, 2007, p. 201.

3 G. Forestier, *Passions tragiques et règles classiques. Essai sur la tragédie française*, Paris, PUF, 2003, p. 170.

4 « [S]i Chapelain considère comme secondaire le merveilleux dans le discours, c'est qu'il se veut avant tout poéticien et non rhétoricien », *ibid.*, p. 169.

5 « Le nœud se démêle par des voies inespérées et produit la merveille », J. Chapelain, *Discours sur la poésie représentative*, dans *Opuscules critiques*, *op. cit.*, p. 273.

6 « La poésie représentative, aussi bien que la narrative, a pour objet l'imitation des actions des hommes, pour condition nécessaire la vraisemblance, et pour sa perfection la merveille », *ibid.*, p. 272.

7 Chapelain souligne que l'espèce de dénouement « tant estimée chez les héroïques [...] » se fait « avec merveille, ou sans agnition ou avec agnition », *Préface de l'Adone*, dans *Opuscules critiques*, *op. cit.*, p. 204.

Or, le merveilleux, tel qu'il se rencontre sur la scène des années 1640, ne déborde-t-il pas ce cadre restrictif ? L'expression des passions et des caractères n'est-elle pas en soi une manière tout aussi efficace de provoquer l'étonnement ? Posons la question autrement : qu'est-ce donc qui est « merveilleux », qui déclenche une « surprise éblouie » dans une pièce comme *Sophonisbe* ou encore dans *Les Harangues héroïques* de Georges et Madeleine Scudéry ? Ce ne sont ni la vigueur des conflits, ni les ornements du discours, bien qu'ils contribuent à leur façon au plaisir du spectateur. C'est, à n'en point douter, la présence en scène de la femme illustre. La femme qui conjugue à la fois vertu et force, beauté et courage, est une authentique « merveille ». À la croisée entre le monde du naturel (*naturalia*) et de l'extraordinaire (*mirabilia*), elle réunit ce qu'il y a de plus admirable dans les deux sexes. Au reste les mots « admiration » et « merveilleux » sont liés étymologiquement. Les deux vocables rendent le *thaumaston* (l'effet de merveilleux surprenant) du grec, traité par Aristote dans plusieurs chapitres de la *Poétique.* Le merveilleux, écrit Chapelain, crée chez le spectateur une sorte de « suspension d'esprit[1] » qui élève. De même, René Bray, dans sa *Formation de la doctrine classique* (1927), commence son chapitre sur le merveilleux en arguant que

> [s]i la vraisemblance est la condition à laquelle doit satisfaire la poésie pour intéresser, le merveilleux est cela même qui excite l'intérêt. Sans le merveilleux, il n'y a ni curiosité, ni admiration. C'est dire qu'il est une partie absolument indispensable à la poésie[2].

Ainsi se présentent les héroïnes de Scudéry et de Corneille : véritables prodiges, elles ne laissent pas de frapper l'imagination par leur grandeur et leur noblesse. Leurs représentations nient, dépassent, transcendent toutes les réalités existantes, et par là débouchent sur le sublime.

Suivant la pensée de Chapelain, Boileau, dans sa traduction du *Traité du sublime* (1674), définit la notion comme quelque chose d'à la fois « admirable » et « surprenant[3] » :

1 J. Chapelain, *Discours sur la poésie représentative*, dans *Opuscules critiques*, *op. cit.*, p. 273.
2 R. Bray, *La formation de la doctrine classique en France*, Paris, Nizet, 1983, p. 231.
3 Boileau, *Traité du sublime* [traduction du traité de Longin], éd. F. Goyet, Paris, Librairie générale française, 1995, p. 70.

> Il faut donc savoir que par Sublime, Longin n'entend pas ce que les orateurs appellent le style sublime : mais cet extraordinaire et ce merveilleux qui frappe dans le discours, et qui fait qu'un ouvrage enlève, ravit, transporte[1].

Relevant essentiellement de la théologie et de l'éthique dans la première moitié du XVIIe siècle, avant de glisser vers le champ rhétorique dans les dernières décennies, le sublime désigne tout ce qui est « haut » ou « relevé[2] ». Dans son ouvrage *Du Grand et du sublime dans les mœurs et les conditions des hommes*, publié en 1686, le père Rapin formule l'idée selon laquelle le sublime est d'abord une qualité de l'âme. « C'est le Sublime dans le cœur, dit-il, qui fait les conquérants, le Sublime dans l'âme qui fait les magnanimes, le Sublime dans la probité qui fait la vertu des hommes[3] ». Le sublime est ce « mérite éminent » qui place le sujet « au-dessus de toutes les faiblesses et de toutes les imperfections humaines[4] ». Il est « la résonance d'une grande âme », écrit le Pseudo-Longin au chapitre IX de son traité[5]. De là vient « que par une sorte de penchant naturel, notre admiration [...] ne va pas aux petits fleuves, [...] mais au Nil, au Danube ou au Rhin, et bien plus à l'Océan[6] ». De là vient encore que l'homme est foudroyé devant les qualités du héros accompli : « majesté puissante, souffle tout vibrant de la passion, [...] présence d'esprit, véhémence et force [...][7] ». Rassemblant les cimes les plus hautes de la Création, le sublime n'est autre qu'« un amour invincible pour tout ce qui est éternellement grand et pour tout ce qui est de plus divin par rapport à nous[8] ».

À placer du côté du l'expérience subjective, l'admiration apparaît alors comme le mode de réception privilégié du sublime longinien : sorte

1 *Ibid.*, p. 125. – De même : « [l]e Sublime n'est pas proprement une chose qui se prouve et qui se demonstre; mais c'est un Merveilleux qui saisit, et qui frappe, et qui se fait sentir », Boileau, « Réflexion X », dans *Œuvres complètes*, éd. F. Escal, Paris, Gallimard, coll. « Bibliothèque de la Pléiade », 1966, p. 546.

2 Sur la confusion entre le sublime au sens longinien et le style le plus élevé dans la hiérarchie rhétorique, consulter l'ouvrage de référence de S. Hache, *La langue du ciel. Le sublime en France au XVIIe siècle*, Paris, Champion, 2000.

3 R. Rapin, *Du Grand ou du sublime dans les mœurs et dans les différentes conditions des hommes : avec quelques observations sur l'éloquence des bienséances*, Paris, S. Mabre-Cramoisy, 1686, p. 11.

4 *Ibid.*, p. 10-11.

5 Longin, *Traité du sublime*, trad. H. Lebègue, Paris, Les Belles Lettres, 1965, p. 12.

6 *Ibid.*, p. 51.

7 *Ibid.*, p. 50.

8 *Loc. cit.*

d'épiphanie, précise Sophie Hache, « qui ne souffre aucune discussion », et « qui est ressentie comme telle[1] » :

> Mais quel est-il ce mouvement dans le Sublime des Images ? C'est pour l'ordinaire, l'admiration excitée par l'extrême grandeur de la chose. Car enfin, on doit croire que les mouvements qu'on aperçoit dans un homme à la vue de quelque objet, sont conformes & proportionnés à ceux que l'objet doit produire naturellement. Or comme l'effet des choses extraordinairement grandes, est de se faire admirer, il s'ensuit que le mouvement le plus ordinaire de l'Orateur dans le Sublime des Images, est celui de l'admiration[2].

« [N]ous n'admirons que ce qui nous paraît rare et extraordinaire[3] », écrit pour sa part Descartes dans *Les Passions de l'âme.* Si la dramaturgie cornélienne s'inspire du discours contemporain autour de la notion de sublime, elle trouve chez le philosophe sa justification physiologique. Le savoir empirique sur lequel se fonde le théâtre de Corneille postule la sensibilité du corps et de l'âme aux *stimuli* extérieurs. Dans ce système, les passions sont considérées comme le résultat d'une action du corps sur l'âme, action qui justement émeut l'âme, c'est-à-dire, au sens strict, la met en mouvement ou influe sur sa volonté :

> Ainsi elle [l'admiration] est causée premièrement par l'impression qu'on a dans le cerveau, qui représente l'objet comme rare, et par conséquent digne d'être fort considéré ; puis ensuite par le mouvement des esprits, qui sont disposés par cette impression à tendre avec grande force vers l'endroit du cerveau où elle est, pour l'y fortifier et conserver [...][4].

Cet objet si rare et auquel on ne peut résister (le mécanisme physiologique enclenché, l'âme ne peut qu'assister, impuissante, au déploiement de la passion), qu'est-ce sinon la figure de la reine, telle qu'elle apparaît dans le théâtre des années 1640 ? Les héroïnes de Corneille, comme celles de Tristan et de tant d'autres, se hissent au-delà de la portée du mortel, excèdent les bornes de son monde. Face à elles, la position du spectateur consiste non pas à imiter – il en serait bien incapable – mais plutôt à admirer. En ce sens, les personnages de Mariane, Didon et Sophonisbe

1 S. Hache, « Le saisissement de l'âme : sublime et admiration à l'âge classique », *op. cit.*, p. 127.
2 Silvain, *Traité du Sublime*, Paris, P. Prault, 1732, p. 74-75.
3 Descartes, *Les Passions de l'âme*, Paris, Garnier Flammarion, 1998, p. 140.
4 *Ibid.*, p. 144.

font plus qu'incarner une image magnifiée de la femme. S'instituant en *imago* extraordinaire, ces reines exceptionnelles personnifient les critères esthétiques d'un théâtre nouveau, tout entier conduit par un imaginaire de la grandeur et du sublime.

DEUXIÈME PARTIE

ÉTHIQUE

LES CARACTÈRES FÉMININS

LA PIÉTÉ

Il vaut donc mieux survivre, il me vaut
[donques mieux
Que je vive en langueur tant que voudront
[les Dieux[1].

Pour les premiers dramaturges humanistes, la crainte constituait une émotion tragique de premier plan. Cela est manifeste dans les tragédies de Jodelle et de La Péruse, où la topique du *furor* joue un rôle prédominant. Lorsqu'elles sont en fureur, Médée et Didon effraient. Leur comportement rageur ne laisse guère de place à la pitié ; tout au plus le spectateur peut-il plaindre leur infortune, mais cette compassion s'estompe dès les premiers accès de colère. Les personnages de Robert Garnier, quant à eux, ne sont pas campés dans la terreur. Ils en sont même assez éloignés, dans la mesure où Garnier invite son public moins à craindre ses héros, qu'à soupirer avec eux. Dans ce théâtre, les passions ont un langage propre, qui n'est plus celui de la violence furieuse. Car, ce qui change entre le dramaturge et les poètes de la première génération, c'est la nature même du *movere* tragique.

À l'effroi, que Garnier confond comme la plupart de ses contemporains avec l'horreur[2], succède la pitié, en tant que principal ressort du *pathos*. Certes, les événements horribles ne sont pas absents de ses tragédies.

1 R. Garnier, *Hippolyte*, éd. J.-D. Beaudin, Paris, Classiques Garnier, 2009, v. 2359-2360.

2 Rejoignant Peletier du Mans, qui dit que les bonnes tragédies doivent contenir force « occisions » et « meurtres » (*L'Art poétique* [1555], dans F. Goyet, *Traités de poétique et de rhétorique de la Renaissance*, Paris, Librairie générale française, 1990, p. 304), ainsi que Pierre Laudun d'Aigaliers, qui déclare que « [p]lus les tragédies sont cruelles, plus elles sont excellentes » (*L'Art poétique français* [1597], éd. J.-C. Monferran, Paris, Société des Textes Français Modernes, 2000, p. 204), Garnier affirme dans l'argument de *Porcie* que sa pièce est remplie « de choses funèbres et lamentables », éd. J.-C. Ternaux, Paris, Champion, 1999, p. 43.

Les Grecs, dans *La Troade*, égorgent Astyanax malgré les supplications répétées d'Andromaque. De même, Nabuchodonosor, dans *Les Juifves*, fait massacrer Sédécie sous les yeux horrifiés du Prophète. Mais désormais, la cruauté est toujours associée à la mise en scène de la déploration pathétique. Dans ces pièces, les personnages se lamentent, ils se plaignent des « circonstances de Fortune[1] », expriment avec force la douleur qui les afflige. Plus que ses prédécesseurs, Garnier exacerbe le caractère « pitoyable » du sujet tragique – ainsi Ronsard, dans une Élégie à Jacques Grévin, qualifie la tragédie de « plainte des seigneurs[2] ». Et pour ce faire, il mise sur la piété des victimes. En accord avec son étymologie, la *pietas* implique le sentiment de pitié : elle renvoie à la compassion douloureuse qu'engendrent le malheur et l'adversité[3].

Or, chez Garnier, la piété est d'abord une qualité féminine. Une tragédie l'indique dans son sous-titre : *Antigone, ou la piété* (1580). Dans ce théâtre, le pathétique repose en grande partie sur la voix plaintive et lyrique des femmes : mères en deuil, filles rejetées, amoureuses humiliées qui font l'expérience d'une souffrance ineffable, d'un chagrin que le langage ne peut traduire, sinon que par les pleurs, cris, soupirs. Ainsi se découvre une nouvelle affinité entre le genre féminin et le genre tragique ; parallèle qui cette fois recoupe le domaine éthique. En effet, la piété qui caractérise les héroïnes de Garnier n'est pas qu'une vertu, si admirable soit-elle. Formellement et symboliquement, elle touche au cœur de la poétique tragique, telle que l'élabore le plus grand dramaturge français de la Renaissance : une poétique de la déploration, dont le but est d'éveiller la commisération purgative.

---

1 J. de la Taille, *De l'Art de la Tragédie*, éd. E. Forsyth, Paris, Société des textes français modernes, 1986, p. 4.

2 Dans *Le Théâtre de Jacques Grévin*, Paris, V. Sertenas et G. Barbé, 1562.

3 La langue du XVIe siècle ne distingue pas nettement les termes « pitié » et « piété ». Avant qu'il ne prenne le sens propre de « dévotion », le mot « piété » a longtemps désigné la valeur chrétienne de « compassion » (*cum patior*). Par extension, il recouvre l'idée voisine de souffrance (*pathos*). Simone Fraisse fait remarquer que « [la] piété fraternelle [...] se confond avec la pitié, les deux mots qui procèdent du même radical étant au XVIe siècle encore mêlés dans l'usage. En ensevelissant son frère, Antigone se montre *piteuse* et *pitoyable*, c'est-à-dire qu'elle pratique la charité », *Le mythe d'Antigone*, Paris, A. Colin, 1974, p. 24.

LES LAMENTATIONS DES FEMMES

Dès ses premiers mots, Porcie, l'illustre fille de Caton d'Utique, l'héroïne éponyme de la première tragédie de Garnier (1568), annonce qu'elle pleure la République. Accablée par la mort de son père, c'est Rome tout entière qu'elle croit voir s'effondrer sous ses yeux :

> O desastre cruel ! ô sort impitoyable !
> O douleur, qui n'a point de douleur comparable[1] !

À un premier niveau, la souffrance de Porcie est sentimentale : c'est celle, insoutenable, qu'occasionne la perte d'un parent. Mais d'après la nature de la tragédie, sa douleur est aussi morale. Avec la mort de Caton, dernier rempart contre la tyrannie, disparaît la liberté, incompatible avec l'Empire. Dans sa tristesse, Porcie invoque Électre, symbole de l'infortune, puis Hécube, « [v]eufve de tant de fils » (v. 481). Cependant, à la différence de ces héroïnes de la tragédie grecque, dont la « douleur estoit libre » (v. 485), Porcie ne peut exprimer « publiquement » son deuil :

> Ils defendent les pleurs, et ne veulent souffrir
> Que l'on regrette ceux qu'ils commandent meurtrir[2].

Politique, le deuil de Porcie est éminemment séditieux. Les sanglots qu'il provoque se font et surtout se veulent contestataires. Sans cesse ils rappellent la figure exemplaire de Caton. Sans cesse ils contribuent à faire de lui un martyr. Sans cesse ils ravivent un passé qu'Octave voudrait voir à jamais oublié. De même, dans *Cornélie* (1574), les lamentations excessives de l'héroïne, affligée par la mort de Pompée, dérangent César et Brute. Elles sont perçues comme une indécence qui menace l'ordre établi. C'est ce que tente en vain d'expliquer Cicéron :

> Ma fille, gardez-vous d'irriter le grand Dieu [...][3].

---

1 R. Garnier, *Porcie*, éd. citée, v. 475-476.
2 *Ibid.*, v. 497-498.
3 R. Garnier, *Cornélie*, éd. J.-C. Ternaux, Paris, Champion, 2002, v. 541.

Pour les Anciens, la lamentation était une parole subversive. Les gémissements publics des femmes attendrissent la vigueur de l'homme. Ils « amollissent » les gardiens de la cité. Platon, dans la *République*, après avoir rappelé l'interdit qui pèse sur la *mimèsis*, énumère les conduites féminines qu'il est proscrit d'imiter, et, parmi celles-ci, l'abandon aux plaintes et aux lamentations[1]. Plus dangereux encore à Rome, le deuil est considéré comme « un moyen de protestation des femmes contre la guerre, les hommes et le pouvoir d'État[2] » ; protestation que la loi romaine tentera d'endiguer, de réfréner, par exemple en interdisant aux femmes de pleurer les morts en périodes de grands conflits. Se donnant comme un reproche vivant et éternel, le deuil féminin est doté d'une redoutable puissance pathétique. C'est la raison pour laquelle les Romains le craignaient : la pitié qu'il suscitait risquait d'entraver la marche vers l'*imperium.* Et c'est aussi, probablement, une des raisons pour lesquelles Garnier place les lamentations féminines au centre de son théâtre. Dans le contexte des guerres civiles qui déchirent la France dans la seconde moitié du XVIe siècle, les voix des femmes endeuillées s'élevaient contre le fanatisme. Elles devaient contribuer à ramener la paix et l'harmonie à l'intérieur du royaume.

Les Grecs nomment *thrênos* les chants de deuil qui s'expriment lors des cérémonies funéraires. Psalmodié en chœur, le *thrênos* diffère par son caractère codifié du *góos*, lequel désigne les cris déchirants des veuves et des mères éplorées. En vertu de leur origine distincte, les deux termes renvoient, à l'époque archaïque, à deux formes spécifiques de déploration, l'une ritualisée au travers de gestes et d'inflexions vocales précis, l'autre individualisée et spontanée. Homère, dans l'*Iliade*, suggère cette nuance lors de l'épisode des funérailles d'Hector, où le chant des aèdes s'oppose aux plaintes d'Andromaque :

> À ses côtés, ils placent des chanteurs experts à entonner le thrène, qu'ils chantent eux-mêmes en accents plaintifs, tandis que les femmes leur répondent par des sanglots. Puis c'est Andromaque aux bras blancs qui, aux femmes, à son tour, donne le signal des plaintes funèbres[3].

---

1 *Cf.* Platon, *République*, III, 387c-388a.

2 F. Dupont, *Les monstres de Sénèque. Pour une dramaturgie de la tragédie romaine*, Paris, Belin, 1995, p. 67.

3 Homère, *L'Iliade*, XXIV, 720-723, trad. P. Mazon, Paris, Les Belles Lettres, 1982.

Si le thrène est traditionnellement pris en charge par des hommes, sa proximité avec le genre féminin tend à s'imposer à l'époque classique, sans doute par contamination avec le *góos*. Ces déplorations hantent toute la tragédie grecque, où elles prennent le nom de *kommós*[1]. Nicole Loraux, dans un ouvrage posthume[2], donne de nombreux exemples de scènes où celles-ci assument une fonction pathétique primordiale. C'est le cas des Danaïdes dans *Les Suppliantes* d'Eschyle, dont les pleurs sont identifiés au chant du rossignol, puis des Troyennes dans la pièce d'Euripide, dont la voix âpre et larmoyante épouse la triste mélodie du *pianto*. Ces passages sont représentatifs de la culture antique. Ils révèlent que l'expression lyrique de la souffrance, dans la civilisation hellénique, appartient en première instance aux femmes.

En latin, le mot *lamento*, dérivé de *clamentum* (« crier »), sert à traduire le grec *thrênos* et *góos*. Il « désigne à la fois, et sans les distinguer, les cris et les chants de deuil[3] ». La signification religieuse de ce terme a été bien étudiée par Florence Dupont. Les cris perçants, les vêtements sombres et les cheveux hirsutes participent d'une normalisation du *pathos*[4]. Ainsi, au dernier acte de *Cornélie*, le chœur de femmes entonne une complainte rituelle, adoptant la posture des pleureuses :

> Pleurons, ô troupe aimée, et qu'à jamais nos yeux
> En nostre sein mourant, découlent larmoyeux :
> Pleurons, et de soupirs faisons grossir les nuës,
> Faisons l'air retentir de plaintes continuës,
> Battons-nous la poitrine, et que nos vestemens
> Deschirez par lambeaux, tesmoignent nos tourmens [...][5].

1 Voir Aristote, *Poétique*, 1452b. Le mot *kommós* (littéralement « coup dont on se frappe la poitrine en signe de deuil ») désigne les lamentations du héros rythmées par une série de mouvements corporels.

2 N. Loraux, *La tragédie d'Athènes. La politique entre l'ombre et l'utopie*, Paris, Seuil, 2005.

3 F. Dupont, *Les monstres de Sénèque*, *op. cit.*, p. 130.

4 « Il s'agit de sonorités aiguës, comparables à des gloussements de poules. Si l'on se reporte à la rhétorique des passions, c'est l'attitude du corps des pleureuses qui conditionne la tonalité de leurs chants ; le gémissement aigu et brisé vient de la tension de leur gorge, de leurs bustes pliés qui leur coupent le souffle. En se frappant la poitrine, elles font entendre un bruit sec de claquement, et déclenchent un gémissement purement physique qui s'épanouit en chant plaintif », *ibid.*, p. 130-131.

5 R. Garnier, *Cornélie*, éd. citée, v. 1899-1904.

Le ressassement des mêmes vers[1], la répétition lancinante des mêmes mots s'inscrivent dans la double tradition poétique du *lamento*[2] et du *planctus* – la déploration sur la mort d'un personnage. Dans l'*Institution oratoire*, il est écrit que l'on peut répéter les mots « soit pour amplifier [...], soit dans une intention de pitié[3] ». Garnier, comme la plupart des dramaturges modernes, devait connaître ce texte, dont la diffusion au XVIe siècle est assurée, entre autres, par les enseignements de Pierre de La Ramée et de ses disciples. En adéquation avec une rhétorique expressive, le cortège de femmes gémissantes s'avance, les cheveux défaits, les seins nus, les bras tantôt au ciel, tantôt rabattus sur la poitrine. Le modèle est bien sûr Sénèque, chez qui la représentation du deuil obéit à un cérémonial précis :

> Ô captives, ô ma troupe, frappez de vos paumes vos poitrines, faites-les résonner sous vos coups et rendez à Troie les derniers devoirs. [...] Ô fidèles compagnes de notre triste infortune, dénouez votre chevelure ; que vos cheveux flottent tristement sur votre cou, souillés de la cendre encore tiède de Troie ; que votre troupe tienne ses bras levés et prêts ; [...] que votre main furieuse soit libre pour les coups redoublés dont vous vous meurtrirez[4].

À l'opposé de cette éloquence déplorative, spécifiquement féminine, et qui s'adresse aux passions, l'éloquence masculine dans *Porcie* et *Cornélie* agit sur la raison. Il est remarquable en effet que, pour l'essentiel, le rôle des personnages masculins dans ces tragédies soit d'argumenter ou de consoler. Tout l'acte III de *Porcie* est consacré aux délibérations sur la nécessité de venger la mort de César. Aux arguments que défend Octave en faveur de la guerre s'opposent les raisons du philosophe Arée. Faut-il punir les coupables, poursuivre les ennemis jusque dans la tombe, ou bien « embrasse[r] la paix » (v. 907) ? Le débat donne lieu à une série de stichomythies caractérisées par un style véhément et énergique[5] :

---

1 Le vers « Porcie, enten nos pleurs » revient à quatre reprises dans ce passage : v. 1972, 1976, 1980, 1984.

2 Voir F. Alazard, *Le lamento dans l'Italie de la Renaissance*, Rennes, Presses universitaires de Rennes, 2010.

3 Quintilien, *Institution oratoire*, IX, 3, 28, trad. J. Cousin, Paris, Les Belles Lettres, 1978.

4 Sénèque, *Les Troyennes*, trad. L. Herrmann, dans *Les Tragédies*, t. I, Paris, Les Belles Lettres, 1924, p. 61-62.

5 Comme le rapporte Jean-Claude Ternaux, l'esthétique mise en œuvre dans les premières pièces de R. Garnier « a pour fondement le *deinotês* ou style véhément », dernière catégorie expliquée par Démétrios de Phalère dans son traité *Du Style* (chap. V) : « L'effet principal

AREE
Soyez prompt à douceur, et tardif à vengence.

OCTAVE
Mais bien prompt à rigueur, et tardif à clémence[1].

De même, Antoine, dans *Cornélie*, tente de convaincre César qu'il faut purger le Sénat de ses dissidents :

CÉSAR
Quoy ? tûroy-je tous ceux de qui j'ay deffiance ?

ANTOINE
Vous n'aurez autrement la vie en asseurance[2].

Enfin, le discours de Cicéron se fait grave et sentencieux :

« Rien ne vit immortel sur la terre globeuse ;
« Tout est né pour despouille à la mort rapineuse.
« Les Paisans et les Rois semblables à la fin
« S'en vont tous pesle-mesle engloutis du Destin[3].

Tous ces arguments tirés du stoïcisme concourent à démontrer l'inutilité des larmes. « Que vous servent les pleurs ? que vous sert la tristesse ? » (v. 455), demande Cicéron à Cornélie. Les lamentations ne peuvent ramener Pompée à la vie. Elles ne font que rendre plus vive la douleur, confinant l'âme dans une langueur sinistre aussi bien que funeste.

Le *dolor* tragique a donc ceci de singulier qu'aucune consolation n'y peut mettre un terme. C'est un mal insurmontable, qui prive le héros de ses liens avec le monde, le sépare du reste des vivants. On interprétera ainsi la manière dont Cornélie demeure sourde au témoignage de Cicéron. Marquant une dernière fois que les lamentations sont la part des femmes dans cette pièce, la scène finale expose la décision de l'héroïne d'honorer son père et la République de ses pleurs éternels :

---

est l'*energeia*, [...] qui, par la seule vertu du langage, peint au vif un spectacle absent. [...] Appartiennent à ce style les *sententiae* qui délivrent des vérités générales souvent proches des idées stoïciennes. Dans ces formules percutantes la pensée est concentrée de façon *brillante*, la *breuitas* et le *uigor* son portés à leur plus haut degré », Introduction à *Porcie*, éd. citée, p. 20.

1 R. Garnier, *Porcie*, éd. citée, v. 855-856.

2 R. Garnier, *Cornélie*, éd. citée, v. 1425-1426.

3 *Ibid.*, v. 471-474.

Mon Père je vivray, je vivray mon Espoux,
Pour faire vos tombeaux, et pour pleurer sur vous,
Languissante, chétive, et de mes pleurs fumeuses
Baigner plaintivement vos cendres généreuses [...][4].

Les tragédies *Hippolyte* (1573) et *Marc Antoine* (1578), très proches esthétiquement de *Porcie* et *Cornélie*, s'en distinguent néanmoins en ce qu'elles traitent principalement de la passion amoureuse. Ce sont des pièces complexes, où s'entrecroisent l'influence des premières tragédies renaissantes (celles de Jodelle et de La Péruse) et des éléments propres à la dramaturgie de Garnier. En particulier, l'expression lyrique du *dolor* amoureux s'y accompagne d'une lourde charge pathétique. Les premières répliques de Cléopâtre dans *Marc Antoine* placent d'emblée la tragédie dans le registre de la lamentation :

O cruelle fortune ! ô desastre execrable !
O pestilente amour ! ô torche abominable !
O plaisirs malheureux ! ô chetives beautez !
O mortelles grandeurs, mortelles Royautez[5] !

Ce « ô » n'est pas qu'un ornement. Il exprime une émotion vive et profonde, l'élan d'une âme fortement affectée. Composant un jeu théâtral fondé sur la voix[6], ce procédé rejoint ici la forme du soliloque. Cléopâtre parle du fond d'une prison dont elle ne peut s'évader qu'en se libérant de sa passion. D'une part, les exclamations déchirantes qu'elle profère traduisent son isolement : « O pauvrette ! » (v. 403), « ô lamentable Royne » (v. 1796), « O dommageable femme ! » (v. 1812). D'autre part, le ton de la déploration est modulé par l'usage de nombreuses interjections (« las ! », « hé ! », « ha ! »), qui ponctuent les répliques de l'héroïne dans les moments où l'affliction est à son comble. Cette codification de la plainte emprunte pour une bonne part à la rhétorique cicéronienne, et notamment aux passages qu'il consacre à la tristesse : « Pour éveiller la pitié, affirme Cicéron, [...] il faut un ton souple, large, coupé par les sanglots[7] ». Telles

4 *Ibid.*, v. 1927-1930.
5 R. Garnier, *Marc Antoine*, éd. J.-C. Ternaux, Paris, Classiques Garnier, 2010, v. 1792-1795.
6 Voir entre autres P.-J. Salazar, *Le culte de la voix. Formes esthétiques de la parole à l'âge de l'imprimé*, Paris, Champion, 2003.
7 Cicéron, *De oratore*, III, 217, trad. E. Courbaud et H. Bornecque, Paris, Les Belles Lettres, 1971.

sont de fait les manifestations de l'abattement du personnage tout au long de la pièce : souffle court, fléchissement de la voix, interruption du discours causée par un trop-plein de douleur.

Toutes ces figures linguistiques se retrouvent également dans la tragédie *Hippolyte*, où elles prennent part à une poétisation de la souffrance morale dont le troisième acte offre le portrait le plus émouvant. Lamentable, Phèdre s'y montre dévorée par la passion, ne sachant si elle doit révéler ou non son amour au fils de Thésée :

> Ah que je sens de mal, que je sens de douleurs !
> Que je souffre d'angoisse, et que j'espans de pleurs[1] !

Le *dolor* amoureux réunit dans cette scène un répertoire entier de lieux communs qui rappellent ceux de la poésie lyrique de la Renaissance. Le motif des larmes, d'abord, répond à celui des flammes, pour marquer combien est dévastatrice la passion amoureuse[2]. Puis, les descriptions du chœur reprennent la typologie de la théorie des humeurs, en vertu de laquelle la passion de Phèdre est définie comme une forme de mélancolie[3]. Enfin, les cris et les accents plaintifs de l'héroïne correspondent au *topos* de l'amour-souffrance, tel qu'il est exposé chez Ronsard au travers de la métaphore du feu :

> Je brûle, misérable, et le feu que je porte
> Enclos en mes poumons, soit de jour ou de nuict,
> De soir ou de matin, de plus en plus me cuit[4].

Ainsi la blessure de Phèdre se répand dans tout le corps, y imprimant des signes extérieurs que le public est amené à reconnaître et à interpréter. Il s'agit d'une croyance incontestée au XVIe siècle que chaque passion de l'âme engendre une série de symptômes physiques. Toutefois, ce qui retient l'attention dans une tragédie comme *Hippolyte*, c'est la façon

1 R. Garnier, *Hippolyte*, éd. citée, v. 983-985.

2 « Voyez-vous pas mes yeux ne cesser larmoyans / De verser en mon sein deux ruisseaux ondoyans ? / Voyez-vous pas sortir comme d'une fournaise, / Les soupirs de ma bouche aussi chauds comme braise ? », *ibid.*, v. 1055-1058.

3 La nourrice dresse une liste de ces symptômes : Phèdre a le « visage blème » (v. 1053) ; « [l]e feu luy sort des yeux » (v. 1077) ; « elle tremble fiévreuse » (v. 1085) ; « [e]lle ne mange point » (v. 1089), « [j]our et nuict lamentant » (v. 1092). Sur cette question de la mélancolie amoureuse dans la littérature des XVIe et XVIIe siècles, voir les travaux de P. Dandrey, *Les tréteaux de Saturne. Scènes de la mélancolie à l'époque baroque*, Paris, Klincksieck, 2003.

4 R. Garnier, *Hippolyte*, éd. citée, v. 452-454.

dont la lamentation concentre l'expérience subjective de la souffrance. Tandis qu'il conduit chez un dramaturge comme Jodelle à l'état de fureur (*furor*), à la colère vindicative et destructrice, le *dolor* chez Garnier demeure enfermé dans la plainte. Du lever à la tombée du rideau, Phèdre ne paraît jamais que comme l'amante condamnée à ressasser sa peine, à pleurer son malheur, à exciter par son chagrin la pitié du spectateur[1].

Thésée, cela est frappant, est un des seuls personnages masculins du théâtre de Garnier, avec Créon dans l'*Antigone*, à s'abandonner aux lamentations (sans doute parce que les victimes y sont principalement des femmes et non des hommes). Antoine, loin de s'apitoyer sur son sort, ne laisse pas d'accuser César, puis l'ingrate Cléopâtre de sa mauvaise fortune. Hippolyte, quand il apprend la passion de Phèdre, éclate en réprobations et en blâmes, au lieu de se plaindre. Même Sédécie, dans *Les Juifves*, se fait philosophe, alors qu'il est sur le point d'être torturé par Nabuchodonosor. Or la douleur de Thésée, elle, est trop vive pour être étouffée. Elle est comme celle de Priam devant la dépouille d'Hector : retentissante, exubérante, inconsolable.

> O pere miserable ! ô pere malheureux !
> O pere infortuné, chetif, et langoureux !
> Hé hé ! que fay-je au monde ? et que sous moy la terre
> Ne se fend, et tout vif en ses flancs ne m'enserre[2] ?

Il peut sembler étrange de voir Thésée, héros vainqueur du Minotaure, perdre ainsi tous ses moyens. C'est que, dans le théâtre de Garnier, la perte d'un enfant constitue le paroxysme de la situation pathétique. Dans un mouvement de piété qu'imiteront Amital (*Les Juifves*) et Hécube (*La Troade*), Thésée décide de rester en vie afin d'honorer la mémoire de son fils :

> Il vaut mieux que je vive, et repentant je pleure,
> Je sanglotte et gemisse, et puis en fin je meure[3].

1 Sur les représentations de la souffrance chez Garnier, voir la thèse de Florence Dobby-Poirson, *Le pathétique dans le théâtre de Robert Garnier*, Paris, Champion, 2006. De même, à propos du personnage de Didon dans la tragédie de Jodelle (*Didon se sacrifiant*), nous renvoyons aux travaux de Jean-Dominique Beaudin (« Action rhétorique et action dramatique dans la *Didon se sacrifiant* de Jodelle », *Styles, genres, auteurs*, n° 13, Paris, PUPS, 2013, p. 63-74) et surtout à l'article de Frank Lestringant intitulé « Deuil et tragédie chez Jodelle » (*ibid.*, p. 75-95), où l'auteur parle d'une tragédie de femmes, disant la douleur des femmes.

2 R. Garnier, *Hippolyte*, éd. citée, v. 2323-2326.

3 *Ibid.*, v. 2361-2362.

C'est exactement la solution qu'avait choisie Cornélie, la plainte éternelle, un « ennuy » (v. 2366) malheureux et sans fin : autant de conduites « féminines » s'il en est.

À en juger par leur style d'ensemble, *La Troade* (1579) et *Les Juifves* (1583) se présentent comme les tragédies par excellence de la déploration. Nulle part ailleurs dans le théâtre de Garnier le deuil ne s'exprime avec autant de puissance, celui des mères en particulier, qui confère à ces poèmes une tonalité « incantatoire et élégiaque[1] ». Obéissant à une logique de la surenchère, les lamentations pathétiques s'y succèdent et s'y accumulent, dans une sorte de crescendo qui culmine avec la catastrophe finale. Aussi, plus les hommes font preuve de cruauté dans ces pièces, plus les femmes démontrent leur piété, soulignant par des cris déchirants le désespoir qui les accable.

Les personnages d'Hécube et d'Amital ont, pour commencer, beaucoup en commun. Pour un humaniste, la destruction de Jérusalem rappelle un autre cataclysme : le sac de Troie. De même qu'Hécube assiste, impuissante, à la chute de sa ville, Amital est le témoin « des calamités d'un peuple qui a [...] abandonné son Dieu[2] ». Toutes deux sont les victimes de la vengeance, puisqu'elles survivent à l'horreur, au meurtre de leurs fils et à l'anéantissement de leur lignée.

La Troade s'ouvre sur les gémissements des femmes, qui se remémorent l'assassinat odieux de Priam :

> Troye est en deuil publique où chacun a sa part,
> Mais pleure ton Priam, reverable vieillard :
> Las ! je l'ay veu meurtri, Dieux ! ce penser m'affole,
> Et dedans le gosier m'arreste la parole[3].

Dans une scène interminable (plus de 500 vers), un chœur intercalaire donne la réplique à Hécube, scandant des vers impairs (des heptasyllabes) sur une cadence pleine de musicalité :

> Allez Royne venerable,
> Lamentez vostre accident, [...]

1 J.-D. Beaudin, Introduction à *La Troade*, Paris, Champion, 1999, p. 18.
2 Dédicace des *Juifves*, éd. S. Lardon, Paris, Champion, 2004, p. 41.
3 R. Garnier, *La Troade*, éd. citée, v. 71-74.

Las ! nous vous suivrons, chétives,
Vos plaintes accompagnant [...][1].

Cette construction procède d'une intention à la fois rythmique et stylistique. En accord avec le projet poétique de la Pléiade, le théâtre de Garnier témoigne d'un imposant travail sur le mètre, qui se traduit par un soin extrême apporté à l'aspect formel. Il faut s'imaginer le chœur des Troyennes récitant ces vers, d'une voix mélodique et pleine de sanglots :

Pleurons nos malheurs Troïques,
Pleurons et pleurons encor
La mort funeste d'Hector,
Reveillons nos pleurs antiques[2].

Les chœurs des *Juifves*, quant à eux, comportent plusieurs strophes irrégulières, comme à l'acte II, où alternent, sur le modèle du distique, des vers en dix et en quatre syllabes. La structure, qui reproduit la perte de souffle, s'accorde parfaitement aux lamentations d'Amital sur le sort de Jérusalem. Elle s'organise selon un jeu d'écho à la faveur duquel les répliques du chœur et celles de l'héroïne se prolongent dans une sorte de litanie pathétique :

Nous te pleurons lamentable cité,
Qui eut jadis tant de prospérité
Et maintenant, pleine d'adversité
    Gis abatue[3].

Ces scènes de déploration causée par le chagrin possèdent un modèle, les *Lamentations de Jérémie*, principale source de Garnier[4], où les filles de Sion se rassemblent pour pleurer la disparition de leur ville. Premièrement, la plainte y est portée par un groupe de femmes, ce qui soulève l'idée d'une « communauté » dans la douleur, constamment soulignée par l'impératif (« soupirez, larmoyez », v. 395), puis par les exhortations du chœur :

1 *Ibid.*, v. 149-150, 153-154.
2 *Ibid.*, v. 177-180.
3 R. Garnier, *Les Juifves*, éd. citée, v. 477-480.
4 Garnier indique ses sources avec précision : « Ce sujet est pris des 24 et 25 chapitres du 4 livre des Roys, du 36 chapitre du 2 livre des Chroniques et du 29 de Jérémie, et est plus amplement traité par Josèphe au 9 et 10 chapitres des Antiquitez », *ibid.*, p. 45-46.

Royne mere des Rois de l'antique Sion,
Ores nostre compagne en dure affliction,
Souspirez, larmoyez nos cruels infortunes,
Comme ils nous sont communs, soyent nos larmes communes[1].

Le principe est connu : partager sa peine permet de mieux la surmonter. C'est la réflexion que développe le chœur des Troyennes, après que le Messager eut rapporté la mort d'Astyanax :

« Nos gemissemens sont plus doux
« Quand chacun gemist comme nous :
« Nostre douleur est moins cuisante
« Et mord nos cœurs plus lentement,
« Quand nostre publique tourment
« Tout une commune lamente[2].

Deuxièmement, la topique des larmes, présente dans les *Lamentations*, est exploitée dans les tragédies de Garnier de manière quasi obsédante, au point qu'elle paraît dicter à elle seule la présence féminine sur scène. Hécube, quand elle repense au meurtre de Priam, ne peut s'empêcher de pousser des « cris funèbres » (v. 122). Andromaque, au récit de la mort de son fils, éclate en « pleureux sanglots » (v. 1134). Enfin, Amital, dans *Les Juifves*, implore Dieu les yeux pleins d'eau :

Levons nos mains au ciel & nos larmoyans yeux,
Jettons-nous à genoux d'un cœur dévotieux,
Et soupirant ensemble à sa majesté haute,
Le prions qu'il luy plaise effacer nostre faute[3].

Une telle piété oriente naturellement vers le thème de la *Mater dolorosa*, dont l'importance est majeure dans l'iconographie de la Renaissance. On trouve partout dans cette tragédie biblique des traces du récit de la Passion, de la vague réminiscence à l'allusion directe. Pour un spectateur du XVIe siècle, le martyre de Sédécie, quoiqu'il n'ait pas la même valeur sacrificielle, renvoie à celui du Christ en croix. De façon similaire, les doléances des reines juives ressemblent aux lamentations de la Vierge Marie sur le corps de son fils agonisant. En ce sens, le théâtre de

1 *Ibid.*, v. 393-396.
2 R. Garnier, *La Troade*, éd. citée, v. 1983-1988.
3 R. Garnier, *Les Juifves*, éd. citée, v. 537-540.

Garnier non seulement révèle une connaissance profonde des Écritures, mais encore opère une formidable synthèse entre l'histoire hébraïque, la mythologie antique et la symbolique chrétienne.

L'image de la *Pietà* affirme son potentiel pathétique à l'acte V, où les femmes s'émeuvent du récit du Prophète. Cette scène de déploration, la plus touchante peut-être de la pièce, énonce un principe qui vaut pour toute l'œuvre de Garnier : ainsi que pitié et horreur sont inextricablement liées dans ses tragédies, la plainte féminine découle toujours de la méchanceté excessive des tyrans. Dans *Les Juifves*, l'objet des lamentations d'Amital est double : le supplice de Sédécie, à qui l'on crève les yeux, puis le meurtre sadique de ses enfants. Le schéma est semblable dans *La Troade* : Hécube pleure à la fois la chute de Troie, la mort de Priam et d'Hector, puis celle d'Astyanax et de Polyxène. S'il existe une surenchère de la plainte, c'est donc qu'il se produit d'abord une escalade de la violence. Tout le rôle des femmes dans ces pièces est d'opposer, à grand renfort de larmes, la piété à la cruauté :

> Mes filles soupirez, pleurez, soyez en deuil,
> Ayez durant vos jours cet exercice seul.
> Vos enfants sont occis, vostre espoux venerable
> Deplore entre ses fers son destin lamentable[1].

Finalement, cette « cruauté execrable des Tyrans[2] », Garnier décide de ne pas la représenter telle quelle, comme le feront les dramaturges baroques du tournant du siècle, mais plutôt de la rapporter par le biais de la parole du Prophète. Ce faisant, il privilégie un rapport indirect à l'horreur et assigne aux lamentations une fonction spécifique : exposer au spectateur « ce que les bienséances [...] ne permettent pas de montrer, en substituant à la catastrophe le spectacle de la souffrance qu'elle engendre[3] ». D'une certaine manière, peu importe que la cruauté soit absente de la scène, il suffit qu'elle soit évoquée pour que la déploration ait lieu, pour que les femmes, les veuves et les mères endeuillées entament leurs tristes complaintes.

1 *Ibid.*, v. 2013-2016.
2 J. de La Taille, *De l'Art de la Tragédie*, *op. cit.*, p. 4.
3 L. Frappier, « Le spectacle des passions sur la scène humaniste : fonction et statut de la lamentation dans les tragédies profanes de Robert Garnier », dans M.-F. Wagner (dir.), *Les jeux de l'échange : entrées solennelles et divertissements du XVIe au XVIIe siècle*, Paris, Champion, 2007, p. 320.

LA PIÉTÉ FÉMININE

L'inclination féminine pour la plainte, diront les défenseurs de la femme à la Renaissance, est le signe d'une piété supérieure. Pour la plupart d'entre eux, en effet, « [l]a piété est beaucoup mieux pratiquée par les femmes que par les hommes[1] ». L'argument est sous toutes les plumes à l'occasion de la deuxième querelle des femmes. Un chapitre du volumineux *Fort inexpugnable de l'honneur du Sexe femenin* (1555) de François de Billon s'intitule « Bastion sur la dévotion et la piété des femmes ». La *pietas*, peut-on y lire, est une vertu « consistant en trois points : en l'honneur & Adoration de Dieu, premièrement, puis en la Révérence de ses Saintes Écritures, & finalement en l'Amour des Parents et Commisération de son Semblable[2] ». Le tout, poursuit Billon,

> à la Gloire du Fils de la Vierge, & Avantage des Femmes plus que des Hommes : comme ayans toujours communément été clarifiées par dessus eux de telles singulières Grâces [...][3].

Pareil discours se fait entendre quelques années plus tard chez Henri Corneille Agrippa dans son *Traité de l'excellence de la femme* (*De nobilitate & praecellentia foeminei sexus*). Traduit en français en 1578 par Lois Vivant, cet ouvrage reprend bon nombre de lieux communs de la littérature apologétique de l'époque, entre autres celui de la supériorité d'Ève par rapport à Adam eu égard à leur priorité dans l'ordre de la Création (Ève ayant été créée la dernière, elle est nécessairement plus parfaite). Par ailleurs,

---

1 M. Angenot, *Les champions des femmes. Examen du discours sur la supériorité des femmes 1400-1800*, Montréal, Presses de l'Université du Québec, 1977, p. 125.

2 On retrouvera une définition similaire un siècle plus tard chez Furetière : « Piété. Vertu morale qui nous fait avoir de l'affection envers Dieu et les choses saintes. [...] Se dit aussi du respect qu'on a pour ses père et mère, des assistances qu'on leur donne », *Dictionnaire universel*, La Haye/Rotterdam, Arnout et R. Leers, 1690, t. III, p. 125.

3 F. Billon, *Fort inexpugnable de l'honneur du sexe femenin*, Paris, Jean d'Allyer, 1555, p. 101. Et d'ajouter : « C'est chose assez évidente que les femmes en ont [de la piété] par grâce spéciale du saint Esprit, [...] en quoi par cela se peut comprendre les faveurs du Ciel faites à ce sexe, comme plus religieux ou dévot que l'autre », *ibid.*, p. 102. – L'argument traverse tout le XVIe siècle et pénètre loin dans le XVIIe. Dans *De l'Égalité des deux sexes* de Poullain de la Barre, on peut encore lire que les femmes « passent sans contredit pour avoir plus de dévotion et plus de piété que [les hommes] », Paris, A. Dezallier, 1673, p. 63.

comme il est de mise dans la majorité de ces textes, l'auteur insiste sur la piété des femmes, qualité qu'elles possèderaient « naturellement[1] » :

> Or il est tout certain que la femme a presque toujours été plus pitoyable et plus miséricordieuse que l'homme ; ce qu'Aristote même donne au parti de la femme comme chose à elle propre[2].

Plus intéressant encore, parce que plus original dans son argumentation, l'ouvrage de Pontaymery, *Paradoxe apologique, où il est fidellement démonstré que la femme est beaucoup plus parfaite que l'homme en toute action de vertu* (1594), adopte une méthode qui consiste à réfuter le discours antiféminin en lui substituant une image surélevée de la femme. Le livre s'ouvre sur une métaphore faisant de la féminité le symbole de toute connaissance :

> Qu'ainsi ne soit, les anciens Philosophes, tant moraux que naturels, les Astronomes spéculatifs, les Poètes interprètes des choses sacrées & maitres des bonnes mœurs, les Peintres chimériques & même les Professeur en Théologie, sont d'accord que les plus belles sciences, les plus rares vertus, les grâces inimitables doivent être représentées en forme et en figure de Femme [...][3].

Il faudra revenir sur ce schème, qui tend à classer les différents savoirs et disciplines selon qu'ils correspondent ou non aux catégories du féminin fournies par la différenciation générique. Mais en attendant, il convient d'insister sur le fait que la vertu de piété est bel et bien proposée dans ce texte comme un élément sexué, celle-ci n'existant dans le monde qu'à l'initiative des femmes. « Je pourrois dire que nous ne sommes Chrétiens que par la seule piété de Clothilde », affirme Pontaymey, avant de renchérir sur la figure d'Antigone, dont la « piété est de telle recommandation que les plus religieux de notre siècle athée ont de quoy se plaindre que le Christianisme n'ait rien conçu de pareil[4] ». Tout l'ouvrage est une suite d'*exempla* historiques et mythologiques destinés à figer la femme en une icône de miséricorde.

1 On retrouve le même *topos* dans le *Dialogue apologétique excusant et défendant le dévot sexe féminin* : « Ainsi veons nous que toutes les œuvres de miséricorde sont en femmes trouvées plus que en hommes. Naturelle inclination de femme est a pitié & miséricorde comme chascun veoit & aperçoit », Paris, s.é., 1516, p. 53.

2 H. C. Agrippa, *Traité de l'excellence de la femme* (*De nobilitate & praecellentia foeminei sexus*), trad. L. Vivant, Paris, J. Poupy, 1578, p. 53.

3 Pontaymery, *Paradoxe apologique, où il est fidellement démonstré que la femme est beaucoup plus parfaite que l'homme en toute action de vertu*, Paris, A. L'Angelier, 1594, p. 8.

4 *Ibid.*, p. 53.

Avec l'Évangile, où la supériorité des dames en ce qui a trait aux vertus théologales (compassion, patience, charité) est prouvée par la figure de Marie, Aristote est l'autorité sous laquelle se placent ces auteurs. « Clair tesmoignage nous en rend Aristote lequel a escript que la femme est miséricordieuse & pitoyable[1] », souligne Hélisenne de Crenne dans *Les Epistres invectives*. Les deux passages les plus souvent cités se trouvent au livre IX de l'*Histoire des animaux* (« la femme est plus compatissante que l'homme et plus portée aux larmes[2] ») ainsi qu'au livre IV du traité de la *Génération des animaux*, où le Stagirite parle de la valeur nutritive du lait maternel[3]. Ce dernier passage est fréquemment employé pour renforcer l'idée d'une piété filiale consubstantielle à la nature féminine[4]. Ainsi Corneille Agrippa rapporte l'anecdote d'une jeune fille allaitant sa mère :

> La nature a donné aux femmes un lait d'une si grande force vitale qu'il lui permet non seulement de nourrir ses enfants, mais de guérir les malades, et qu'il suffit à maintenir les adultes en vie. L'expérience fut tentée par une jeune plébéienne, ainsi que nous le lisons chez Valère Maxime : elle nourrit ainsi sa mère qui était emprisonnée et condamnée à mourir de faim. Cette piété filiale valut à la mère son salut, et à toutes deux une pension alimentaire à vie, et la prison fut consacrée comme temple de piété[5].

Si la référence au texte aristotélicien a de quoi surprendre dans un tel contexte argumentatif – pour le philosophe, la « femelle » est réputée faible, emportée, jalouse, menteuse, etc. –, elle permet en revanche de faire le saut de la biologie à la morale. Pratiquant une lecture reposant sur l'inférence, les apologistes voient dans cette description du lait maternel considéré comme une source nourricière les signes d'une bonté supérieure. C'est donc au moyen d'un détournement de sens, d'un déplacement du problème que l'autorité d'Aristote vient sanctionner le discours philogamique.

1 Hélisenne de Crenne, *Les Epistres familières et invectives*, éd. J.-P. Beaulieu, Presses de l'Université de Saint-Etienne, 2008, p. 100.

2 Aristote, *Histoire des animaux*, 608b9.

3 Aristote, *Traité de la génération des animaux*, IV, 110.

4 L'exemple par excellence de cette *pietas* est celui du « pieux » Énée portant sur ses épaules son père Anchise lors de sa fuite de Troie. Cette dimension familiale de la *pietas* explique en partie pourquoi les femmes y sont associées, dans la mesure où, pour la tradition patriarcale, elles sont vouées, comme reines du foyer, au culte de leur famille.

5 H. C. Agrippa, *Traité de l'excellence de la femme*, *op. cit.*, p. 103.

Par ailleurs, si la plupart des physiologistes et des médecins de la Renaissance font de la « faiblesse » du corps féminin le déterminisme d'un défaut de caractère, il s'en trouve quelques-uns pour soutenir la thèse inverse. Selon Jean Liébault, auteur d'un *Thresor des remèdes secrets pour les maladies des femmes* (1585), la beauté de la femme, tout comme ses particularités anatomiques et organiques, ne sont plus suspectes dès lors qu'on s'efforce d'y lire les marques d'une affection pieuse :

> La beauté est plus requise, plus nécessaire, plus souhaitée et désirée ès femmes qu'ès hommes : non tant pour couvrir aucunement leurs imperfections naturelles [...], que pour les rendre plus aymables aux hommes, plus plaisantes et agréables à leurs maris. Ainsi certainement la femme estant créée de Dieu pour servir et complaire à l'homme, [...] ne peut moins faire que d'estre soigneuse de sa beauté naturelle pour en donner honnestement plaisir à mary[1].

Dans cette vision qui lie étroitement la morphologie à des tempéraments et à des réactions psychologiques spécifiques, le corps féminin se place au service d'une forme de piété qui consiste dans le respect envers l'institution matrimoniale, c'est-à-dire dans la dévotion au mari. De ce point de vue, note E. Berriot-Salvadore, « les soins apportés au paraître ne sont plus compris seulement comme une tolérance accordée aux faiblesses féminines, mais comme un devoir d'obéissance aux règles naturelles et politiques[2] ».

Enfin, sur les médailles des Anciens, la vertu de piété est régulièrement représentée en femme, puisque, ainsi que l'atteste Furetière, « il faut un cœur tendre pour les dieux[3] ». Dans *L'Antiquité expliquée et représentée en figures*, Bernard de Montfaucon, de la congrégation de Saint-Maur, procède à un inventaire exhaustif de ces pièces :

> La Piété sur les médailles se voit en différentes manières. La première image est une femme assise, dont la tête est couverte d'un grand voile ; elle tient de sa main gauche une espèce de sceptre, qui par le haut est terminé d'un lis, & met sa main droite sur la tête d'un jeune garçon qui tient un rameau. La tête de la Piété se trouve avec ce voile sur une autre médaille. Elle parait aussi debout en la forme d'une femme qui tient de la main droite un timon

1 J. Liebault, *Trois livres de l'embellissement et ornement du corps humain*, Paris, J. du Puy, 1582, p. 7.

2 E. Berriot-Salvadore, *Un corps, un destin. La femme dans la médecine de la Renaissance*, Paris, Champion, 1993, p. 105.

3 A. Furetière, *Dictionnaire universel*, *op. cit.*, t. III, p. 841.

> & de la main gauche une corne d'abondance. Elle a devant ses pieds une cigogne. Une autre médaille la montre tenant de la droite un vase, & de la gauche une corne d'abondance sur laquelle sont deux cigognes. La cigogne est le symbole de la Piété à cause du grand amour qu'elle a pour ses petits ; c'est pour cela que Petrone l'appelle *pietaticulatrix*, ou comme d'autres lisent *pietati-cultrix*, amatrice de la piété [...][1].

Impressionnants par leur diversité, ces emblèmes montrent bien quelle position occupe la femme dans l'imaginaire occidental depuis l'Antiquité jusqu'à la Renaissance, et même au-delà. La femme porte en elle et incarne symboliquement la piété du genre humain tout entier. Du discours philosophique au discours moral en passant par le discours médical, la prégnance de cette convention au XVIe siècle doit être comprise dans une perspective « essentialiste », suivant laquelle chaque « espèce », mâle et femelle, possède ses caractères propres.

Ainsi, en conformité avec ces nombreuses représentations culturelles et discursives, les héroïnes de Robert Garnier sont dotées d'un « caractère » de piété, et ce « caractère » redouble la poétique tragique. En effet, les gémissements d'Amital sur le corps de ses enfants, comme ceux d'Hécube devant Troie en flammes, ne font pas que reconduire le *topos* d'une nature féminine sujette aux larmes. Ils ne font pas qu'exprimer la désolation causée par la violence et la haine, exacerbées dans le cadre des guerres de Religion. Autour de ces figures féminines s'élabore une véritable poétique de la déploration, et avec elle, un nouveau *movere* tragique, situé à mi-chemin entre l'ouverture compassionnelle et le recueillement cathartique.

UNE POÉTIQUE DE LA DÉPLORATION

Dès avant le théâtre renaissant, pour les Anciens, *tragoedia* et *deploratio* présentaient des similitudes « nombreuses, évidentes et étroites[2] ». Dans la tragédie athénienne et romaine, la déploration se présente comme le

---

1 B. de Montfaucon, *L'Antiquité expliquée et représentée en figures*, Paris, Delaulne, 1719, t. I, p. 352.

2 N. Loraux, *La voix endeuillée. Essai sur la tragédie grecque*, Paris, Gallimard, 1999, p. 85.

langage privilégié de la passion. Elle encadre la catastrophe s'abattant sur la cité, traduit le tourment du héros. Thésée, dans la *Phèdre* de Sénèque, lorsqu'il aperçoit le cadavre de son fils, ne peut résister au déchirement qui le frappe[1]. De même, Hécube, dans *Les Troyennes*, s'effondre de douleur au récit du supplice d'Astyanax[2]. On aurait tort de négliger l'influence de ces scènes sur la tragédie renaissante. Pour les dramaturges humanistes, qui connaissent et traduisent Sénèque, la plainte n'est rien moins qu'un registre tragique obligé[3].

Bien que généralement avares de commentaires sur la tragédie, les traités d'art poétique de cette période insistent tous sur son caractère déploratif. Le premier à paraître est la traduction en 1541 de l'*Art poétique* d'Horace par Jacques Peletier du Mans. Ce texte, dont la renommée est immédiate, a en quelque sorte valeur de fondation. Il propose une définition de la tragédie qui devait s'imposer en France jusqu'à l'introduction de la pensée aristotélicienne via la *Poétique* de Scaliger (1561) et le *Commentaire* de Castelvetro (1570). Du Mans décrit la tragédie comme un « plaintif debaz », dont le but est de « navrer les keurs » des spectateurs au moyen de « gemissemens » et de pleurs :

> Si tu veux que je pleure,
> Premier te faut lamenter, et a l'heure
> Bien me poindra la douleur qui te point[4].

Ce passage, qui est une reprise d'Horace, fait directement appel à la rhétorique des passions : l'acteur, pour susciter les passions, doit d'abord les ressentir lui-même[5]. Il annonce en outre la célèbre définition de Jean de La Taille, qui affirme dans son *Art de la Tragédie* (1572) que cette dernière ne traite « que larmes et miseres extremes[6] ». À l'instar de l'auteur

1 « Voilà à quoi s'est réduite cette beauté ! O cruauté du destin, ô terrible faveur des dieux ! C'est donc ainsi que mes vœux ont rendu à son père ce fils ? », Sénèque, *Phèdre*, dans *Les tragédies*, vol. I, trad. L. Hermmann, Paris, Les Belles Lettres, 1924, v. 1270-1272,

2 « La guerre est bien finie désormais. Où porterai-je mes larmes ? Où exhalerai-je ce souffle qui retient encore à la vie ma vieillesse ? », Sénèque, *Les Troyennes*, *ibid.*, v. 1168-1170.

3 « Les scènes de lamentation constituent l'un des principaux fondements topiques de la tragédie française du XVIe siècle », L. Frappier, « Le spectacle des passions sur la scène humaniste », *op. cit.*, p. 319.

4 Dans P. Leblanc, *Les écrits théoriques et critiques français des années 1540-1561 sur la tragédie*, Paris, Nizet, p. 36-37.

5 « *Si vis me fiere dolendum est primum ipsi tibi* », Horace, *Ars poetica*, 102.

6 J. de La Taille, *De l'Art de la Tragédie*, *op. cit.*, p. 4.

de *Saül le Furieux*, Peletier du Mans se forge donc une opinion précise de la tragédie, que trahit tout un vocabulaire emprunté à la tradition latine des *lamentatione*[1]. Dès leurs premiers contacts avec le genre, les humanistes, désireux de renouer avec l'esprit des Anciens, conçoivent la représentation théâtrale comme une déploration publique.

C'est ce que confirme Scaliger dans sa traduction de la poétique d'Aristote (*Poetices libri septem*, 1561), donnant sa faveur à une tragédie de lamentation plutôt qu'à une tragédie d'action. Certes, la réflexion du savant concerne d'abord la nature du sujet tragique – et c'est en ce sens que Peletier du Mans, dans son propre *Art poétique* (1555), emploie le mot « lamentable » (« en la Tragédie, la fin est toujours luctueuse et lamentable[2] »). Mais l'importance que la Renaissance italienne et française accorde aux questions oratoires invite à penser que Scaliger, en définissant la matière de la tragédie, définissait en même temps le style du discours tragique : un sujet « lamentable », raconté sur un ton « lamentable ». Antoine de Fouquelin, dans sa *Rhétorique française* (1555), sera plus explicite à cet égard, quand il recommandera aux acteurs de jouer la tristesse « d'une voix lamentable, pleine de commisération et de larmes[3] ».

Par ailleurs, les quelques pages que consacre Pierre Laudun d'Aigaliers dans son *Art poétique français* (1598) à la dimension lyrique des chœurs signalent que les doctes, au moins jusqu'à la fin du XVIe siècle, définissent la tragédie à l'intérieur du paradigme de la plainte. Parmi les fonctions du chœur qu'il identifie, celle qui concerne le *pathos* est de loin la plus argumentée : il s'agit de partager les émotions du héros en chantant la douleur qui l'afflige. Cette vocation musicale était centrale pour Aristote, qui faisait de la parole du chœur un *kommós*, c'est-à-dire, nous l'avons vu, un chant de lamentation. Elle sera plus tard consacrée par les auteurs modernes : « Les chœurs, écrit Laudun d'Aigaliers, [...] doibvent estre chantez en musique[4] » ; et plus loin d'ajouter : « Les chœurs déclarent tousjours la vérité du faict, et déplorent la fortune de ceux qu'on représente [...][5] ». Ritualisée au moyen d'une intonation

1 « [...] *lamentatio aegritudo cum eiulatu* », Cicéron, *Tusculanes*, 4, VII, 18 ; « [...] *plangore et lamentatione complerimus forum* », Cicéron, *De l'orateur*, 2, XXXVIII, 131.

2 J. Peletier du Mans, *L'Art poétique*, *op. cit.*, p. 303.

3 A. Fouquelin, *La Rhétorique française*, dans F. Goyet, *Traités de poétique et de rhétorique de la Renaissance*, *op. cit.*, p. 267.

4 P. Laudun d'Aigaliers, *L'Art poétique françois*, *op. cit.*, p. 176.

5 *Loc. cit.*

et d'une prosodie emphatique, la parole lyrique offre, comme le « keur en Eglise[1] », un spectacle hautement saisissant. Si bien que c'est dans les déplorations chorales, plus que dans les moments dramatiques, que se perçoit le plus clairement selon Laudun d'Aigaliers la dimension pathétique de la tragédie.

En somme, la déploration occupe une telle place dans le théâtre humaniste que la critique en a longtemps fait sa principale caractéristique. Statiques, les tragédies de la Renaissance ne formeraient qu'une suite de plaintes déchirantes, mettant en scène, « plutôt que des héros agissant, les porte-paroles d'attitudes opposées, et principalement des victimes qui déplorent leurs malheurs[2] ». Pour Françoise Charpentier, la tragédie « a d'abord été conçue comme la célébration d'un deuil, une grande déploration déployée dans l'espace de la scène, partagée en plusieurs voix[3] ». Cette conception nous paraît on ne peut plus exacte. La dramaturgie humaniste, étrangère en grande partie à la notion d'intrigue[4], fait manifestement de la voix plaintive le substrat du spectacle tragique.

On comprend mieux, dès lors, le rôle du deuil féminin dans ce théâtre, et en particulier dans les tragédies de Robert Garnier. En regard de la tradition antique qui confie aux mères et aux épouses le soin de pleurer les morts ; en regard du prestige entourant la figure de la Vierge dans la culture renaissante ; en regard encore du lieu commun, vieux de plusieurs siècles, d'une nature féminine prédisposée à la miséricorde et à la piété, la femme affligée se présente comme le visage même du *movere* tragique. Qui pourrait demeurer insensible aux plaintes d'Antigone, alors qu'elle s'apprête à quitter la scène ?

> Adieu brigade aimée, adieu cheres compagnes,
> Je m'en vay lamenter sous les sombres campagnes :
> J'entre vive en ma tombe, où languira mon corps
> Mort et vif, esloigné des vivans et des morts [...]

1 J. Peletier du Mans, *L'Art poétique*, *op. cit.*, p. 304.

2 J. Rohou, *La tragédie classique (1550-1793)*, Paris, SEDES, 1996, p. 57. – De même, Charles Mazouer affirme que la tragédie humaniste présente « le spectacle d'une victime qui craint son infortune ou la plaint une fois arrivée », *Le théâtre français de la Renaissance*, Paris, Champion, 2002, p. 206.

3 F. Charpentier, *Pour une lecture de la tragédie humaniste*, Saint-Etienne, Presses de l'Université de Saint-Etienne, 1979, p. 14.

4 « Les premières tragédies sont plus déploratives qu'actives, et ce n'est que peu à peu que l'on verra naître une tragédie de l'action », *ibid.*, p. 31.

> Vous degoutez de pleurs, vos yeux en sont noyez,
> Ne larmoyez pour moy, mes sœurs, ne larmoyez.
> Pourquoi sanglotez-vous ? Pourquoy vos seins d'albâtre
> Allez-vous meurtrissant de force de vous battre ?
> Adieu, mes cheres Sœurs, je vous fay malaiser,
> Je ne veux plus de vous que ce dernier baiser.
> Adieu mes Sœurs, adieu, trop longtemps je retarde
> De mes piteux regrets la mort qui me regarde[1].

La fille d'Œdipe, le sous-titre de la tragédie l'indique assez (*Antigone, ou La Piété*), est l'héroïne « pitoyable » par excellence. Tout au long de la pièce, elle cherchera, par l'observance de la loi religieuse, par sa dévotion envers la fratrie et par le sacrifice de sa vie, à racheter sa lignée de la tache originelle. Par conséquent, si le vrai but de la tragédie, suivant le mot de La Taille, est « d'esmouvoir et de poindre merveilleusement les affections [...][2] », il ressort que c'est au travers de la piété féminine qu'elle y parvient. Comme dans nombre de tragédies de la Renaissance, le pathétique trouve ici sa source dans une poétique de la déploration, et tout spécialement dans les lamentations poignantes des femmes.

1 R. Garnier, *Antigone, ou La Piété*, éd. J.-D. Beaudin, Paris, Champion, 1997, v. 2204-2229.
2 J. de la Taille, *De l'Art de la Tragédie*, *op. cit.*, p. 4.

LA CONSTANCE

> Songez à vous, Madame, et pensez qu'il
> [vous faut
> Porter contre les maux un cœur constant
> [et haut[1].

Entre Robert Garnier et Antoine de Montchrestien, la tragédie change, et elle change d'une façon telle qu'il devient difficile de la comparer avec la tragédie de la génération antérieure. Elliot Forsyth, dans son ouvrage sur le thème de la vengeance de Jodelle à Corneille, a raison de distinguer la tragédie humaniste de la tragédie de l'époque d'Henri IV[2]. Entre 1595 à 1610, la vocation du théâtre est plus pédagogique que pathétique. Le modèle de la déploration, si important dans les années 1570-1580, s'efface au profit d'une dramaturgie à fort accent didactique. Bien qu'ils n'abandonnent jamais complètement la nécessité d'émouvoir, les auteurs dramatiques privilégient désormais un principe d'instruction : la tragédie doit, au travers de sujets exemplaires, enseigner la maîtrise des passions, la constance dans le malheur.

Cette redéfinition de la poétique tragique coïncide avec l'essor du néostoïcisme dans le dernier tiers du XVIe siècle[3]. À partir de 1580 se multiplient les traités de philosophie morale hérités de l'école du Portique. En 1592 est publiée la traduction française du *De constantia* de Juste Lipse, dont le succès est immédiat et retentissant. Puis, en 1594, paraissent le *Traité de*

1 A. Montchrestien, *La Carthaginoise*, dans *Les Tragédies de Montchrestien*, éd. L. Petit de Julleville, Paris, Plon, 1891, v. 107-108.

2 « Sous le règne d'Henri IV, la tragédie, tout en conservant un caractère manifestement didactique, se différencie de plus en plus nettement de la tragédie des guerres civiles », E. Forsyth, *La tragédie française de Jodelle à Corneille (1553-1640). Le thème de la vengeance*, Paris, Nizet, 1962, p. 225.

3 Sur les liens entre le théâtre et le néostoïcisme, voir J. Maurens, *La tragédie sans tragique. Le néo-stoïcisme dans l'œuvre de Pierre Corneille*, Paris, A. Colin, 1966.

la constance et consolation ès calamitez publiques de Guillaume du Vair et *Le Mespris de la vie et consolation contre la mort* de Jean-Baptiste Chassignet, fortement inspirés de la consolation stoïcienne. Pour finir, Pierre Charron compose en 1601 un *Traité de la sagesse*, qui est une imitation des dialogues de Sénèque (entre autres du *De tranquillitate animi* et du *De vita beata*).

Le sous-titre d'une pièce d'Antoine de Montchrestien, *Les Lacènes, ou la Constance*, est à cet égard fort significatif. Il dégage une topique centrale de la tragédie de la fin du XVIe siècle, qui est en même temps une valeur clé du stoïcisme : la *constantia*, cette « [...] juste et ferme force d'un esprit qui n'est point élevé ou abaissé de ce qui est externe ou fortuit[1] ». D'autre part, le titre dans son ensemble indique qu'il incombe principalement aux femmes de personnifier la vertu de constance dans ce théâtre. Les Lacènes – en vérité des Lacédémoniennes – non sans une étonnante virilité suivent leur roi Cléomène dans la mort. De même, Sophonisbe et Marie Stuart, dans *La Carthaginoise* et *La Reine d'Écosse*, deux autres tragédies où l'influence de la doctrine stoïcienne est remarquable, possèdent une force d'âme exemplaire qu'elles dressent contre les rigueurs du sort. Enfin, la figure de Mariamne, destinée à devenir chez Tristan l'Hermite le visage même de la constance, est déjà dotée chez Hardy de cette patience inflexible qui la fait résister si fièrement aux cruautés d'Hérode. Ainsi, les personnages féminins sont une fois de plus le pivot autour duquel s'articule le spectacle tragique. Les qualités dont elles font preuve, non seulement participent à une poétique de l'exemplarité, mais encore concourent à une fonction essentielle de la tragédie : le *docere*, l'éducation morale, ou l'édification des esprits.

LA CONSTANCE TRAGIQUE

Introduit en France en 1554 par la traduction d'Amyot et de Mellin de Saint-Gelais d'une pièce de l'Italien Trissino[2], le sujet de *La Carthaginoise* (1601), cette reine victime d'un conflit entre puissances ennemies,

---

1 J. Lipse, *De la constance* [1592 pour la 1re trad. française], trad. anonyme du latin, Paris, Noxia, 2000, p. 27.

2 *La Sophonisbe*, Paris, Danfrie et Breton, 1559.

s'accorde particulièrement bien à la finalité édifiante de la tragédie, vu qu'il contient une réflexion sur la fatalité et la toute-puissance du destin. Dès les premiers vers, Montchrestien oppose le thème de la constance à celui de la Fortune impitoyable :

> « Comme l'onde inconstante est de vents tourmentée
> « Nostre vie incertaine est de maux agitée :
> « Fol celuy qui s'y fie aussi bien qu'en la mer ;
> « Leur calme se ressemble, il rit pour abismer[1].

L'image de l'onde vient de Sénèque. De même que la voie vers la sagesse est un sentier abrupt jonché de ronces[2], l'existence s'apparente à une « mer agitée » sur laquelle il faut « voguer à la merci des flots et manœuvrer dans la bourrasque[3] ». Dans le *De Providentia*, Sénèque énumère les difficultés auxquelles doit faire face l'homme qui aspire à la tranquillité. Ce dernier « n'aura pas devant lui une route unie ; [...] il lui faudra sans cesse monter et descendre, se faire ballotter par les flots [...] et même aller à contre-courant de la fortune[4] ». Aussi, parce qu'elle repose sur l'idée d'instabilité, la métaphore de la « mer agitée » en appelle logiquement une autre, celle de l'« ancre » :

> L'invincible constance est une ancre sacrée[5],

rappelle la Nourrice, en prévision des tempêtes à venir. On ne saurait mieux affirmer le double sens philosophique et politique attaché à la vertu de constance. Pour les personnages, celle-ci est bien une leçon qui s'impose à force d'épreuves et de catastrophes. Mais pour le public de la fin du XVIe siècle, elle devait également apparaître comme un remède contre les malheurs qui déchirent la France. De quelque façon qu'on la prenne, la métaphore de l'« ancre » désigne la fermeté avec laquelle la reine guide son peuple dans la tourmente, tandis que les flots se déchaînent et qu'éclate la guerre sur les rives de Carthage[6].

---

1 A. Montchrestien, *La Cartaginoise*, éd. citée, v. 1-4.

2 « *At ardua per quae uocamur et confragosa sunt* », *De constantia sapientis*, I, 2.

3 Sénèque, *De la providence*, V, 9, dans *Dialogues*, IV, trad. R. Waltz, Paris, Les Belles Lettres, 1970, p. 25.

4 *Loc. cit.*

5 A. Montchrestien, *La Carthaginoise*, éd. citée, v. 187.

6 « O que les Roys doibvent ce signe aimer, / Qui sont au peuple ainsi que l'ancre en mer », A. Alciato, *Emblemes*, Lyon, M. Bonhomme, 1549, p. 174. De même : « Ceste ancre

Partant, la *constantia* dont l'héroïne de Montchrestien offre l'exemple peut être décrite, suivant la formule de Juste Lipse, comme « le support volontaire et sans débat, de ce qui advient à l'homme ou lui échet d'ailleurs[1] ». Exigeant une robuste force d'âme, cette constance s'apparente au courage, le courage nécessaire pour supporter le malheur, pour endurer patiemment les épreuves. Elle revêt une dimension épique. En atteste tout un vocabulaire, qui relève tantôt des valeurs stoïciennes, tantôt de l'univers héroïque[2]. Dans l'adversité, Sophonisbe déploie une « ferme constance » (v. 176), en même temps qu'un « genereux courage » (v. 179). Tel Caton bravant toutes les misères, elle sait « [r]enforcer sa vigueur aux efforts de l'orage » (v. 180), souffrir avec flegme les revers de fortune, quelle que soit la douleur qui l'afflige.

À l'inverse, les personnages masculins paraissent tyrannisés par leurs passions. Dans *La Sophonisbe* de Nicolas Montreux (1601), Syphax avoue sans détour l'agitation qui le trouble :

> J'esprouve ce desordre et fais apprentissage
> De ce cruel malheur par mon propre dommage[3].

Puis, un peu plus loin, il enrage de s'être fait outrager par sa femme :

> De rage, de fureur, et de colere espris,
> Me rotissent les os, m'embrasent la poitrine,
> Et dechirent mon ame horriblement mutine[4].

Massinisse n'est guère mieux. Il n'a de cesse de fulminer, promenant partout un visage furieux :

> Où courez-vous ainsi ? Quelle esclatante rage
> Fait esclater l'ardeur de vostre fier courage ?
> Quelle fureur vous suit ? Quel dessain furieux
> Fait flamboyer si fort la fureur dans vos yeux[5] ?

---

environnée du dauphin, est la vraye armoirie ou devise des bons Princes, lesquels doyvent estre à leurs subjects, en toutes leurs necessités & afflictions, comme une ancre sacree, qui les maintienne contre toutes les bourasques de ce monde », *ibid.*, p. 33.

1 J. Lipse, *De la constance*, *op. cit.*, p. 28.

2 Voir à ce sujet la thèse de F. Charpentier, *Les débuts de la tragédie héroïque : Antoine de Montchrestien (1575-1621)*, Lille, Presses de l'Université de Lille III, 1981.

3 N. Montreux, *La Sophonisbe*, éd. D. Stone, Genève, Droz, 1976, v. 141-142.

4 *Ibid.*, v. 1114-1116.

5 *Ibid.*, v. 1277-1280.

Contrastant avec le calme de la reine, l'inconstance de ces personnages est criante. Ils vont même jusqu'à se parjurer, changeant de parti selon qu'ils obtiennent ou non ce qu'ils désirent. En vain Lelius rappelle-t-il l'« amitié première » (v. 1686), les deux héros trahissent l'un après l'autre le serment qui les unit aux vainqueurs. Optant pour les douceurs d'une femme, ils négligent les intérêts de Rome. C'est là un « péchable désir » (v. 1634), affirme le lieutenant de Scipion, qui causera leur perte.

De son côté, Sophonisbe demeure fidèle à Carthage. Son allégeance va à son peuple, à sa patrie, et il n'y a que la mort qui puisse rompre le pacte sacré. En sorte que le grief d'infidélité traditionnellement adressé au personnage se trouve lavé au nom d'une constance supérieure : la fidélité à la cause publique.

> Tu changes seulement d'espoux, non de puissance,
> Et l'honneur qui te suit ce malheur récompense[1].

Mais ce n'est pas là l'élément le plus significatif. Il faut encore insister sur le fait que cette constance politique est presque toujours le corollaire d'un idéal éthique qui contribue à « viriliser » l'héroïne. Comme c'est le cas dans les *Dialogues* de Sénèque, et en particulier dans ses *Consolations*, la *constantia* chez Montchrestien est effectivement considérée comme un attribut « mâle » :

> Du destin trop contraire, avec un masle effort
> Fuy la chaîne et les fers mesme à travers la mort[2].

Dans *La Sophonisbe* de Montreux, l'héroïne possède à la fois un « masle cœur » (v. 2317) et un « masle courage » (v. 1613), contrairement à Massinisse et à Syphax, dont la conduite se révèle à bien des égards « féminine[3] ». Il s'ensuit que toute la tragédie se trouve marquée par un emboîtement des catégories du « masculin » et du « féminin » :

> O vertueuse royne ! O cœur d'homme parfait
> Qui toujours a haÿ le funeste forfait[4].

---

1 *Ibid.*, v. 827-828.

2 A. Montchrestien, *La Carthaginoise*, éd. citée, v. 1035-1036.

3 « Qui l'esut jamais pensé ? Massinisse est surpris / A l'appast enchanteur de la molle Cipris ? / Son courage indontable aux viriles alarmes, / Est vaincu d'une femme ou plutost de ses larmes ? », N. Montreux, *La Sophonisbe*, éd. citée, v. 784-787.

4 *Ibid.*, v. 2611-2612.

Cette virilité, Sophonisbe en livre un ultime témoignage lors de la scène du suicide, qui montre qu'elle sait « mourir constamment[1] ». Sous la forme d'une véritable consécration, la reine s'y présente comme un « patron de constance », plus encore, comme un « soleil de vertu[2] ». Dans la pièce de Montreux, Massinisse admire la contenance de l'héroïne, se pâme devant le courage dont elle fait preuve en avalant le poison qu'il est venu lui porter :

> O royne vertueuse, en mourant constamment
> Tu vis sainte eternelle au haut du firmament !
> Et je meurs de regret és bras du vitupere,
> Pour me voir surpassé en constance ordinaire,
> En courage, en vertu d'une femme d'honneur [...][3].

Le chœur peut bien après cela s'étendre en réflexions philosophiques sur le sens de la vie ou sur la puissance du destin, mais ce discours vaut peu en comparaison avec le geste éclatant de Sophonisbe. Car au final, c'est du spectacle de la constance exemplaire, du courage héroïque que découle le *docere* dans ces pièces, ainsi que dans de nombreuses autres tragédies du tournant du XVIIe siècle.

Il peut sembler étrange de ranger la figure de Didon, symbole de la passion avilissante et destructrice, parmi les femmes constantes. Virgile, Jodelle et même Scudéry, dans une moindre mesure, ont tour à tour dépeint cette reine sous les traits d'une furie. En un sens, Alexandre Hardy ne diffère pas de ce modèle : l'héroïne de *Didon se sacrifiant* (1605) est toujours présentée comme une femme furieuse aux prises avec une excessive manie. Mais à la différence de ses prédécesseurs, le sujet chez Hardy est fortement ancré dans une perspective pédagogique. De fait, tout en exhibant la fureur de la reine, l'auteur travaille constamment à en détourner le regard, au profit d'une thérapeutique des passions extérieure à l'action dramatique[4]. Institué en « exemple », l'émoi de Didon appelle une forme d'ascèse, qui correspond pour le dramaturge à la finalité cathartique de la tragédie.

---

1 A. Montchrestien, *La Carthaginoise*, éd. citée, v. 1617.
2 N. Montreux, *La Sophonisbe*, éd. citée, v. 2371.
3 *Ibid.*, v. 2347-2351.
4 « Les idées néo-stoïciennes sont affirmées dans le théâtre de Hardy, mais ces idées apparaissent comme extérieures à l'action qui propose les images réalistes et pures de la vengeance », J. Maurens, *La tragédie sans tragique*, *op. cit.*, p. 172.

L'amour ruine la constance. C'est la principale leçon de la pièce, qui multiplie les mises en garde contre cette terrible passion. Dès son entrée en scène, Didon offre le spectacle de la constance perdue. Ses aspirations stoïques ne peuvent déjà plus rien contre l'empire de l'amour :

> O redouté voyage, ennemy capital [...]
> Differe à t'accomplir, prolonge-moy ton temps
> Jusqu'à ce que, mes feux alentis de leur cendre,
> Je puisse au desespoir ma constance reprendre[1].

Témoignant d'une conscience aiguë de sa déchéance morale, ces premiers vers signalent la particularité du personnage de Didon tout au long de la pièce. La reine se sait malade. Lucide, quoique soumise à la dictature de la passion, elle en ressent chaque secousse comme une atteinte à l'honneur et à la vertu. Plusieurs vers rappellent d'ailleurs sa constance « oubliée » (v. 936), sa « gloire entamée » (v. 2002) :

> Ma constance de moy s'écoule, dérobée[2] !

s'écrie-t-elle, regrettant l'époque où Carthage pouvait compter sur une femme superbe. De même, le chœur des Tyriens à l'acte IV évoque la grandeur de jadis :

> Las ! helas ! notre Reine ainsy,
> Serve d'un miserable esclave,
> Depuis que sa constance grave
> Fléchit sous l'amoureux soucy [...][3].

Enfin, Énée, stupéfait devant la métamorphose de Didon, prononce un jugement qui n'aura que peu d'effet :

> L'inconstance messied au titre que tu portes[4].

Pour Alan Howe, spécialiste du théâtre de Hardy, cette victoire de la passion sur la constance révèlerait « l'insuffisance du stoïcisme[5] ». Il

---

1 A. Hardy, *Didon se sacrifiant*, éd. A. Howe, Genève, Droz, 1994, v. 216, 220-222.
2 *Ibid.*, v. 1776.
3 *Ibid.*, v. 1248-1249.
4 *Ibid.*, v. 743.
5 A. Howe, Introduction à *Didon se sacrifiant*, éd. citée, p. 68.

s'agit là d'une opinion qu'il convient de réfuter. Didon ne possède peut-être pas les qualités du sage, elle ne se déleste jamais complètement de son affection, et même lorsqu'elle renonce à l'amour, c'est toujours à contrecœur, dans des moments où les événements ne laissent plus rien à espérer. Mais cela ne veut pas dire que Hardy n'encourage pas à la maîtrise de soi, bien au contraire. Dans *Didon se sacrifiant*, la valeur de l'*exemplum* repose sur un raisonnement antithétique, qui permet et même justifie le spectacle de la folie. Paradoxalement, la constance est d'autant plus présente dans cette pièce qu'elle est absente de la scène ; elle s'impose d'autant plus à l'esprit du spectateur qu'elle est étrangère aux personnages.

Dans cette perspective, ce qui compte, ce sont les efforts déployés par Didon pour réintégrer sa posture de constance et rétablir son « honneur polu » (v. 1346). À partir du troisième acte, l'héroïne évolue peu à peu vers l'apaisement ; évolution pour le moins précaire, à en juger par les accès de colère et de désespoir qui continuent de ponctuer son discours.

> L'esperance ne m'a que trop long tems deceuë :
> Il faut à ce malheur trouver une autre issuë[1].

Malheureusement, une seule épreuve permet de reconquérir la « chaste gloire » (v. 1279) des premiers jours du veuvage : la mort. C'est ce vers quoi Didon se dirige au début de l'acte V, pensant à son mari défunt, « non plus pour tisonner sa rage, mais pour s'affermir dans sa résolution de mourir[2] » :

> Rasseure-toy, mon âme, efforce ta constance.
> Tu ne porteras plus du corps la pénitence ;
> Le chemin préparé d'un repos éternel,
> Tu vas sortir d'avec cet hoste criminel ; [...]
> Sichée, satisfaict de sa punition,
> Te promet du passé toute abolition[3].

Dès lors, *gloire*, *honneur*, *constance* sont des mots qui reviennent dans le vocabulaire d'une héroïne « qui fait des efforts stoïques pour se vouer

1 A. Hardy, *Didon se sacrifiant*, éd. citée, v. 1407-1408.
2 A. Howe, Introduction à *Didon se sacrifiant*, éd. citée, p. 58.
3 A. Hardy, *Didon se sacrifiant*, éd. citée, v. 1455-1458, 1461-1462.

à une mort rédemptrice de sa pureté d'autrefois[1] ». En insistant sur le sentiment de faute et les conséquences psychologiques qui en découlent, Hardy accorde donc une valeur positive aux passions, dans la mesure où celles-ci contraignent à l'exercice de la raison et de la volonté[2]. Citons une dernière fois le chœur se prononçant sur la cause des maux qui affligent « l'imbecille nature humaine » (v. 1531) :

> La plus part de nos accidents
> Ne dérive de la fortune :
> Nous en accuson impudents
> Celle qui n'a point de rancune,
> Veu que les gestes désreglez,
> Que mainte passion mauvaise
> Trouble le calme de nostre aise,
> Et nous précipite aveuglez[3].

Ce discours à consonance stoïcienne, en plus de remplir une fonction didactique essentielle, contribue à la réhabilitation de l'héroïne, de la souffrance de laquelle se dégage un exemple destiné à l'édification du public. La mort de Didon est archétypale de la tension qui existe entre le déterminisme divin et la responsabilité humaine. Elle rappelle que la seule liberté possible réside dans ce que les stoïciens ont désigné du nom d'*impassibilité* : idéal éthique fondé sur l'insoumission à la passion, l'indifférence envers le contingent, l'acceptation sereine de la Providence. Nous rejoignons ici les conceptions dramatiques et poétiques de Montchrestien, pour qui le théâtre est d'abord conçu comme une « école » du peuple, c'est-à-dire comme un lieu où s'enseignent et se partagent les vérités morales et philosophiques. En invitant le spectateur à s'interroger sur son propre sort, Alexandre Hardy s'inscrit tout droit dans cette démarche dialectique. D'une tragédie profondément pessimiste, il fait une tragédie de l'effort personnel, ou, pour reprendre les mots de Jacques Maurens, une « tragédie de la force de l'homme[4] ».

---

1 A. Howe, Introduction à *Didon se sacrifiant*, éd. citée, p. 59.

2 « Dès avant Corneille, le théâtre de Hardy présente des personnages qui cherchent à atteindre le bonheur par la voie du sage stoïcien : exercice de la raison et de la volonté, maîtrise des passions, indifférence envers la mort », *ibid.*, p. 66.

3 A. Hardy, *Didon se sacrifiant*, éd. citée, v. 1523-1530.

4 J. Maurens, *La tragédie sans tragique*, *op. cit.*, p. 76.

Une dernière pièce de Montchrestien vient clore le cycle des tragédies d'inspiration stoïcienne. Il s'agit de *L'Écossoise, ou le Desastre* (1601), réécrite sous le titre de *La Reine d'Écosse* dans la deuxième édition des *Tragédies* publiée à Rouen en 1604 : tragédie politique à sujet d'actualité, puisqu'elle traite de l'exécution de Marie Stuart par sa cousine Élisabeth, survenue quelques années avant la composition de la pièce. Le destin tragique de cette reine, outre qu'il semble tout indiqué pour dénoncer les excès du pouvoir dans le contexte récent des guerres civiles, encore une fois appelle quantité de réflexions sur la fragilité de la vie, la cruauté du sort, ainsi que sur les misères de la grandeur humaine.

Dans le paysage dramatique français, cette pièce est unique, en ce qu'elle oppose, contrairement au schéma courant, une victime féminine à un tyran féminin. Marie Stuart est le symbole de l'innocence opprimée. Devant elle se tient Élisabeth, prête à tout, même au meurtre, pour conserver le pouvoir. La tragédie s'ouvre sur les délibérations du chœur de l'État, qui se prolongent sur presque deux actes. Doit-on mettre à mort cette cousine écossaise, dont la vertu et la beauté portent ombrage au trône d'Angleterre ?

> C'est piété d'occire une femme meschante[1],

affirme le Conseiller, pressant Elisabeth d'opter pour la condamnation. À quoi cette dernière répond :

> Considerez la bien : elle est mere d'un Roy,
> L'espouse de deux Roys, et Reine comme moy[2].

Mais ces scrupules ne valent guère que pour quelques répliques. À l'acte III, la décision funeste est rendue publique. Or, loin de paraître abattue, Marie Stuart l'accueille comme une délivrance, presque avec la joie du martyr :

> En fin vient le moment si long temps attendu
> Par qui le doux repos me doit estre rendu.
> O jour des plus heureux tu feras qu'une Reine,
> Sortant de deux prisons sortira de sa peine [...][3].

1 A. Montchrestien, *La Reine d'Écosse*, dans *Les Tragédies de Montchrestien*, éd. citée, v. 169.
2 *Ibid.*, v. 171-172.
3 *Ibid.*, v. 943-946.

La scène est d'une grande richesse symbolique. Dans la prolongement de la synthèse souhaitée par les humanistes de la fin du XVIe siècle, la tragédie de Montchrestien mêle très étroitement les thématiques du Portique avec le langage du christianisme[1]. La constance de Marie Stuart, par ses allures de souffrance passive, s'assimile à la patience, vertu du Christ en croix. Silencieuse, la reine monte sur l'échafaud, révélant à l'assemblée un « visage constant » (v. 1425), une « face glorieuse » (v. 1503) que ni « pleurs » ni « soupirs » (v. 1461-1462) ne viennent assombrir. L'apparition a l'effet d'une révélation :

> Lors tous les assistants attendris de courage,
> Et d'ame tous ravis, regardent son visage,
> Lisent sur son beau front le mespris de la mort,
> Admirent ses beaux yeux, considèrent son port [...][2].

Cette résignation est la marque des grandes âmes, qui savent que la mort est une « chose trop commune » (v. 1020) pour être pleurée. En effet, pour la reine d'Écosse, la condamnation est un « doux contentement » (v. 1129). « C'est fort peu de mourir [...] », soutient-elle, affichant un mépris de la vie, en même temps qu'un désir d'imiter le Sauveur dans son sacrifice :

> Je meurs pours toy, Seigneur, c'est ce qui me console.
> A ta sainte faveur, mon Sauveur et mon Dieu,
> Je recommande l'ame au partir de ce lieu[3].

Ainsi, bien qu'elle décrive un monde de malheur, régi par une loi implacable, la tragédie *La Reine d'Écosse* fait la promotion d'un affranchissement individuel, qui ne s'avère possible que dans la foi. Un tel syncrétisme est typique de la dramaturgie de Montchrestien. S'il est difficile de détecter dans ses pièces une sympathie envers les idées de la Réforme[4], il est certain cependant qu'un spiritualisme traverse son

1 Voir à ce sujet *Stoïcisme et christianisme à la Renaissance*, A. Tarrête (dir.), Paris, Éditions ENS rue d'Ulm, 2006.

2 A. Montchrestien, *La Reine d'Écosse*, éd. citée, v. 1455-1458.

3 *Ibid.*, v. 1500-1503.

4 « Il n'est pas possible [...] de rattacher Montchrestien à un choix confessionnel précis entre Réforme et Catholicisme : pas plus qu'il n'est philosophe, il n'est théologien », F. Charpentier, *Pour une lecture de la tragédie humaniste*, Saint-Etienne, Presses de l'Université de Saint-Etienne, 1979, p. 72.

œuvre en profondeur. Selon Françoise Charpentier, l'univers tragique de l'auteur permet l'union d'une sagesse humaine et d'une théologie révélée, étant donné qu'il « repos[e] sur une croyance en un Dieu personnel, une adhésion à sa Providence, une confiance en son attention et son amour pour les hommes[1] ».

De toutes les tragédies écrites pendant le règne d'Henri IV, celles de Montchrestien offrent le système le plus cohérent de pensée morale et métaphysique. Elles seront imitées par plusieurs dramaturges, et jusqu'à Corneille leur influence sera significative. La *Mariamne* d'Alexandre Hardy[2], par exemple, emprunte de nombreux éléments à la tragédie *La Reine d'Écosse*. Comme Marie Stuart, l'héroïne se bat contre un tyran, Hérode, « Fléau de l'innocence, horreur du genre humain » (v. 1431). Fière et orgueilleuse, dans un tableau qui préfigure l'héroïsme cornélien, elle paraît sur scène, suscitant l'admiration du public venu assister à son exécution :

> O Constance admirable ! ô Reyne infortunée[3] !

De même, sa marche vers la mort ressemble beaucoup à celle qui clôt la pièce de Montchrestien :

> Ces reprehensions ne l'émeuvent non plus
> Qu'un grand roc rivager est émeu de reflus :
> Constante elle poursuit ce funeste voyage [...][4].

Enfin, c'est tout aussi déterminée qu'elle se livre au bourreau :

> Ces propos achevez, un col d'yvoire blanc
> Au glaive se presente et de courage franc
> L'Executeur invite à frapper sans remise[5].

Ces concordances font plus que préciser l'influence de la doctrine stoïcienne sur les dramaturges de la fin du XVIe siècle. Elles révèlent également toute l'importance du modèle de la femme constante pour la scène

---

1 *Loc. cit.*
2 A. Howe, dans son introduction à la pièce (Exeter, University of Exeter Press, 1989), date la composition de cette tragédie autour de 1610.
3 A. Hardy, *Mariamne*, éd. citée, v. 1431.
4 *Ibid.*, v. 1513-1515.
5 *Ibid.*, v. 1553-1555.

préclassique. Dans le *De tranquilitate animi*, Sénèque écrit : « [I]l est possible à l'âme de se mouvoir d'une allure toujours égale et aisée [...], sans se départir jamais de son calme, s'exalter ni se déprimer[1] ». En vérité, si l'on examine le théâtre tragique de l'époque, les figures féminines apparaissent bien comme les seules et uniques dépositaires de cette sagesse.

> Rien ne peut desormais du repos vous distraire [...][2],

déclare le chœur dans *La Reine d'Écosse*, observant le calme de la reine. Ce repos, dans le langage stoïcien, c'est la tranquillité de l'âme[3] : sorte d'équilibre inaltérable, de paisible stabilité. Et c'est aussi, pour tout dire, l'état auquel convie le théâtre des années 1590-1600 : l'*ataraxie* (« absence de trouble »), ou la quiétude absolue de l'esprit.

LA FEMME CONSTANTE

Que des femmes, et non des hommes, incarnent la vertu de constance dans les tragédies que nous venons de commenter peut sembler paradoxal, eu égard aux préjugés qui définissent habituellement la « nature » féminine comme volage et changeante. Et pourtant, tout un discours, qui remonte à l'Antiquité, fait de la constance sinon un caractère féminin, du moins une vertu qui lui est accessible au même titre qu'à l'homme.

Il y a d'abord les Écritures. Dans l'Ancien Testament, la topique de la constance apparaît sous différentes formes, et notamment sous celle de la *patientia*[4]. Sarah, épouse d'Abraham, Rébecca, en qui Clément d'Alexandrie voyait l'annonce de la patience de l'Église, ainsi que Rachel et Léa en sont les principaux modèles. Restée belle malgré la vieillesse, en dépit de la fatigue et de la lassitude, Sarah reçoit à quatre-vingt

1 Sénèque, *De la tranquillité de l'âme*, II, 4, dans *Dialogues*, IV, *op. cit.*, p. 76.

2 A. Montchrestien, *La Reine d'Écosse*, éd. citée, v. 1331.

3 « L'objet de tes aspirations est d'ailleurs une grande et noble chose, et bien près d'être divine, puisque c'est l'absence de trouble. Les Grecs nomment cet équilibre de l'âme *euthymia* [...]. Moi je l'appelle "tranquillité" [...] », Sénèque, *De la tranquillité de l'âme*, II, 3, dans *Dialogues*, IV, *op. cit.*, p. 75.

4 Les néostoïciens du XVIe siècle reprendront cette idée : « La vraie mère de constance est la patience et l'humilité », J. Lipse, *De la constance*, *op. cit.*, p. 28.

dix ans la promesse d'un enfant que Dieu lui refusait (Isaac). Succédant à cette dernière au chapitre vingt-quatre de la Genèse, Rébecca traverse les mêmes épreuves : stérilité affligeante et absurde dans le cadre de l'Alliance, famine désastreuse qui révèle le refus divin de l'agréer, puis lutte fratricide de ses fils. Enfin Rachel, risquant son amour, l'espérance d'épouser Jacob, accepte de faire passer Léa avant elle, de s'effacer dans une abnégation malheureuse, de renoncer à son bien le plus cher. Celles que la tradition hébraïque nomme les « Matriarches » sont réputées pour leur courage et leur persévérance. Incapables de repos, possédant une haute idée de leur responsabilité, elles attendent toute leur vie durant la consolation messianique, la seule qu'elles puissent entendre et accepter – *Menahem* (« consolateur ») désignant l'un des noms du Messie[1].

Se distinguant par une extraordinaire capacité à endurer les peines, les Matriarches en un sens préfigurent la Vierge Marie, qui de toutes les femmes mentionnées dans le Nouveau Testament est très certainement celle qui incarne le plus la vertu de patience : « Si donc nous voulons nous efforcer d'être les enfants de Marie, écrit saint Alphonse de Liguori, il faut nous efforcer d'imiter sa patience[2] ». Et plus loin d'ajouter : « Sa présence sur le Calvaire, auprès de Jésus expirant sur la croix, nous fait assez comprendre combien grande et sublime fut la patience de la sainte Vierge[3] ». À l'image de Judith dans la tradition judaïque, la mère du Christ est une femme courageuse, une « femme forte », dont la constance repose sur une foi inébranlable. Ses vertus, rappelle saint Alphonse, font plus que correspondre aux vertus féminines traditionnelles ; elles coïncident avec l'esprit même du christianisme. « Dieu nous a donné, en la sainte Vierge Marie, le modèle de toutes les vertus, mais particulièrement de la vertu de patience[4] ». Car, dit-il, si l'affliction produit la patience, la patience produit l'épreuve, et l'épreuve l'espérance. C'est du reste un lieu commun de l'exégèse biblique que de faire de Marie une Nouvelle Ève, en raison de son rôle dans le salut de l'humanité[5].

---

1 C. Chalier, *Les Matriarches*, Paris, Les Éditions du Cerf, 1985, p. 222.

2 Saint Alphonse de Liguori, *Les Gloires de Marie*, trad. du P. Jean-Baptiste Favre, Paris, Éditions Saint-Paul, 1987, p. 408.

3 *Loc. cit.*

4 *Loc. cit.*

5 « *The Virgin Mary is the second Eve [...]. Her virtues are those of humility, patience, obedience [...]. These are in no way inconsistent with traditional female virtue, and Mary can therefore easily be transformed into a perfect model of womanhood* », I. MacLean, *The Renaissance Notion of Women*, New York, Cambridge University Press, 1980, p. 23.

De nombreuses pages de la littérature chrétienne antique traitent de cette patience, considérée comme un critère de la sainteté. La *Consolation à Grégoria*, longtemps attribuée à saint Jean Chrysostome, fait de la *patientia* une forme de *virtus* proprement féminine. Il ressort de ce texte un point de vue tout à fait favorable à la femme. Pour étayer sa thèse, l'auteur convoque tout un ensemble d'*exempla* de femmes qui se sont démarquées par leur façon de porter le deuil en silence. Il rappelle que le malheur n'est qu'un état passager, une étape vers les joies éternelles. Surtout, il établit, sur la base des *testimonia* bibliques, un lien étroit entre la féminité et la vertu de constance : « [...] derrière toutes les vertus [de la femme], si diverses soient-elles, si éloignées semblent-elles de la résignation, c'est toujours la *patientia* qui est présente[1] ».

Durant le Moyen Âge et la Renaissance, plusieurs figures féminines personnifient la constance, mais la plus importante est sans doute Griselda, dite « la patiente ». Boccace consacre la centième et dernière nouvelle du *Décaméron* à l'histoire de cette jeune bergère martyrisée, victime des ignobles persécutions de son époux le marquis de Saluces. En 1373, Pétrarque reprend le conte et y apporte de profonds remaniements. Il fait de Griselda l'allégorie du parfait chrétien face aux épreuves que Dieu lui envoie. Rapidement, le personnage, par « son absence de révolte, [...] son acceptation presque sereine[2] » de la souffrance, devient un modèle de vertu dans toute l'Europe chrétienne. Dans les *Seniles*, Pétrarque déclare : « [...] ce n'est pas tant pour inciter les dames de notre temps à imiter la patience de cette épouse, qui ne me semble guère imitable, que les lecteurs imiteront au moins la fermeté d'âme de cette femme, afin que ce qu'elle a accordé à son mari, ils l'osent accorder à Dieu[3] ». Ainsi que Job représente la *justitia*, la figure de Griselda est érigée en icône de *patientia*. Son importance dans la culture de la Renaissance est en outre attestée par une intense activité éditoriale : entre le XIVe et le XVIe siècle, le mythe connaît d'innombrables imitations et engendre de multiples commentaires[4].

1 P. Monat, « Une forme de *virtus* accessible aux femmes ? La *Patientia* dans la *Consolation à Grégoria* d'Arnobe le Jeune », *Valeurs dans le stoïcisme, du Portique à nos jours*, Presses universitaires de Lille, 1993, p. 109.

2 *L'histoire de Griselda : une femme exemplaire dans les littératures européennes*, J.-L. Nardonne et H. Lamarque (dir.), Toulouse, Presses universitaires du Mirail, 2000, p. 20.

3 Pétrarque, *Seniles*, XVII, 3, trad. J.-Y. Boriaud, Paris, Les Belles Lettres, 2013, p. 192.

4 Sur cette diffusion, voir R. Morabito, « La diffusione della storia di Griselda dal XIV al XX secolo », *Studi sul Boccaccio*, vol. XVII, 1988, p. 236-285.

Cette tendance naturelle du caractère féminin pour la résistance à la douleur est également mise en relief dans les consolations stoïciennes. Sénèque, dans la *Consolation à Marcia*, ne manque pas de souligner la fermeté de la Romaine : « J'ai été rassuré par votre vigueur d'âme bien connue, et par ce courage dont vous avez donné une éclatante preuve[1] ». Comme pour les héroïnes de Montchrestien, dont nous avons vu qu'elles adoptaient à plusieurs niveaux un « comportement d'homme », Marcia est dotée d'un *ethos* masculin. De même que la femme constante est une *virago*, c'est-à-dire, littéralement, une « femme virile[2] », de même la *virilitas* désigne la qualité de l'être qui, peu importe le sexe, parvient à la maîtrise de soi. Il s'agit là d'un thème cher aux stoïciens. Dans la *Consolation à Helvia*, Sénèque met sa mère en garde contre les « faiblesses ordinaires » de son sexe, y opposant une vigueur toute masculine :

> Tu ne peux donc, pour légitimer ta douleur, alléguer le titre de femme, puisque tu t'es par tes vertus placée en dehors de ton sexe : tu dois rester aussi étrangère à ses larmes que tu ne l'as été à ses vices[3].

De tels portraits de femmes se rencontrent par ailleurs chez les historiens latins. Au chapitre VIII du troisième livre de ses *Faits et dits mémorables*, qui s'intitule précisément « *De la constance* », Valère Maxime raconte avec quel sang-froid Sempronia, femme de Scipion Emilien, supporta l'injure que lui fit subir un tribun de la plèbe :

> Mais toi, devant cet homme qui était un monstre qu'on avait fait sortir de je ne sais quelles ténèbres et dont l'audace exécrable cherchait à usurper une parenté qui ne lui appartenait pas, tu lui as fait faire place nette[4].

Ainsi, Marcia, Helvia et Sempronia sont des exemples vivants de courage, non du courage guerrier, qui est le lot des hommes, mais de ce courage de l'âme, qui donne de l'éclat aux actions. Au XVIe siècle, Guillaume du Vair, dans le *Traité de la constance* (1594), soutient encore la valeur exemplaire de l'endurance féminine :

---

1 Sénèque, *Consolation à Marcia*, I, 1, dans *Dialogues*, III, trad. R. Waltz, Paris, Les Belles Lettres, 1923, p. 12.

2 *Cf.* Genèse 2 :23 : « *dixitque Adam hoc nunc os ex ossibus meis et caro de carne mea haec vocabitur virago quoniam de viro sumpta est.* »

3 Sénèque, *Consolation à Helvia*, XVI, 5, dans *Dialogues*, III, *op. cit.*, p. 83.

4 V. Maxime, *Faits et dits mémorables*, III, VIII, 6, trad. R. Combès, Paris, Les Belles Lettres, 1997, p. 278.

> Je vous rapporterais les exemples des anciens si fréquens que rien plus, non pas d'hommes, mais de femmes mesmes qui ont soutenu de longues et douloureuses maladies avec tant de constance que la douleur leur a plustost emporté la vie que le courage[1].

Il cite le cas de sa propre sœur, qui, dans la maladie, a su montrer « un esprit si entier, un courage si invincible, que ses propos, [...] n'ont esté que consolations à ceux qui la voyoient [...][2] ».

À ces exemples littéraires, il convient enfin d'ajouter les exemples tirés des recueils d'emblèmes du XVIe siècle, dans lesquels la vertu de constance est régulièrement figurée sous les traits d'une femme[3]. En particulier, les ouvrages de Jean-Jacques Boissard (*Emblesmes latins avec l'interprétation Françoise*, 1584-1588) et de Georgette de Montenay (*Emblèmes ou devises chrestiennes*, 1567-1571) contiennent plusieurs gravures présentant la *patientia* en reine majestueuse. Sur l'un d'entre elles, on peut voir Jeanne d'Albert, reine de Navarre (figure de proue du mouvement protestant au milieu du XVIe siècle), s'efforçant de construire pierre par pierre l'édifice du « temple sainct ». La gravure est accompagnée du proverbe *Sapiens mulier aedificat domum*, assimilant la patience à la vertu du sage[4]. Dans les années qui suivent la diffusion de l'*Emblematum liber* (1531) de l'italien Andrea Alciatio en France, l'emblématique acquiert un prestige qui ne le cède en rien à celui de la tragédie. Tout imbibé qu'il était de culture lettrée, Montchrestien devait sans doute connaître ces ouvrages, qui fournissaient un précieux répertoire topique. Ceci expliquerait pourquoi il revient principalement à la femme d'illustrer la vertu de constance dans son théâtre, pourquoi les représentations dont elle fait l'objet y apparaissent si idéologiquement marquées.

En somme, le nombre et la variété de ces exemples donnent à penser que l'idée d'une constance féminine est profondément ancrée dans les mentalités, au point de former un phénomène doxique global, touchant aussi bien à l'illustration et à la philosophie qu'au théâtre et à la morale.

---

1 G. du Vair, *Traité de la constance*, *op. cit.*, p. 91.

2 *Ibid.*, p. 92.

3 Pour une vue d'ensemble, voir D. Russell, *Emblematic Structures in Renaissance French Culture*, Toronto, University of Toronto Press, 1995.

4 Sur une autre gravure, intitulée *Patiens est*, on peut lire les vers suivants : « En contemplant ceste femme, voyez / Que charité est une œuvre excellente. / Qui dit, J'ay foy, sans charité, croyez / Que faussement d'estre Chrestien se vante », G. de Montenay, *Emblèmes ou devises chrestiennes*, Zurich, Christoph Froschover, 1584, p. 112.

On ne saurait trop insister sur le fait que le texte théâtral, par sa qualité de discours, est engagé dans un dialogue avec l'imaginaire social. Les héroïnes de Montchrestien se trouvent au cœur d'un vaste système de représentations ayant partie liée avec la production intellectuelle du temps. Leur valeur n'est jamais cachée, elle s'intègre au langage, se donne comme une évidence. Ce serait donc une erreur que de considérer la mise en scène de la femme constante dans la tragédie de la fin du XVIe siècle comme une allégorie, c'est-à-dire comme une proposition à double sens. Dans la mesure où ce qui est en jeu ici est un principe d'identité, le corps féminin passe pour la manifestation concrète et sensible de la *constantia* dans l'esprit des poètes, et à plus forte raison dans celui du public.

FIG. 2 – Emblème n° 1, *Sapiens mulier aedificat domum*, dans Georgette de Montenay, *Emblèmes ou devises chrestiennes*, Lyon, J. Marcorelle, 1571, f. 1r, BnF.

UNE POÉTIQUE DE L'EXEMPLARITÉ

Ce n'est pas tout de réfléchir à l'aspect symbolique des personnages féminins dans ce théâtre. Il faut encore montrer que la figure de la femme constante s'inscrit chez Montchrestien dans le cadre d'une poétique de l'exemplarité dont le rôle relativement à la finalité édifiante de la tragédie s'avère absolument décisif. En personnifiant une vertu hautement admirable, les figures féminines s'identifient au « projet moral de la tragédie[1] ». Subjectivement et spirituellement, elles favorisent l'élévation du spectateur.

Pour bien comprendre l'importance que revêt le principe d'exemplarité dans le théâtre de la fin du XVIe siècle, il faut s'interroger sur la notion même de « tragique ». Comme la plupart de ses contemporains, Montchrestien a de cette idée une vue bien plus philosophique que dramaturgique. *Les Tragiques* d'Agrippa d'Aubigné, dont la composition remonte aux années 1570, décrit un monde dominé par la prise de conscience du malheur, de la toute-puissance du destin, de l'infortune rattachée à la vie de tout homme. Inséparable de l'action du « parti protestant » au cours des guerres de Religion, l'ouvrage développe une réflexion métaphysique ayant pour objet la connaissance rationnelle des causes de l'univers, et en particulier les raisons de l'existence du mal. Frank Lestringant a montré comment les conceptions poétiques de d'Aubigné se rapprochaient de celles de dramaturges comme Jean de La Taille[2]. Le thème d'une vision « tragique » du monde « trouve sa justification dans l'efficacité rhétorique de l'image[3] » ; il puise sa force dans une juxtaposition d'*ekphraseis* qui agissent autant sur l'esprit que sur l'affect du lecteur. Cette contemplation visuelle, estime le spécialiste,

1 F. Charpentier, *Pour une lecture de la tragédie humaniste*, *op. cit.*, p. 46.

2 « Si tant est qu'un tel projet s'applique aux *Tragiques* de d'Aubigné, l'on remarque que l'effet recherché est alors de substituer à la conviction un véritable possession. Par le truchement des sens, que la tragédie gouverne à son gré, l'imagination entraîne à sa suite le jugement et lui fait recevoir un contenu didactique dont il se détournerait de prime abord. De toute évidence, l'œuvre albinéenne respecte le schéma progressif, discontinu et contrastif que recommande Jean de La Taille », F. Lestringant, *Lire* Les Tragiques *d'Agrippa d'Aubigné*, Paris, Classiques Garnier, 2013, p. 66.

3 *Ibid.*, p. 69.

serait absolument nécessaire à la réalisation du *docere*, « incapable de s'imposer de [lui]-même à l'attention d'un siècle perverti et devenu sourd aux enseignements du Christ [...][1] ». Aussi retrouve-t-on chez Montchrestien le même souci pour une scénographie organisée en tableaux dramatiques. À la différence qu'au lieu de faire appel à une série de figures actives (*imagines agentes*), celle-ci se manifeste par un statisme sur le plan de l'action, une tendance marquée pour les longues tirades et les commentaires spéculatifs, bref, par un style hautement didactique.

Nous l'avons vu, la finalité instructive dans des tragédies comme *Sophonisbe* ou *La Reine d'Écosse* repose sur une pédagogie des passions fortement inspirée de la philosophie du Portique. Cela se signale par un vocabulaire, une série d'images (le bateau naviguant sur une mer déchainée, la balance, la roue de Fortune, etc.), mais aussi par une rhétorique sentencieuse qui enjoint à la maîtrise de soi. Selon Françoise Charpentier, le nombre élevé d'aphorismes chez Montchrestien ferait de lui le dramaturge « le plus "sentencieux" de la génération théâtrale du second tiers du siècle[2] ». Effectivement, si l'on procède à une comparaison avec les pièces de Garnier, on s'aperçoit que la proportion de sentences augmente considérablement de l'un à l'autre. Alors qu'elles représentaient environ 12,5 % de l'ensemble de la tragédie des *Juifves*, elles grimpent à 27 % dans *La Carthaginoise*[3]. C'est là une inflation notable, qui indique combien sont sollicitées les techniques oratoires sur la scène de la Renaissance tardive. D'une tragédie où l'instruction est subordonnée aux effets pathétiques, on glisse progressivement vers une tragédie de la « conscience pédagogique[4] », où la préférence est accordée aux discours et aux délibérations philosophiques.

De manière plus significative encore, l'abondance de sentences dans le théâtre de Montchrestien traduit une certaine conception du spectacle tragique. Avec lui, la tragédie « va vouloir se faire consciemment exemplaire [...][5] ». Ce projet est formulé dans les pièces liminaires de son théâtre, où toute la question du « plaisir » de la représentation est occultée au profit de son utilité. Anticipant sur la célèbre définition

1 *Ibid.*, p. 65.
2 F. Charpentier, *Pour une lecture de la tragédie humaniste*, *op. cit.*, p. 53.
3 *Ibid.*, p. 54.
4 *Ibid.*, p. 51.
5 *Ibid.*, p. 48.

de l'abbé d'Aubignac, l'auteur affirme que la tragédie est une « escole ouverte à tous venans, où l'on apprend à mespriser les choses grandes de ce monde, [...] et à tenir droite la raison parmi les flots et tempestes de la vie [...][1] ». L'image de l'« école », qui n'est pas sans rappeler les origines « scolaires » de la tragédie renaissante, est reprise dans les *Stances sur les tragédies d'Antoine de Montchrestien* rédigées par Brinon de Beaumartin, auteur lui-même de trois tragédies :

> Digne Ecolle des Roys s'ils y vouloient apprendre !
> Belle leçon des Grands s'ils la sçavoient comprendre[2] !

On ne saurait affirmer plus clairement la double dimension aristocratique et pédagogique de la tragédie. Le théâtre de Montchrestien s'adresse au roi, aux nobles, aux personnages de haute condition. Il suppose une portée générale, prétend à l'universalité. Le dramaturge décrit pour le prince les qualités d'une grande âme, afin d'éveiller en lui le goût de la vertu :

> C'est d'une émulation des actions genereuses que sont éveillées, nourries et fortifiées en nos ames ces estincelles de bonté, de prudence et de valeur, qui comme un feu divin son meslées en leur essence[3].

En dédiant son *Art de la tragédie* à la « Très haute princesse Henriette de Clèves », Jean de la Taille avance l'idée que l'aristocratie est susceptible de trouver dans la tragédie « une infinité de choses utiles[4] ». À son tour, Garnier, dans la dédicace des *Juifves* adressée au duc de Joyeuse, souligne qu'il s'agit d'« [...] un sujet delectable, & de bonne & saincte edification ». Ce principe d'exemplarité est depuis les premières tragédies humanistes un trait distinctif du genre. Mais il revient à Montchrestien, plus qu'à ses prédécesseurs, de l'avoir théorisé et intégré systématiquement à sa poétique. Les tragédies,

> [...] pour le seul respect de leur subjet, ne meritent moins d'estre leües des Princes, nés et nourris aux lettres et à la vertu, que d'autres livres qui portent des tiltres plus specieux et plus serieux en apparence[5].

1 A. Montchrestien, « Dédicace au prince de Condé », dans *Les Tragédies*, éd. citée, p. VI.
2 Brinon, « Stances sur les tragédies d'Antoine de Montchrestien », dans *Les Tragédies*, éd. citée, p. VIII.
3 A. Montchrestien, « Dédicace au prince de Condé », *op. cit.*, p. VI.
4 J. de La Taille, *De l'Art de la Tragédie*, *op. cit.*, p. 11.
5 A. Montchrestien, « Dédicace au prince de Condé », *op. cit.*, p. XLVIII.

Un certain Bosquet, que F. Charpentier croit être un ministre de l'Église Réformée de Caen, résume en quelques vers le projet de Montchrestien :

> Il a voulu monter sur la Tragique Scène,
> Et chanter l'incertain de la grandeur humaine, [...]
> Enseigner les vertus, et les vices reprendre,
> Afin de n'estre veu seulement bien-disant,
> Mais aussi que chacun profite en le lisant[1].

Or, cette vertu que chacun est invité à embrasser, qu'est-ce sinon la *constantia*, pivot autour duquel s'articule l'éthique stoïcienne ? Le « profit » dont parle Bosquet, qu'est-ce sinon un affermissement du jugement qui protège contre les passions ? Ici intervient la figure de la femme constante. Instituée en exemple, cette dernière se rapproche de l'*exemplar*, au sens où l'entend la tradition rhétorique depuis Quintilien : une preuve de nature inductive qui repose sur l'illustration d'un modèle[2]. L'argument est le suivant, celui-là même qui sous-tend la démarche des apologistes du sexe féminin : plus la tragédie met en scène un caractère qui s'éloigne des stéréotypes, plus elle étonne, plus elle subjugue, et par là fournit au spectateur une matière « exemplaire ». Dans son ouvrage intitulé *Argumentaires de l'une et l'autre espèces de femme*, Marie-Claude Malenfant a bien analysé la façon dont l'*exemplum* dans les discours littéraires sur la femme au XVIe siècle repose sur une logique de la réversibilité, laquelle découle de la valeur contradictoire de la nature féminine[3]. L'*exemplar* de la femme constante frappe l'imagination, emporte avec lui l'adhésion du destinataire, précisément parce qu'il

---

1 Bosquet, « Sur les tragédies de Monsieur de Montchrestien », dans *Les Tragédies*, *op. cit.*, p. XVI.

2 La différence entre l'*exemplum* et l'*exemplar* réside dans leur fonction discursive. Dans un contexte d'argumentation, l'*exemplum* peut prouver ou orner une cause, mais n'implique pas nécessairement et obligatoirement l'idée d'exemplarité. L'*exemplar*, quant à lui, est employé dans un contexte d'exhortation ou de dissuasion. « Il s'agit d'un emploi spécialisé de l'*exemplum*, qui correspond à une visée délibérative ou didactique », M.-C. Malenfant, *Argumentaires de l'une et de l'autre espèces de femme. Le statut de l'*exemplum *dans les discours littéraires sur la femme (1500-1550)*, Québec, Presses de l'Université Laval, 2003, p. 48.

3 « De fait, les discours sur la femme s'avèrent particulièrement appropriés à l'étude du statut de l'*exemplum* dans la mesure où il mettent en présence une tradition endoxale, fortement codifiée, peu à peu concurrencée par une tradition paradoxale qui, en tenant de démontrer la supériorité de la femme sur l'homme, constitue la réplique *au* et *du* discours qui lui est antérieur », *ibid.*, p. 2.

renverse les idées reçues et contredit le discours commun. Il tire sa puissance de son statut paradoxal. Ainsi en est-il des personnages féminins dans le théâtre de Montchrestien. En incarnant exactement le contraire de la femme volage, de la femme sujette à la passion, ces héroïnes se présentent comme des parangons de vertu, « chose[s] si excellemment parfaicte[s], qu'elle [sont] comme une idée, un sep et estelon à toutes les autres de son espèce, et lesquelles on rapporte à luy, pour sçavoir à quel degré de perfection elles atteignent[1] ».

Les Lacènes, dernière tragédie de Montchrestien, met en scène de manière particulièrement éloquente ce mécanisme d'inversion par lequel l'*ethos* féminin acquiert le statut d'*exemplar*. Tout au long de cette pièce, les personnages féminins sont représentés suivant le modèle de la déploration, dans des scènes qui rappellent le théâtre de Garnier. S'abandonnant à la passion, elles n'ont de cesse de se lamenter, de plaindre leur sort, de dénoncer la cruauté dont elles sont victimes. Néanmoins, face au courage de leurs époux, elles finissent par adopter une posture héroïque et décident de se donner la mort avec une constance qui ne manque pas de susciter l'étonnement :

> Patience admirable et digne de louange !
> Exemple de courage, et certes bien estrange
> En ce sexe tenu si capable d'effroy [...].
> Je vien d'y contempler tant et tant de constance,
> Qu'à mes propres yeux mesme à peine ay-je creance,
> Et que je sen mes sens de merveille abatus [...][2].

Le Messager est surpris par tant de courage, parce qu'un tel caractère va contre le tempérament ordinaire des femmes. Mais il n'en est pas moins édifié. La constance des Lacènes est d'autant plus étonnante qu'elle est féminine ; elle est d'autant plus admirable qu'on la trouve là où on ne l'attendait pas. Au final, la permutation des énoncés du discours endoxal[3] débouche sur une promotion de l'image de la femme, une forme d'exemplarité dont se sert le dramaturge afin d'interpeller son public :

---

1 J. Nicot *Thresor de la langue française*, 1606, cité par M.-C. Malenfant, *ibid.*, p. 54.

2 A. Montchrestien, *Les Lacènes*, dans *Les Tragédies de Montchrestien*, éd. citée, v. 1657-1665.

3 « Est endoxal ce à quoi tous s'attendent [...] », Aristote, *Topiques*, I, 1, 100b18, trad. M. Dufour, Paris, Les Belles Lettres, 1931.

> Tu peux y voir combien la discipline augmente le courage, et combien le courage honore la discipline. Et d'avantage encor, comme les femmes qu'on estime naturellement timides, à l'imitation de leurs maris et parents font paroistre une constance qui ne cède en rien à celle des hommes plus généreux[1].

Annonçant les héroïnes de Corneille, les Lacènes sont la preuve éclatante que la constance est une vertu qui transcende la barrière des sexes. En elles s'accomplit un des buts du spectacle tragique, tel qu'a pu le concevoir un poète comme Montchrestien : le *docere*, l'instruction morale, ou l'élévation des esprits.

1 A. Montchrestien, « Au lecteur », *Les Lacènes*, dans *Les Tragédies*, éd. citée p. 298.

LA PUDEUR

J'admire ton esprit, ta grâce, ton adresse,
Mais j'admire encor plus ta pudeur, ta
[sagesse [...][1].

Ce qui distingue le plus la tragédie renaissante de la tragédie classique n'est peut-être pas tant la question des règles – lesquelles d'ailleurs n'étaient pas complètement ignorées des poètes humanistes – que celle de la bienséance. L'hypothèse développée au chapitre II nous avait conduit à affirmer que les dramaturges du premier tiers du XVIIe siècle voyaient dans la figure de la femme charmante un moyen de plaire au public. Il convient maintenant d'ajouter que les sentiments honnêtes et civils mis en scène dans le théâtre tragique des années 1640-1650 ont leur rôle à jouer dans la délectation du spectateur (*delectare*). Tous les théoriciens de l'âge classique, cela est bien connu, insistent sur la nécessité de respecter les bienséances dans les mœurs et les caractères représentés. Ils en feront une exigence incontournable, à laquelle nul ne pourra plus déroger, à défaut de quoi la sensibilité des honnêtes gens s'en trouverait immédiatement blessée.

Le progrès des civilités qui caractérise les premières décennies du XVIIe siècle est particulièrement observable dans la progression du seuil de la pudeur. L'historien et sociologue Norbert Élias a analysé la façon dont la curialisation de la couche supérieure de la société à partir du bas Moyen Âge entraîne une rationalisation des comportements : « Plus la dépendance des hommes vis-à-vis de leurs semblables s'accroît, et plus ils [les courtisans] prennent l'habitude de s'observer réciproquement[2] ». De cette tension résulte un sentiment de plus en plus aigu d'inconfort

1 G. Gilbert, *Sémiramis, tragédie*, Paris, A. Courbé, 1647, acte II, sc. 4.
2 N. Élias, *La dynamique de l'Occident*, Paris, Calmann-Lévy, 1975, p. 275.

face à tout ce qui a trait à la vie personnelle et intime. À mesure que se resserrent les chaînes d'interdépendances, la pudeur se précise, adoptant pour premières règles la censure et l'autocontrainte.

Au théâtre, les personnages féminins se sont très rapidement imposés comme les « représentants » des nouvelles normes en matière de comportement. Dès les années 1620 se multiplient les héroïnes au caractère marqué par la retenue et la continence, et dont l'*ethos* incarne un idéal féminin reposant non plus sur la vertu de piété ou de constance, mais bien sur celle de modestie. En vérité, cette association n'a rien de surprenant si l'on examine le discours sur la femme dans le deuxième tiers du XVIIe siècle. Dans le cadre de la préciosité, la pudeur apparaît comme un élément constitutif de l'honnêteté féminine, telle que la définissent un Nicolas Faret ou un Jacques Du Bosc. Mais le phénomène ne se limite pas au champ de la morale. Parce qu'elle engage la notion de *decorum*, la pudeur féminine accuse une parfaite symétrie avec les règles de bienséance qui se répandent au théâtre à partir des années 1630 ; elle est au cœur d'une dramaturgie basée sur la grâce des manières et la pureté des sentiments[1]. Pour La Mesnardière, il ne fait aucun doute que la délicatesse des femmes confère à la scène sa dignité. Pour d'Aubignac, elle la rend « conforme aux mœurs […] des spectateurs[2] ». Aussi, on ne se tromperait guère en affirmant que la jouissance du spectateur repose, à l'aube du classicisme, sur la vision douce et aimable de cette circonspection toute féminine.

---

1 Rappelons la définition classique de Jacques Scherer, qui fait écho à l'énoncé de d'Aubignac : « La bienséance est une exigence d'ordre moral ; elle demande que la pièce de théâtre ne choque pas les goûts, les idées morales, ou, si l'on veut, les préjugés du public », *La dramaturgie classique*, Paris, Nizet, 1950, p. 383. On ne doit pas confondre cette notion avec celle de convenance, qui concerne la conformité du personnage avec ce qui fonde typiquement son caractère. J. Scherer cite Marmontel à ce propos : « Lorsqu'on a fait parler et agir un personnage comme il aurait agi et parlé dans son temps, on a observé les convenances », *loc. cit.*

2 D'Aubignac, *La Pratique du théâtre*, éd. H. Baby, Paris, Champion, 2001, p. 276.

LES HÉROÏNES DE LA PUDEUR

De même que l'*Astrée* d'Honoré d'Urfé marqua profondément le roman pastoral dans la première moitié du XVIIe siècle, *Les Amours tragiques de Pyrame et Thisbé* (1623), unique tragédie de Théophile de Viau, exerça au moins jusqu'à Racine une influence durable sur le théâtre dit « galant[1] ». Cette pièce réunit tous les traits qui définiront la tragédie des années 1650. Elle est la première, en effet, à mêler le discours tragique au code de la galanterie[2]. Pyrame aime tendrement Thisbé, mais il a comme rival le roi Narbal, qui s'interpose entre les deux amants. C'est donc en cachette qu'il reçoit d'elle des promesses de fidélité, jusqu'à ce que, la croyant morte, il expire d'amour sur les lieux de leur union. Toute la tragédie est remplie de ces sentiments doucereux et de ces rêves pastoraux qui caractérisent les figurations galantes. Dans ce type de pièce, la femme est le personnage central. En continuité avec la tradition de l'amour courtois, et en particulier avec le modèle institué par le mythe de Tristan et Iseult, c'est vers elle que tend toute la quête du héros. Le raffinement du langage, tout comme l'élégance des manières, sont des marques d'affabilité qu'exige sa présence, et par lesquelles le galant entend lui plaire.

Par ailleurs, la tragédie de Théophile introduit la distinction, observée par Furetière, entre la pudeur et la pudicité. Le mot « pudeur », au XVIIe siècle, conformément à son étymologie (*pudor*), renvoie en premier à l'honnêteté, à la retenue ; c'est la gêne ou la « honte naturelle qu'on a de faire quelque chose de déshonnête, ou de mauvais[3] ». De son côté, la

1 Selon C. Barbafieri, les critères qui permettraient de définir ce qu'est une tragédie « galante » se trouvent invalidés dès lors que la notion même de galanterie « n'est nullement comprise comme une norme inflexible », *Atrée et Céladon : La galanterie dans le théâtre tragique de la France classique (1634-1702)*, Rennes, Presses universitaires de Rennes, 2001, p. 30. Tout au plus, avance l'auteur, pouvons-nous parler de « tentation galante » pour désigner le phénomène par lequel la galanterie pénètre progressivement la dramaturgie tragique dans le deuxième tiers du XVIIe siècle.

2 Sur l'importance du modèle galant en littérature, voir entre autres les ouvrages de D. Denis, *Le Parnasse galant. Institution d'une catégorie littéraire au XVIIe siècle*, Paris, Champion, 2001, et d'A. Viala, *La France galante*, Paris, PUF, 2008.

3 A. Furetière, *Dictionnaire universel*, La Haye/Rotterdam, Arnout et R. Leers, 1690, t. III, p. 398.

pudicité (*pudicita*) concerne la chasteté, la pureté des mœurs : « vertu, dit Furetière, qui fait abstenir des plaisirs illicites[1] ». L'une et l'autre définitions se rapportent à la notion de bienséance (cela explique pourquoi les deux mots sont souvent employés comme synonymes dans le théâtre de l'époque). Elles servent à désigner, d'une part, une posture basée sur le principe de modestie, d'autre part, un contrat de fidélité conjugale s'appliquant à la sphère domestique. Enfin, dans son sens général, la pudeur au XVIIe siècle fonde le respect de la personne soumise au jugement collectif[2].

Aussi, quand Thisbé s'écrie : « Dieux ! que je suis timide ! » (v. 1148), c'est à sa pudeur et non à sa pudicité qu'elle fait référence. Thisbé est amoureuse de Pyrame, mais la décence lui défend d'avouer ouvertement son inclination. Cette réserve, qui oblige à toutes sortes de circonlocutions typiques du langage galant, détermine le caractère de l'héroïne. En témoigne son hésitation lorsque vient le temps de livrer son secret :

> [Mon amour],
> Je ne le dis qu'à vous, ruisseaux, antres, forests,
> A qui mesme Diane a commis ses secrets[3].

Dans cette scène où Thisbé confie sa passion à Bersiane, sa servante, l'héroïne apprend la pudeur à laquelle est astreint son sexe. Une jeune fille ne saurait souffrir qu'on lui parle effrontément d'amour. Elle ne doit jamais prêter l'oreille aux mots doux qu'on lui murmure, et

> Sur tout de bien deffendre, et l'esprit, et les yeux,
> Des pointes dont Amour un jeune sang reveille [...][4].

Pyrame aura beau se faire insistant, la conscience qu'a Thisbé de son devoir de discrétion l'empêche de donner libre cours à son sentiment. Il en va, dira Bersiane, de l'honneur comme de la vie. De sorte que si la témérité résume le comportement de l'amant dans cette tragédie, le jeu de la maîtresse y apparaît tout du long fidèle au stéréotype de la femme discrète et pudique.

---

1 *Loc. cit.*

2 Voir J.-F. Thomas, « *Pudicitia, impudicitia, impudentia* dans leurs relations avec *pudor* : étude sémantique », *Revista de Estudios Latinos*, n° 5, 2005, p. 53-73.

3 T. de Viau, *Les Amours tragiques de Pyrame et Thisbé*, dans *Œuvres poétiques*, éd. G. Saba, Paris, Classiques Garnier, 2008, v. 937-938.

4 *Ibid.*, v. 413-414.

Certes, les héros de Théophile, tout soucieux de l'honneur qu'ils paraissent, ne sont pas les héros chastes du roman d'Urfé. Ils transgressent rapidement les interdits que la bienséance impose pour s'avouer leur amour sans contrainte. La situation est quelque peu différente dans *Les Amours de Diane et d'Endimion* de Gabriel Gilbert (1657), tragédie dont le titre rappelle celle de son prédécesseur, et où le ton de la courtoisie est donné dès le prologue. Dans un décor qui s'inspire de l'univers pastoral, Amour paraît sur scène, racontant de quelle flèche il piqua le cœur de Diane pour le berger Endimion :

> Entre Amants il n'est plus ny grandeur ni bassesse,
> Je scay rendre un berger digne d'une Deesse[1].

Comme chez Théophile, le code de la galanterie permet de niveler les différences de conditions. Et la première loi de ce code, que maîtrise parfaitement Endimion, n'est autre que le respect de la pudeur :

> Son respect qui s'accorde avec ma modestie
> M'apprend que mon amour naist de la sympathie[2],

affirme Diane à la Nuict. Puis d'ajouter :

> Ainsi votre pudeur à vos désirs contraire,
> S'oppose constamment à ce qui peut vous plaire[3].

Diane éprouve bel et bien de l'amour pour Endimion, mais elle a « trop de retenuë » pour le lui avouer. Ceci explique un discours alambiqué et parsemé d'équivoques, qui trouve sa justification dans les normes sociales : « Il ne faut jamais qu'une femme fasse entendre de sa propre bouche à un homme qu'elle a de l'amour pour lui[4] », écrit l'abbé d'Aubignac dans *La Pratique du Théâtre*, énonçant un principe ayant ici valeur de règle dramaturgique.

De son côté, Endimion oscille entre l'obligeance et la hardiesse. Il aborde Diane « avec grâce », multipliant les « petites façons » :

1 G. Gilbert, *Les Amours de Diane et d'Endimion*, Paris, G. de Luyne, 1657, acte I, sc. 1.
2 *Loc. cit.*
3 *Loc. cit.*
4 D'Aubignac, *La Pratique du Théâtre*, *op. cit.*, p. 167.

Ah ! Diane, je scay que je suis téméraire,
Quand j'ose vous aimer, ou m'efforce à vous plaire[1].

Mesurée, par crainte d'une trop grande audace, sa conduite paraît calquée sur celle décrite dans le traité intitulé *L'Art de plaire* (1656) :

Déclarer son amour est un grand coup d'éclat,
Il faut pour ce chef-d'œuvre un esprit délicat,
Il faut pour épargner la pudeur d'une Dame
En des termes obscurs luy découvrir sa flamme[2].

La scène II de l'acte premier offre un bel exemple des détours et précautions auxquels est contraint l'amant. Peinant à contenir son enthousiasme, Endimion relate sa rencontre avec la déesse :

Je l'aborde en tremblant de crainte et de respect, [...]
Sur un lit de gazon me fait seoir auprès d'elle,
Et pour mieux rasseurer mes timides esprits,
Mêle à son entretien d'agréables souris.
Le Dieu qui me fait voir sa belle gorge nuë,
Et semble m'accuser de trop de retenuë,
Par un beau mouvement m'inspire le dessein,
De luy prendre une fleur qu'elle avait dans le sein :
Ma main s'avançant trop la sienne me repousse,
Mais d'un air si touchant, d'une façon si douce,
Que je vis qu'elle estoit sensible à mon désir[3].

Conquis de haute lutte, le titre d'« amant » ne désigne pas que l'état amoureux. Il vient avec des obligations, au premier rang desquelles se trouve la délicatesse, qui pourrait se définir dans cette tragédie comme une tendre et respectueuse affection. Le héros ne forcera pas les confidences de Diane. Il attendra patiemment qu'elle se découvre, qu'elle échappe par mégarde quelque preuve d'amour, suivant la culture du secret qu'affectionne la société mondaine.

Cet aveu, il viendra à l'acte III. En accord avec les interdits qui pèsent sur son sexe, Diane procède par sous-entendu. Toutefois elle en révèle suffisamment pour qu'Endimion devine le désir qui l'anime :

1 G. Gilbert, *Les Amours de Diane et d'Endimion*, *op. cit.*, acte II, sc. 2.
2 G. Gilbert, *L'Art de plaire*, Paris, G. de Luyne, 1656, p. 34.
3 G. Gilbert, *Les Amours de Diane et d'Endimion*, *op. cit.*, acte I, sc. 2.

Voy la pudeur qui luit sur mon visage
Et ne m'oblige pas d'en dire davantage,
Je t'ay trop découvert mes secrets sentiments[1].

Au même titre que les passions, la pudeur possède son lot de manifestations physiques. Pour la contempler, il suffit de porter les yeux au visage, là où elle loge, s'inscrivant dans les traits, leur donnant un air de pureté qui contribue à la grâce de l'ensemble. « Une jeune pudeur, écrit Fénelon, ajoute un grand éclat à un beau visage[2] ». D'où la thématique de la rougeur, si importante dans le théâtre de l'époque, et censée traduire le sentiment de gêne. Ainsi, lorsque Apollon révèle son amour incestueux pour sa sœur, « [...] Diane rougit, et paroist étonnée[3] ». De même, à l'acte II, après qu'Endimion lui eut demandé un baiser, l'héroïne ne peut cacher le « feu » qui lui monte à la figure.

Ces épisodes de galanterie abondent dans la littérature tragique du XVIIe siècle. Avec Gabriel Gilbert, Isaac de Benserade et Philippe Quinault sont les principaux représentants de ce courant qui tente de concilier un « idéal de douceur » avec le style héroïque de la tragédie[4]. Dans ces pièces, les héros meurent, mais ils meurent en galants. Toute leur gloire leur vient, ni de la constance, ni du courage, mais du fait d'aimer, et surtout d'être aimé. Si bien qu'Endimion, à l'approche de la mort, « loin de se plaindre »,

Voit d'un œil satisfait les mortelles blessures,
Dit qu'il est trop heureux de les souffrir [...][5].

Ce sont à peu près les mots de Clindor s'adressant à Isabelle dans l'*Illusion comique* :

Isabelle, je meurs pour vous avoir servie ;
Et de quelque tranchant que je souffre les coups,
Je meurs trop glorieux, puisque je meurs pour vous[6].

1 *Ibid.*, acte, III, sc. 4.
2 Cité par A. Furetière, *Dictionnaire universel*, *op. cit.*, t. III, p. 398.
3 G. Gilbert, *Les Amours de Diane et d'Endimion*, *op. cit.*, acte II, sc. 3.
4 Sur cette conciliation, voir I. M. Richmond, *Héroïsme et galanterie. L'abbé de Pure, témoin d'une crise*, Sherbrooke, Naaman, 1977.
5 G. Gilbert, *Les Amours de Diane et d'Endimion*, *op. cit.*, acte V, sc. 4.
6 P. Corneille, *L'Illusion comique*, acte IV, scène 7.

Or, à la différence du héros de Corneille, qui se situe dans une perspective « proto-héroïque », Endimion n'est jamais qu'un aimable soupirant, fier d'offrir sa vie en gage de sa fidélité. La galanterie n'existe pour lui qu'en rapport avec la pudeur féminine, qui en délimite les contours et en précise les pratiques : « La galanterie, comme honnêteté tournée en dernier lieu vers le beau sexe, s'ente donc sur les civilités, soit qu'elle les respecte au pied de la lettre, soit au contraire qu'elle s'amuse à les subvertir [...][1] ». N'est galant que celui qui fréquente les dames : tel est le dogme dont les héros de Gilbert se réclament, et qui s'actualise au travers d'un ensemble de comportements socialement et culturellement codifiés.

Si Lucrèce n'est pas exactement une « héroïne de la pudeur », au sens où l'entend Gabriel Gilbert, c'est parce que sa vertu réside davantage dans la pudicité que dans la retenue, encore qu'il n'existe aucune contradiction entre ces deux termes. Depuis les Anciens, en effet, l'historiographie a fait de Lucrèce une femme célèbre pour sa chasteté. Plutarque, dans *Les Vertueux faicts de femmes*, mentionne le suicide de la Romaine comme une preuve de sa pureté. À son tour, La Mesnardière, dans sa *Poétique*, souligne la fidélité exemplaire du personnage[2]. Enfin, Furetière, lorsqu'il définit le terme « pudicité », donne l'exemple de Lucrèce outragée par les Tarquin[3]. La tragédie de Pierre du Ryer, *Lucrèce* (1638), ne déroge pas à cette tradition. Elle présente, suivant le récit de Tite-Live, une femme tout entière préoccupée par la sauvegarde de son honneur, qui pour elle passe par le devoir sacré du mariage. Aussi la *pudicitas* joue-t-elle un rôle central dans cette pièce : nœud de l'action dramatique, elle en assure la moralité, maintenant les caractères féminins à l'intérieur du cadre prescrit par les convenances.

Ce qui ne veut pas dire que cette tragédie soit exempte de mœurs déshonnêtes. Le viol, bien qu'il ne soit pas représenté, pose entre autres un problème de bienséance très grave. C'est même là une des raisons qui

1 C. Barbafieri, *Atrée et Céladon*, *op. cit.*, p. 29.

2 « Nous trouvons dans les Histoires, quatre ou cinq Femmes illustres par leurs chastes inclinations ; Pénélope entre les Grecs, Lucrèce parmi les Romains, Arthémise dans la Carie, Mariane parmi les Juifs, et Panthée chez les Susiens », La Mesnardière, *La Poétique*, Paris, A. Sommaville, 1639, p. 115.

3 « Les Tarquin furent chassés de Rome pour avoir attenté à la pudicité de Lucrèce », A. Furetière, *Dictionnaire universel*, *op. cit.*, t. III, p. 398.

explique l'échec de la pièce, pensait d'Aubignac : « [Le sujet] a donné de l'horreur à la Cour de France, et cette tragédie, quoy que soustenuë de beaux vers et de nobles incidens, fut generalement condamnée[1] ». En particulier, le personnage de Tarquin choque par son immoralité monstrueuse. Il n'y a pas jusqu'aux pires forfaits qu'il n'imagine afin de parvenir à ses fins :

> La femme n'est pudique et ne s'en peut vanter,
> Que lors qu'elle a dompté ce qui la put dompter.
> Osons donc toute chose, et donnons à Lucrèce
> De quoi nous faire voir sa force ou sa faiblesse[2].

Il prononce ces vers avec perfidie, et ce, malgré les avertissements de Brute, qui lui déconseille une telle entreprise :

> Peut-estre en assaillant cette pudicité
> Vous dressez une embusche à vostre liberté [...],
> Elle resistera, l'on n'en sçauroit douter [...][3].

Cette femme est « si chaste et si belle » (v. 679), que jamais de la fidélité elle n'oserait « prophan[er] le Temple » (v. 908). Elle n'a d'amour que pour l'honneur, renchérit Brute, et de respect que pour l'hymen :

> Nous attaquons en vain cette beauté supresme,
> C'est un fort imprenable et gardé par soi-mesme.
> Elle est belle, elle est chaste, et par de saints efforts
> La beauté de l'esprit deffend celle du corps[4].

Hélas, loin de le freiner dans son élan, cette vertu « sans exemple » (v. 923) ne fait qu'accroître la volonté de Tarquin de posséder Lucrèce. Plus il se bute aux refus répétés de l'héroïne, plus intense devient sa « flamme insensée » (v. 501) :

> Que sa pudicité soit plus forte que moi,
> Mon feu trop violent ne trouve rien à craindre [...][5].

---

1 D'Aubignac, *La Pratique du Théâtre*, *op. cit.*, p. 189.
2 P. du Ryer, *Lucrèce*, éd. J. Gaines et P. Gethner, Genève, Droz, 1994, v. 309-312.
3 *Ibid.*, v. 349-350, 353.
4 *Ibid.*, v. 967-970.
5 *Ibid.*, v. 430-431.

Finalement, Tarquin passe à l'acte à la fin de la pièce. Il prend Lucrèce de force, puis, non satisfait d'avoir obtenu ce qu'il désirait, menace de ruiner sa réputation et d'exposer publiquement son impudicité. C'est plus qu'il n'en faut pour pousser la malheureuse au suicide :

> Je mourrai bien plustot qu'une amour inhumaine
> Fasse d'une Lucrèce une impudique Hélène[1].

Quand bien même le corps serait « prophané » (v. 1426), la conscience demeure pure, à condition qu'elle quitte cette « infame terre » (v. 1444). Le raisonnement est d'une nature analogue à celui qui avait conduit Didon au bûcher, sauf que cette fois, l'héroïne ne prend plus une part active à son malheur : elle est une pauvre et innocente victime. Prisant la chasteté mille fois plus que la vie, la Romaine désire au travers de la mort s'affranchir de sa chair, de façon à conserver son cœur pur et son « ame nette » (v. 1355) :

> Adieu, je meurs au moins avec cette allégresse
> Que pour vivre pudique, il faut suivre Lucrèce[2].

Sans doute, Lucrèce n'est pas la seule femme de l'histoire antique à se sacrifier sur l'autel de la chasteté. Mais elle est assurément la plus célèbre. Sa vie inspirera de nombreux dramaturges, et notamment Gabriel Gilbert, qui prête à ses personnages féminins un même caractère de pudicité exemplaire. Le souvenir de Ménon lui rappelant constamment son devoir conjugal, Sémiramis ne peut souffrir le discours amoureux de Ninus :

> Seigneur, finissez ce langage,
> Mon honneur me deffend d'en ouïr davantage[3].

De son côté, le personnage de Sosarme, fille du roi d'Assyrie, s'exprime avec prudence. La plus grande timidité entoure le dévoilement de son amour à Ménon :

> La pudeur m'empeschoit d'en dire davantage,
> Et d'un voile de feu couvrit mon visage[4].

1 *Ibid.*, v. 1139-1140.
2 *Ibid.*, v. 1459-1460.
3 G. Gilbert, *Sémiramis*, éd. citée, acte II, sc. 2.
4 *Ibid.*, acte III, sc. 1.

Enfin, le comportement de l'une et de l'autre signale une loi générale de ce théâtre : l'amour d'une femme n'est bienséant que s'il respecte la pudeur.

> Je n'ay plus contre moy que ma seule pudeur
> Ah mon sexe souffrez qu'apres un long silence
> J'accorde enfin l'amour avec la bienséance[1].

À l'instar de Pénélope, icône de la chasteté, les personnages de Lucrèce et de Sémiramis se présentent donc comme les championnes des valeurs féminines traditionnelles, influant par là sur le statut même de la scène. Au niveau dramaturgique, il est certain que l'élévation éthique subie par ces héroïnes les place dans une position de domination par rapport aux personnages masculins. Leur mérite exceptionnel empiète sur celui des hommes. Mais plus encore, au niveau moral, la probité dont elles font montre crédite la scène d'une forme d'honnêteté qui la rend déjà moins suspecte aux yeux du public, à défaut de la légitimer complètement.

Du théâtre « galant », on passe, avec les tragédies de Thomas Corneille et de Philippe Quinault, au théâtre « précieux », si tant est qu'on puisse appliquer ces catégories au théâtre[2]. Il faut rapporter cette mode à l'importance qu'acquiert le public féminin dans les années 1640. Pour le père René Rapin, il ne fait aucun doute que les femmes dictent désormais les tendances générales de la tragédie[3]. Les salons littéraires et les cercles de beaux esprits travaillent à construire un nouvel idéal mondain et esthétique, au centre duquel trônent les dames. Par suite, il ressort de ce théâtre qu'il intègre à sa dramaturgie de nombreux éléments romanesques normalement propres à la tragi-comédie, comme les rebondissements spectaculaires,

1 *Ibid.*, acte II, sc. 4.

2 Voir à ce sujet G. Revaz, « Peut-on parler de tragédie "galante" ? (1656-1667) », *Revue XVIIe siècle*, n° 216, 2002/3, p. 469-484.

3 « La galanterie est davantage selon nos mœurs et nos poètes ont cru ne pouvoir plaire sur le théâtre que par des sentiments doux et tendres ; en quoi ils ont peut-être eu quelque sorte de raison. Car en effet les passions qu'on représente deviennent fades et de nul goût si elles ne sont fondées sur des sentiments conformes à ceux du spectateur. C'est ce qui oblige nos poètes à privilégier si fort la galanterie sur le théâtre, et à tourner tous leurs sujets sur des tendresses outrées, pour plaire davantage aux femmes, qui se sont érigées en arbitres de ces divertissements, et qui ont usurpé le droit d'en décider », R. Rapin, *Réflexions sur la poétique de ce temps et sur les ouvrages des poètes anciens et modernes*, éd. P. Thouvenin, Paris, Champion, 2011, p. 34.

les situations rocambolesques, et surtout les discours amoureux, qui se déclinent en une série de dialogues suaves et langoureux.

Le sujet de *Timocrate* (1656), qui rappelle celui du *Prince déguisé* de Scudéry (1635)[1], est tiré du roman *Cléopâtre* de La Calprenède. Cette tragédie connaît un incroyable succès, le plus important du XVIIe siècle : quatre-vingts représentations en autant de soirs[2]. De l'avis des critiques, il semble que sa facture élégante et raffinée ait plu au public[3]. *Timocrate* est le « type même de la tragédie précieuse », affirme G. Reynier dans son étude sur l'œuvre de Thomas Corneille[4] ; mais c'est aussi, à en juger par sa structure d'ensemble, une tragédie où la pudeur joue un rôle de premier plan. En effet, si la pièce pèche parfois par excès d'invraisemblances, multipliant les péripéties extravagantes et les coups de théâtre, elle observe avec une stricte obédience les règles de la bienséance. L'amour que voue Cléomène à Ériphile, par exemple, ressemble à celui qui unissait Diane et Endymion dans la tragédie de Gilbert. Il commande une soumission totale du héros à sa maîtresse, comme dans la tradition de l'amour courtois le chevalier dépose sa vie aux pieds de sa belle. Aussi bien, toute l'ambition du héros est de se « distinguer de ses rivaux par plus d'art, de grâce et de brillant[5] », bref de plaire, en évitant les gestes ou les paroles susceptibles de choquer la pudeur.

Perspicace, doté d'un esprit subtil autant qu'avisé, Cléomène comprend très bien le rôle qui lui est dévolu. C'est en parfait gentilhomme qu'il se présente devant Ériphile à l'acte II, espérant obtenir d'elle quelques marques d'amour :

1 Pour la comparaison entre ces deux pièces, voir l'introduction qui précède l'édition d'Yves Giraud, Genève, Droz, 1970.

2 Le succès de la tragédie fut tel que le Roi, son frère et la Cour vinrent assister à la représentation au Marais : « ce déplacement constitue un phénomène fort rare, témoignant sans doute d'une curiosité assez vive, piquée par l'engouement du public dès les premières représentations », *ibid.*, p. 11.

3 Ce passage de *La Prétieuse*, de l'abbé de Pure, atteste de la faveur que connut la pièce dans les milieux précieux : « Vous avez veu sans doute, Mesdames, l'incomparable *Timocrate.* Cette pièce a eu tant d'éclat, qu'elle en a mesme donné au Théâtre et aux Acteurs ; la majesté du vers, le caractère des personnages, l'art de l'ouvrier, bref tout ce que l'esprit et l'adresse peut contribuer à un ouvrage y a si bien réussi, que les plus critiques ont donné les mains, et que mesmes les plus jaloux et les plus intéressez ont été contraint d'advoüer que c'estoit la plus belle chose du monde », M. de Pure, *La Prétieuse, ou Le mystère des ruelles*, éd. M. Dufour-Maître, Paris, Champion, 2010, p. 178.

4 G. Reynier, *Thomas Corneille*, Paris, Hachette, 1892, p. 15.

5 *Ibid.*, p. 26.

Non, non, ma passion est assez noble et pure
Pour sçavoir de mon cœur étouffer le murmure,
Quand cette belle ardeur dont l'appas m'est si doux,
Sans me considérer s'attache à vous[1].

Le mot « pudeur » n'est pas prononcé, mais il détermine la conduite du héros. En accord avec la sensibilité précieuse, qui propose une conception « spirituelle » de l'être et du paraître, ce dernier adopte un langage appliqué, fait de métaphores et d'expressions recherchées :

Dans la gêne secrète où cet amour m'expose,
De mon esloignement ne cherchez plus la cause [...][2].

Le scénario est à peu près le même dans *Astrate* (1665) de Philippe Quinault, tragédie où les sentiments amoureux prédominent – ce qui d'ailleurs inspirera une satire à Boileau – et où les héros ne s'avouent leur passion qu'à demi-mot, se livrant à tour de rôle aux périphrases, équivoques et autres manèges de la pudeur. Astrate, en particulier, vit son amour pour Élise dans le secret, mais c'est un secret que trahit tout un langage corporel, et « jusqu'au Silence mesme » (v. 586) :

Je vois que voux sçavez ma temeraire flame ;
On vous a revelé le secret de mon Ame ;
Et de mes seuls regards l'indiscrete langueur,
Vous a pu découvrir l'audace de mon Cœur[3].

Recourant à une rhétorique de l'allusion et du sous-entendu, c'est au moyen de l'antiphrase que l'héroïne, quant à elle, confesse son inclination :

ASTRATE
Me seroit-il permis d'oser me reconnestre ?
M'en desavoüeriez-vous ? Vous vous taisez, helas !
N'ay-je point trop osé ?

ÉLISE
Je ne me tairois pas[4].

---

1 T. Corneille, *Timocrate*, dans *Théâtre du* XVII*e* *siècle*, t. II, éd. J. Scherer et J. Truchet, Paris, Gallimard, coll. « Bibliothèque de la Pléiade », 1986, v. 749-752.

2 *Ibid.*, v. 405-406.

3 P. Quinault, *Astrate*, dans *Théâtre du* XVII*e* *siècle*, t. II, *op. cit.*, v. 578-582.

4 *Ibid.*, v. 682-684.

Certes, la réserve d'Élise s'explique par son statut de reine, qui l'oblige à ne prendre pour amant qu'un homme de rang égal. Mais de manière plus fondamentale, elle apparaît culturellement typée comme une conduite féminine. Ici encore, c'est bien parce qu'elle est femme qu'elle ne peut aimer publiquement Astrate :

> Je sçay qu'à nostre Sexe, il sied bien d'ordinaire,
> De laisser aux Amans les premiers pas à faire,
> De tenir avec soin tout nostre Amour caché,
> D'attendre que l'aveu nous en soit arraché [...][1].

On retrouve dans ces quelques lignes tous les thèmes de l'amour précieux, tel qu'il se développe dans la tragédie des années 1650[2]. Discrète et pudique, la maîtresse doit se laisser courtiser, alimentant de ses refus la flamme de son compagnon. Quant à l'amant, même s'il brûle d'un feu violent, il s'efforcera de se contenir, de ne pas céder à sa passion ni d'offenser la pudeur par son empressement :

> Quelque ardeur qui l'emporte, il doit se retenir [...][3].

Tout écart par rapport à cette norme sera considéré comme une entorse aux convenances, car, ainsi que le rappelait jadis Jacques Scherer dans un ouvrage fondateur, la dramaturgie classique obéit à un principe essentiel de conformité avec les attentes du spectateur. Conséquemment, la pudeur féminine n'est pas qu'un moyen de faire régner la bienséance sur la scène ; elle est le symbole concret par lequel les dramaturges cherchent à coïncider avec la sensibilité du public.

LA FEMME PUDIQUE

« Pudeur : le plus bel ornement de la femme », écrit Flaubert dans son *Dictionnaire des idées reçues*. C'est là un axiome qui se répète

1 *Ibid.*, v. 593-596.

2 Voir J.-M. Pelous, *Amour précieux, amour galant (1654-1675). Essai sur la représentation de l'amour dans la littérature et la société mondaines*, Paris, Klincksieck, 1980.

3 P. Quinault, *Astrate*, éd. citée, v. 604.

inlassablement dans la *doxa* de l'âge classique et qui donne lieu à une quantité non négligeable de pratiques discursives. Précisons toutefois que l'usage, au XVIIe siècle, distingue deux formes de pudeur, dont les sens recoupent à peu près ceux contenus dans les mots latins *pudor* et *pudicitia*. À une pudeur d'ordre moral s'oppose une pudeur de nature mondaine. Telle pièce de notre corpus, nous l'avons vu, met l'accent sur l'une ou l'autre de ces définitions. Il en va de même pour les discours sur la femme, selon qu'ils proviennent du milieu ecclésiastique ou du milieu précieux.

Les moralistes, il va sans dire, sont préoccupés par la première définition. Ils font de la pudeur le socle sur lequel repose l'honnêteté féminine – à entendre ici dans son sens premier de probité, de droiture. Dans la *Bibliothèque des Dames*, François Grenaille exprime l'idée selon laquelle la vertu de pudeur contiendrait celle de prudence : « Il faut qu'une chaste retenue serve d'ornement à votre prudence, et que la pudeur qui est la plus haute vertu des honnêtes femmes, tienne l'empire sur toutes vos autres vertus[1] ». Alliant circonspection et force d'esprit, continence et faculté de discernement, la pudeur enseigne à conduire ses mœurs, ses discours et ses actions suivant les principes d'une « droite raison » conforme à la bienséance chrétienne. Pour peu qu'elle veuille éviter la répudiation, l'honnête femme doit donc y prêter une attention de tous les instants. « Il faut que la pensée pèse toutes vos paroles, et que la balance du jugement ménage bien les trésors de votre langue[2] », affirme Grenaille, précisant le rôle que les femmes sont amenées à jouer au sein de la société : un rôle d'incitation à l'humilité.

Jacques Du Bosc ne parle pas autrement. Dans un traité que nous avons plus d'une fois cité, il soutient qu'il y a grande imprudence pour une dame à prêter l'oreille aux discours complaisants, qui flattent en même temps qu'ils invitent à la licence : « La Pudeur est toujours sévère, quand elle est entière : elle est corrompue depuis qu'elle est adoucie[3] ». Entre autres, la prudence est des plus nécessaires dans la conversation, où les faveurs distribuées peuvent rapidement se tourner en discours hardis ou en mouvements téméraires : « [...] la vraye Pudeur n'empesche pas seulement de dire ce qui est deshonneste, mais de l'ouyr, et de

---

1 F. Grenaille, *Bibliothèque des Dames*, Paris, T. Quinet et A. Sommaville, 1640, p. 100.
2 *Loc. cit.*
3 J. Du Bosc, *L'Honneste femme*, t. I, Paris, P. Billaine, 1632, p. 285.

l'entendre[1] ». Par là les vertueuses réussissent à conserver leur pureté, se protégeant contre l'effronterie et la flagornerie.

Dans le même esprit, Pierre Le Moyne consacre son ouvrage intitulé *De la modestie ou de la bienséance chrétienne* (1656) à la relation qui existe entre la bienséance et la pudeur féminine. S'adressant à Sophronie, héroïne de Jérusalem, l'auteur procède à une description allégorique de la modestie. Si la modestie avait un visage, il serait à votre image : il aurait « une physionomie mêlée de sévérité et de douceur ; mais d'une sévérité bienveillante et d'une douceur sérieuse ; [...] la Pudeur, la Chasteté et les Grâces formeraient son cortège[2] ». Car, ajoute-t-il, « [...] la bienséance chrétienne [...] est la fin où vise la Modestie, et la dernière forme qu'elle cherche [...][3] ». Règle d'or de l'honnêteté, la modestie est comme une « musique harmonieuse[4] » : quiconque l'entend en est charmé, mais d'un charme composé de tempérance et de respect.

Quant à la chasteté, qui d'un point de vue moral appartient au paradigme de la pudeur, si elle est partout célébrée chez ces auteurs, c'est parce qu'elle apparaît comme la garante des bonnes mœurs : « La chasteté, écrit Gabriel Gilbert dans le *Panégyrique des Dames*, qui a cet avantage sur les autres vertus de conserver la pureté du corps aussi bien que celle de l'âme, seroit exilée de la Terre il y a longtemps, si ce beau Sexe ne luy servoit de retraite[5] ». Cette vertu, poursuit l'auteur, est fort profitable aux hommes, puisqu'elle met un frein à leurs pulsions libidinales. On retrouve ici la thèse, soutenue par les apologistes du sexe féminin, qui fait de l'homme le seul agent actif de la volupté. Sans la chasteté féminine, qui s'érige en une sorte de barrière contre la lascivité, le sexe masculin serait l'esclave d'une sexualité bestiale. Au demeurant, c'est au contact de la femme que les hommes apprennent à réprimer leurs désirs, à adoucir leurs élans. « On peut avoir des inclinations particulières », écrit Du Bosc, pourvu qu'elles s'expriment « sans offenser la chasteté, qui ne bannit pas les Affections, mais qui les règle et les modère[6] ».

1 *Ibid.*, p. 286.
2 P. Lemoyne, *De la modestie ou de la bienséance chrétienne*, Paris, A. Sommaville, 1656, p. 13.
3 *Loc. cit.*
4 *Ibid.*, p. 32.
5 G. Gilbert, *Le Panégyrique des Dames*, Paris, A. Courbé, 1650, p. 23.
6 J. Du Bosc, *L'Honneste femme*, t. I, *op. cit.*, p. 160.

Enfin, toutes ces observations sur le caractère pudique des femmes trouvent leur source dans la théorie des tempéraments, centrale dans la réflexion sur la différence sexuelle au XVIIe siècle, et dont se réclament bon nombre de théoriciens et dramaturges. Ainsi lit-on dans *La Poétique* (1639) La Mesnardière :

> À cette heure selon les Sexes ; les hommes seront solides, rudes, hardis, généreux, chagrins, résolus, avares, prudents, ambitieux, tranquilles, fidelles & laborieux. Les Femmes sont dissimulées, douces, foibles, délicates, modestes, pudiques, courtoises, sublimes en leurs pensées [...]. Tels sont les Attributs des Sexes compris universellement : Et si chaque individu n'est pas toujours accompagné de ces vertus & de ces vices [...], il est toutefois véritable qu'à parler généralement, ces différentes habitudes règnent sur toute l'espèce, soit des hommes ou des femmes, & que le Poète aura raison d'attacher ces inclinations à ceux qu'il mettra au Théâtre, étant vray que les Philosophes en voyent clairement les causes dans les divers tempéraments qui distinguent ces deux sexes, & que la plupart des hommes en ressentent les effets[1].

Le « tempérament », disent les traités de médecine de l'époque, rend enclin à certaines passions plus qu'à d'autres. Il module les humeurs, qui à leur tour disposent à un caractère particulier.

> De sorte qu'il est vray que le Tempérament juste et égal dont nous avons parlé, est celuy qui convient à la Nature humaine ; mais parce que l'Homme et la Femme ont deu avoir des qualitez différentes, ce juste tempérament a été partagé entre eux deux, et sans s'éloigner beaucoup de cette parfaite température, l'Homme a eu un peu plus de chaleur et de sécheresse, et la Femme un peu plus de froideur et d'humidité[2].

Ce schéma, comme l'a brillamment montré Louis van Delft dans son livre *Littérature et anthropologie*[3], structure la vision du monde la plus commune, du Moyen Âge jusqu'à la fin du XVIIIe siècle. Il est à la base d'un raisonnement dont la fortune peut se mesurer à l'importance de la doctrine galénique dans la culture classique : si les vertus sont inscrites dans le corps, et que le corps de l'homme diffère de celui de la femme, alors chaque sexe a ses vertus propres. Suivant cette logique, représenter une héroïne selon la

---

1 La Mesnardière, *La Poétique*, *op. cit.*, p. 124.

2 M. Cureau de la Chambre, *L'Art de connaître les hommes, Première partie. Où sont contenus les discours préliminaires qui servent d'introduction à cette science*, Paris, P. Rocolet, 1659, p. 26-27.

3 L. van Delft, *Littérature et anthropologie. Nature humaine et caractère à l'âge classique*, Paris, PUF, 1993.

convenance traditionnelle du genre, cela revenait forcément à montrer un personnage doux, modeste, et par-dessus tout pudique.

D'un autre côté, la pudeur, en tant qu'elle relève de l'éthique, se rapproche du domaine des civilités. Le Moyne, dans *De la modestie*, prend bien soin d'opposer la bienséance chrétienne à ce qu'il nomme la « bienséance civile ». La première appartient au champ de la morale, la seconde est strictement mondaine. La vie de cour définit un modèle d'honnêteté féminine qui n'a plus rien à voir, si ce n'est en apparence, avec les préceptes des moralistes. Il ne s'agit plus de pratiquer la vertu, mais bien d'adopter une posture, un *ethos* qui s'accorde à la nouvelle réalité sociale. Il ne faut pas s'étonner que l'honnêteté se détache de la morale, écrit Jean Mesnard, car « [c]'est en ce sens que l'évolution s'est accomplie[1] ». Dans ces milieux où règne l'artifice, la pudeur n'est jamais qu'une agréable façade. Elle manifeste une conception de la bienséance qui relève davantage d'un idéal de sociabilité, d'un art de plaire, que d'une réelle et authentique humilité.

Le mot « pudeur », ceci est frappant, est absent du roman *La Précieuse* (1658) de l'abbé de Pure, qui pourtant abonde en scènes où les sentiments s'expriment avec retenue et délicatesse. C'est que le terme, dans le contexte de la préciosité, subit un glissement sémantique significatif. La « pudeur » cède le pas à la « pruderie », laquelle revêt un sens nettement plus péjoratif. Par définition, la précieuse est une femme pudique. Mais la pudeur qu'elle revendique paraît affectée, quand elle n'est pas carrément feinte. L'affectation, soutient Nicolas Faret, « ternit et souille les plus belles choses[2] ». Elle est l'ennemi de l'honnêteté, qui « est faite de modération et de mesure[3] ». Furetière est catégorique : les femmes prudes sont de « fausses vertueuses qui cachent leurs intrigues sous des dehors sévères[4] ». C'est en ce sens également que La Bruyère note dans *Les Caractères* :

> Quelques femmes ont voulu cacher leur conduite sous les dehors de la modestie ; et tout ce que chacune a pu gagner par une continuelle affectation, et qui ne s'est jamais démentie, a été de faire dire de soi : On l'aurait prise pour une vestale[5].

---

1 J. Mesnard, « Honnête homme et honnête femme dans la culture du XVIIe siècle », *La culture du XVIIe siècle*, Paris, PUF, 1992, p. 156.

2 N. Faret, *L'Honneste homme ou l'Art de plaire à la Cour*, Paris, T. du Bray, 1630, p. 34.

3 J. Mesnard, « Honnête homme et honnête femme dans la culture du XVIIe siècle », *op. cit.*, p. 152.

4 A. Furetière, *Dictionnaire universel*, *op. cit.*, t. III, p. 398.

5 La Bruyère, « De la femme », 46.

Ces déclarations n'ont rien d'unique : les commentateurs de l'époque sont unanimes à faire de la pudibonderie une forme d'hypocrisie. Dès qu'elle quitte l'alcôve des ruelles et l'intimité des salons, la pudeur féminine, soit est qualifiée de coquetterie ridicule, soit ne fait qu'alimenter la suspicion[1].

En somme, qu'elle soit à consonance morale ou mondaine, qu'elle rime avec la probité ou avec la pruderie, la pudeur appartient invariablement au sexe féminin dans la culture de l'âge classique. Un examen du discours, même sommaire, montre que la femme est au centre d'un système de représentations qui met l'accent sur son caractère « naturellement » pudique. Comme l'a montré notre analyse du corpus dramatique, on ne saurait sous-estimer l'apport de ce lieu commun à la réflexion sur les bienséances qui s'étend au théâtre dans le deuxième tiers du XVIIe siècle. À mesure qu'elles investissent l'espace public, les femmes apparaissent comme les représentantes d'une sensibilité nouvelle, qui place la pudeur au milieu de tous les rapports sociaux.

LE THÉÂTRE DES BIENSÉANCES

Après les œuvres dramatiques, la critique théâtrale est certainement le lieu où la topique de la pudeur féminine se fait la plus appréciable, ou à tout le moins la plus visible. Les discours des théoriciens, parfois des dramaturges eux-mêmes, pointent vers un cadre heuristique qui tend à assimiler les normes en matière de bienséances avec les caractères féminins. Ils certifient que pour plaire au public, il faut lui donner à voir des mœurs qui soient en parfait accord avec ses sentiments, et que parmi ces mœurs, la pudeur est sans doute la plus susceptible d'emporter son assentiment.

---

1 Ceci explique en partie le sens défavorable du mot « précieuse ». R. Lathuillère note : « *Précieux*, en effet, et les mots de sa famille ont pris dans l'usage courant, et non point uniquement chez les détracteurs des ruelles – ce qui est beaucoup plus significatif –, un sens défavorable, avec des nuances diverses, toutes plus ou moins dérivées de l'image qu'on s'est faite des précieuses. Toute délicatesse un peu pointilleuse, toute affectation dans les airs, l'attitude, le langage, est qualifiée de précieuse », *La préciosité.* Étude historique et linguistique, Genève, Droz, 1966, p. 20-21.

Il importe d'abord de distinguer la notion de bienséance de celle d'honnêteté, sémantiquement très proches au XVIIe siècle. Jean Pic, dans son *Discours sur la bienséance* (1688), s'efforce de donner à chacun de ces termes une définition propre : « [L]a bienséance diffère de l'honnesteté, en ce que l'honnesteté regarde les autres aussi-bien que nous, & que la bienséance ne regarde que nous en certaines occasions[1] ». En d'autres termes, la bienséance serait une vertu que l'homme ou la femme doit cultiver en elle-même, indépendamment des circonstances extérieures, tandis que l'honnêteté trouverait sa justification dans un contexte de sociabilité. Cette nuance est contestable. En tant qu'elles relèvent de l'éthique, du savoir-vivre en société, la bienséance et l'honnêteté concernent toutes deux les civilités. Elles sont le maillon central d'une politique d'apaisement des mœurs initiée au tout début du XVIe siècle, puis portée à son apogée sous le règne de Louis XIII. La principale différence entre les deux notions tient plutôt à ce que la première est restreinte au champ de la morale, alors que la deuxième ouvre sur une dimension philosophique beaucoup plus large. De manière globale au XVIIe siècle, le rôle des bienséances est de faire en sorte que les mœurs demeurent conformes aux convenances et à la décence. En cela on peut dire qu'elles font partie d'une théorie générale de l'honnêteté, sur laquelle nous reviendrons plus en détail au chapitre suivant.

Ceci dit, qu'elle regarde les mœurs, les mots ou encore les idées, la bienséance s'impose à partir des années 1630 comme une condition essentielle du succès de la représentation. À ce titre, elle préoccupe autant les théoriciens, qui cherchent à en analyser le contenu, que les dramaturges, qui s'intéressent à son aspect « externe », c'est-à-dire au rapport qu'elle établit entre la scène et le public. « La bienséance, écrit Jacques Scherer, demande que la pièce ne choque pas les goûts, les idées morales, ou, si l'on veut, les préjugés du public[2] ». Or, qu'est-ce qui choque au plus haut point le spectateur ? Qu'est-ce qui heurte tant sa sensibilité qu'il quitte la salle l'âme pleine de dégoût ? Ce sont, par delà la violence et le sang, les sentiments impudiques, à proscrire du théâtre impérativement.

1 J. Pic, *Discours sur la bienséance avec des maximes et des réflexions très importantes et très nécessaires pour réduire cette vertu en usage*, Paris, chez la veuve de Sébastien Mabre-Cramoisy, 1688, p. 12.

2 *Loc. cit.*

Ces sentiments sont au cœur de la cabale menée contre Corneille à la suite de la représentation du *Cid*. Ce qui offusque les contemporains de l'auteur, c'est moins le duel entre Rodrigue et le Comte que l'attitude inconcevable de Chimène. C'est une « impudique » affirme Scudéry[1]. Qu'une jeune fille reçoive la visite du meurtrier de son père, qu'elle lui dise qu'elle l'aime, puis qu'elle finisse par l'épouser, cela outrepasse toutes les lois de la pudeur. Chapelain, dans les *Sentiments de l'Académie*, aura ces mots durs à son endroit : « [...] ses mœurs sont du moins scandaleuses, si en effet elles ne sont pas dépravées[2] ». De tels discours font la démonstration que vraisemblance et bienséance sont inextricablement liées dans l'esprit des classiques. Se référant à un modèle abstrait qui a pour eux valeur de norme (celui de la femme pudique), les critiques s'expliquent mal que le personnage de Chimène ait pu déroger aux exigences qu'imposent son sexe et sa condition. Cela leur paraît non seulement choquant, mais encore peu digne d'être cru ; en conséquence de quoi l'accusation d'immoralité se double du grief d'invraisemblance. Le théâtre avait depuis quelques années banni « tout ce qui pouvait souiller les oreilles les plus délicates[3] » : mots grossiers et paroles désobligeantes. Il restait maintenant à y épurer les mœurs et les caractères.

La condamnation retentissante de l'Académie eut pour effet d'unir pour de bon la topique de la pudeur, et en particulier de la pudeur féminine, à la règle de bienséance, l'une devenant le visage concret de l'autre. Parmi tous les théoriciens, La Mesnardière est celui chez qui cette association est la plus développée. La tragédie, écrit-il, « semblable à une Reine », vise tout ce qu'il y a de plus « relevé, pudique et majestueux[4] » – de même, Scudéry explique dans son *Apologie du Théâtre* que la tragédie n'est que « pudeur et modestie[5] ». Filant la métaphore, La Mesnardière oppose la figure de la reine à d'autres personnages infâmes qui corrompent de leurs mœurs abjectes la pureté de la scène. Il cite le cas de Corisque, cette bergère dévergondée, qui, tout en s'éloignant « de

1 Scudéry, *Observation sur le Cid*, dans *La Querelle du Cid (1637-1638) : édition critique intégrale*, éd. J.-M. Civardi, Paris, Champion, 2004, p. 456.

2 Chapelain, *Les Sentiments de l'Académie françoise sur la tragi-comédie du Cid*, dans *La Querelle du Cid (1637-1638)*, *ibid.*, p. 973.

3 J. Scherer, *La dramaturgie classique*, *op. cit.*, p. 385.

4 La Mesnardière, *La Poétique*, *op. cit.*, p. 302.

5 Scudéry, *Apologie du théâtre*, Paris, A. Courbé, 1639, p. 13.

la pudique majesté qui fait honorer [son] sexe, [...] blesse le Spectateur par l'excès de son impudence[1] ». Ainsi,

> [o]n juge bien par le nom de Sentiments deshonnêtes, que le Poète fait cette faute quand il exprime des choses qui ne doivent jamais entrer dans l'esprit des honnêtes gens [...] ou si elles y entrent, qui n'en doivent jamais sortir par une expression indécente, et contraire à la pudeur[2].

D'autres exemples, plus évocateurs encore, mettent en scène la pudeur féminine dans *La Poétique*. Le plus intéressant est celui d'Ulysse et de Nausicaé. Le chant IV de l'*Odyssée* raconte comment Ulysse, échoué après le naufrage de son navire, se couvre de feuillage devant la fille d'Alkinoos, afin de lui éviter la vue de son corps nu et sale[3]. La pudeur d'Ulysse, relève La Mesnardière, est des plus louables, mais elle n'arrive jamais à la hauteur de celle de la princesse, qui « n'aurait pas la hardiesse de le voir en cet équipage, si l'inspiration de Minerve ne lui en donnoit la force, pour le salut de ce Héros[4] ». Et plus loin de conclure :

> Ces exemples de pudeur d'un Prince et d'une Princesse devraient avoir appris aux Poètes à ne pas former des Héros insolents dans leurs pensées, ni des Reines impudentes dans leurs manières d'agir[5].

L'abbé d'Aubignac, quoiqu'il n'aborde la question des bienséances que de manière secondaire, lui préférant celle de la vraisemblance, s'inscrit dans le prolongement de La Mesnardière. On retrouve chez lui la même ambiguïté sémantique entre les mots « pudeur » et « bienséance ». En parlant des sujets propres à la tragédie, il écrit :

> Il faut aussi qu'ils soient honnestes, et qu'ils ne choquent en rien la bien-séance publique et la pudeur que les plus dereglez veulent conserver au moins en apparence jusques sur les Theatres[6].

1 La Mesnardière, *La Poétique*, *op. cit.*, p. 311.
2 *Ibid.*, p. 301-302.
3 Le passage mérite d'être cité : « Là il [Homère] nous figure un héros qui s'étant sauvé à la nage, trouve sur le bord de la mer la Princesse Nausicaé, fille du Roy des Phéaques, où avant que de l'aborder, ce Héros se fait un habit d'un tissu de branches d'arbres, pour ne se pas faire voir à cette auguste personne en un état indécent », *ibid.*, p. 312.
4 *Loc. cit.*
5 *Ibid.*, p. 313.
6 D'Aubignac, *La Pratique du Théâtre*, *op. cit.*, p. 360.

Ce devoir de moralité serait à l'origine de l'échec de *Théodore* (1646), tragédie de Pierre Corneille. Bien qu'il lui reconnaisse des qualités, notamment son respect des règles, d'Aubignac condamne cette pièce à cause de son sujet : le viol d'une vierge. Il a fallu, précise-t-il, que le spectateur ait « dans l'imagination cette fâcheuse aventure », et c'est pour cette raison que « le Sujet n'[a] pu plaire[1] ». Par conséquent, les poètes éviteront non seulement des actions semblables, mais les mots mêmes qui pourraient les faire imaginer avec trop de précision. Car ils ne doivent pas oublier « que si le Sujet n'est conforme aux mœurs et sentiments des Spectateurs, il ne reüssira jamais[2] », et que

> [...] s'il y a quelque Acte ou quelque Scène qui n'ait pas cette conformité de mœurs avec les Spectateur, on verra aussi-tost l'applaudissement cesser, et le dégoust naistre dans leurs ames[3].

De l'ensemble de ces témoignages se dégage un constat dont les implications débordent le cadre poétique : fussent-elles de natures totalement différentes, la femme et la scène sont assujetties aux mêmes normes de décence dans la culture classique, elles répondent des mêmes standards en matière de bienséance – ce qui explique d'ailleurs que les termes dans lesquels s'énonce la critique théâtrale sont les mêmes que ceux qui structurent le discours des moralistes. On objectera peut-être que la bienséance se propage à toute la vie publique au XVIIe siècle, et donc qu'elle concerne autant le sexe masculin que le féminin. Cela est incontestablement vrai. Toutefois, force est de constater que pèsent sur les femmes des interdits plus lourds en matière de pudeur, interdits qui doivent être replacés dans une perspective à la fois historique et sociale. Dans leurs rapports aux mécanismes du pouvoir, masculinité et féminité jouissent d'un traitement inégal : ce qui paraît culturellement acceptable venant de l'homme (audace, témérité, hardiesse) ne risque jamais de l'être venant de la femme, et vice versa.

Quoi qu'il en soit, en incarnant en propre la pudeur bienséante, les figures féminines ont une part active dans la « rénovation » que subit la poétique tragique dans le deuxième tiers du XVIIe siècle. Les héroïnes dont nous avons dressé le portrait, à l'exception peut-être de Lucrèce, se

---

1 *Ibid.*, p. 66.
2 *Ibid.*, p. 72.
3 *Ibid.*, p. 75.

rattachent toutes d'une manière ou d'une autre à l'esprit mondain. La délicatesse joyeuse de Thisbé, la coquetterie de Diane, la timidité charmante d'Ériphile sont autant de caractères que l'on pourrait retrouver à la cour et dans les salons, où évoluent quantité de littérateurs sachant bien se conduire avec les femmes et défendant les vertus de l'univers privé. Nous sommes loin d'une dramaturgie de la fatalité ou du sacrifice, telle que la pratiquent Montchrestien ou le grand Corneille. Tout au contraire, une très large fraction du théâtre de cette époque peut être lue comme une leçon de civilité à l'usage du gentilhomme.

De ce point de vue, le rôle de la pudeur féminine dans la tragédie des années 1640-1650 ne se limite pas à la question des bienséances, comme nous avons tenté de le démontrer dans ce chapitre. À la considérer de près, la mise en scène de la femme pudique est inséparable de la redéfinition du statut social de la tragédie, qui désormais s'engage dans la promotion d'un nouveau code de vie : l'honnêteté.

TROISIÈME PARTIE

POLITIQUE

LA CITÉ DES DAMES

L'HONNÊTETÉ

> Sans douceur, les assemblées des hommes ne seraient que des troupes d'ennemis ou des cercles d'admirateurs réciproques[1].

Dès le début du XVIIe siècle, les traités dans lesquels s'élaborent les théories de l'honnêteté font une large place au sexe féminin. Sous l'influence de grandes dames comme la marquise de Rambouillet ou Mlle de Scudéry, la femme devient, à mesure qu'elle étend son « empire », un symbole de la nouvelle culture mondaine[2]. Certaines président les salons, d'autres brillent à la cour, d'autres encore s'imposent en arbitres de la vie littéraire et artistique[3]. Leur rôle de médiation dans plusieurs aspects de la culture d'Ancien Régime est de ceux sur lesquels Michelet insistera. La femme est l'« âme de la société » : par sa capacité à réunir, puis à inspirer, elle « entraîne l'homme dans la voie du raffinement d'une plus haute culture[4] ». Elle est le moteur du progrès vers une société plus courtoise et plus policée.

On trouve partout dans le théâtre du premier XVIIe siècle des scènes où cette fonction civilisatrice de la femme est mise en valeur, particulièrement

---

1 G. de Balzac, *Œuvres de Monsieur de Balzac*, t. I, Paris, L. Billaine, 1665, p. 121.

2 Voir M. Fumaroli, « L'empire des femmes », dans *La diplomatie de l'esprit*, Paris, Hermann, 1998.

3 Voir L. Timmermans, *L'accès des femmes à la culture (1598-1715) : un débat d'idées de Saint François de Sales à la marquise de Lambert*, Paris, Champion, 1993, p. 133-176. – Il est reconnu, au moins depuis le *Cortegiano* de Castiglione, que l'honnêteté appartient à la femme aussi bien qu'à l'homme. Dans *L'Honneste homme, ou l'art de plaire à la cour*, Faret précise que la plupart des principes qui gouvernent la vie de l'honnête homme « entrent en pratique à tous propos parmi les femmes », Paris, T. du Bray, 1630, p. 91.

4 M. Angenot, *Les champions des femmes. Examen du discours sur la supériorité des femmes 1400-1800*, Montréal, Presses de l'Université du Québec, 1977, p. 143.

dans la tragi-comédie, dont la proximité avec le genre romanesque coïncide avec l'esprit mondain. Emmanuel Bury a montré dans son livre *Littérature et politesse : invention de l'honnête homme* comment la dramaturgie classique assimile la réflexion sur la morale de l'honnêteté[1]. Que le théâtre se situe concrètement à l'articulation des publics « honnêtes » et des nouvelles normes en matière de civilités, nombreux sont les commentaires des dramaturges qui le confirment. Corneille, dans l'examen de *Mélite* datant de 1660, précise qu'il a voulu faire avec cette pièce une « peinture de la conversation des honnêtes gens[2] ». Cette conception du langage dramatique exercera une influence déterminante sur l'esthétique théâtrale dans la première moitié du XVIIe siècle. Dans le contexte d'un adoucissement général des mœurs, la scène est chargée de répandre un idéal de conduite humaine fondé sur les politesses et l'honnêteté.

Les premières pièces de Jean Mairet, *Sylvie* et *Silvanire*, sont exemplaires à cet égard. Les sentiments virils et énergiques, fleurissant dans les tragédies ultérieures, y subissent une inflexion courtoise, qui se signale entre autres par la présence de l'honnête femme. Encore une fois, le phénomène est à double entente. D'une part, il révèle toute l'importance du lien qui unit la poétique théâtrale aux réalités sociales, à la préciosité qui s'empare de la noblesse, mais d'autre part, il doit être interprété comme l'élément clé d'un système dramaturgique destiné à promouvoir les règles du savoir-vivre. Au moment où la séparation entre la culture populaire et la culture des élites se fait de plus en plus marquée, la femme et le théâtre agissent comme des instances de pacification, comme des relais permettant à la société de l'âge classique d'accéder à une culture moderne et urbaine.

---

1 E. Bury, *Littérature et politesse : l'invention de l'honnête homme (1580-1750)*, Paris, PUF, 1996.

2 *Examen* de *Mélite*, dans *Œuvres complètes*, t. I, éd. G. Couton, Paris, Gallimard, coll. « Bibliothèque de la Pléiade », p. 6. De même, dans l'épître au lecteur de *La Veuve*, Corneille revient sur l'idée que la comédie « n'est qu'un portrait de nos actions, et de nos discours ». C'est pourquoi, dit-il, il faut faire discourir les acteurs « en honnêtes gens, et non pas en Auteurs ».

HONNÊTES FEMMES

Représentée en 1626, la *Sylvie* de Jean Mairet compose un tableau séduisant et bucolique, encore très éloigné de la tragédie réglée telle que l'inaugurera quelques années plus tard la *Sophonisbe* (1634). Le sous-titre indique qu'il s'agit d'une *tragi-comédie pastorale*, ce qui laisse présager l'influence du roman d'Urfé, mais en vérité, la pièce emprunte beaucoup à la tragédie *Pyrame et Thisbé* (1623). Comme dans la pièce de Viau, la campagne dans *Sylvie* est un lieu d'amour : amour honnête et charmant, mais également amour impossible, empêché par la volonté paternelle. De même, tout est fait dans cette pièce pour charmer le spectateur, du décor idyllique à la nature des actions, en passant par les caractères, peints selon la mode galante. Surtout, le personnage de Sylvie, aimable et pudique bergère, propose un modèle d'honnêteté dont l'extériorisation en sentiments affables correspond au goût contemporain pour les bienséances et plus généralement pour l'ensemble des qualités réunies sous le vocable « urbanité[1] ».

Dès ses premières paroles, Thélame, prince déguisé en berger, encense les « belles qualités » (v. 325) de Sylvie, y allant d'un portrait qui vaut tous les compliments :

> Les dons d'âme et de corps dont elle est bien pourvue
> Charment à même temps et l'esprit et la vue ;
> Son visage où jamais ne s'appliqua le fard
> Ignore les attraits qu'on emprunte de l'art ; [...]
> Diane dans les bois, Aréthuse dans l'eau,

---

1 *Cf.* G. de Balzac, *Entretiens*, Paris, A. Courbé, 1660, V, ch. 6 : « Or, soit qu'en nostre langue ce mot exprime un certain air du grand monde et une couleur et teinture de la cour, qui ne marque pas seulement les paroles et les opinions, mais aussi le ton de la voix et les mouvements du corps, soit qu'il signifie une impression encore moins perceptible qui n'est reconnaissable que par hasard, qui n'a rien qui ne soit noble et relevé et rien qui paraisse ou estudié ou appris, qui ne se sent et ne se voit pas et inspire un génie secret que l'on perd en le cherchant, soit que, dans une signification plus estendue, il veuille dire la science de la conversation et le don de plaire dans les bonnes compagnies, ou que le mettant plus à l'estroit, on le prenne pour une adresse à toucher l'esprit par je ne sçay quoy de piquant, mais dont la piqueure est agréable à celuy qui la reçoit parce qu'elle chatouille et n'entame pas, parce qu'elle laisse un aiguillon sans douleur et réveille la partie que la médisance blesse. »

> N'eurent jamais le teint ni plus frais ni plus beau;
> C'est le plus noble cœur, l'humeur la plus docile;
> Et le meilleur esprit qui soit en la Sicile;
> Au reste si l'on croit quelque souverain bien,
> On ne le doit chercher que dans son entretien[1].

Ces vers pourraient résumer à eux seuls tout le discours sur l'honnêteté féminine, tant ils en reprennent la plupart des lieux communs. Nous avons vu au chapitre II que Jacques Du Bosc dans *L'Honneste femme* distinguait deux sortes de beauté : l'une, artificielle, qui est celle de la courtisane, l'autre, naturelle, qui appartient à l'honnête femme. En conformité avec cette seconde acception, Sylvie se présente à Thélame dans la plus pure et innocente simplicité. Tout en elle est aimable et limpide. On ne voit point sur son visage « blanchir le céruse et le plâtre / Comme en ceux qu'aujourd'hui notre cour idolâtre » (v. 317-318), mais bien plutôt s'étaler une fraîche douceur, gage de la virginité. Par ailleurs, on retiendra de cette description l'importance accordée à l'« humeur ». Pour plaire, il faut une humeur agréable, c'est-à-dire *complaisante*, malléable en fonction du sentiment d'autrui. La complaisance de Sylvie consiste dans la capacité de susciter et de recevoir les compliments, de répondre toujours avec esprit, d'arborer en toutes circonstances un visage constant et rieur. Ce type d'héroïne à l'humeur enjouée connaîtra une remarquable postérité. Il abonde dans le théâtre du deuxième tiers du XVIIe siècle, par exemple dans la tragédie *Agésilas* (1666) de Corneille, où il paraît sous les traits de la charmante Aglatide :

> Ma sœur, je vous admire, et ne saurais comprendre
> Cet inépuisable enjouement,
> Qui d'un chagrin trop juste a de quoi vous défendre,
> Quand vous êtes si près de vous voir sans amant[2].

Ainsi se montre Sylvie tout au long de la pièce de Mairet : docile, modeste, pudique. Certes, l'héroïne ne répugne pas à entendre parler d'amour. Les sentiments tendres sont bel et bien présents dans cette tragi-comédie, et même une certaine sensualité, que suggèrent assez directement le

1 J. Mairet, *Sylvie*, dans *Théâtre du XVIIe siècle*, t. I, éd. J. Scherer, Paris, Gallimard, coll. « Bibliothèque de la Pléaide », 1975, v. 313-316, 319-324.

2 P. Corneille, *Agésilas*, dans *Œuvres complètes*, *op. cit.*, v. 834-837. À quoi Aglatide répond : « La joie est bonne à mille choses / Mais le chagrin n'est bon à rien », v. 840-841.

cadre pastoral et le discours des personnages. Mais ces sentiments et cette sensualité obéissent à un principe de discrétion qui fait que ce couple amoureux demeure toujours dans la bienséance des mœurs et des conditions. « Une dame de bonne compagnie peut entendre sans rougir les dialogues de Mairet[1] » ; elle y découvrira une conception de l'amour qui n'a plus rien à voir avec la satisfaction immédiate du désir, mais qui est déjà cet amour honnête que célèbre l'auteur dans ses pièces subséquentes.

De manière générale, donc, le sentiment amoureux dans la *Sylvie* se rapproche du concept d'« honnête amitié », en ce sens où il se borne la plupart du temps à un art de plaire qui maintient entre les amants une distance favorisant les civilités. « Le véritable terrain de l'honnêteté, écrit Jean Mesnard, est celui de l'amitié, une amitié qui peut prendre des formes particulières entre les deux sexes, mais qui, soucieuse de "tempérance", sait se tenir à égale distance entre la réserve farouche et le manque de retenue[2] ». La passion qui unit Sylvie et Thélame impliquerait une dimension sensuelle que cela ne changerait rien à la nature de leur relation. N'engageant que l'innocence et l'honnêteté, l'amour doit être compris dans cette pièce comme l'épanouissement d'une sincère et profonde affection.

Dans la *Silvanire* (1630), tragi-comédie dont l'importance historique tient principalement à son imposante préface théorique[3], Mairet reprend et approfondit cette thématique, composant pour l'occasion un prologue de l'« Amour honnête ». Les personnages ont changé, mais l'histoire et surtout les caractères demeurent à peu près les mêmes. Comme pour bien marquer quelle sera la matière de cette fable, le Prologue s'avance sur la scène, figurant le dieu Cupidon :

---

1 M. Descotes, *Le public de théâtre et son histoire*, Paris, PUF, 1964, p. 83.

2 J. Mesnard, « Honnête homme et honnête femme dans la culture du XVIIe siècle », *La culture du XVIIe siècle*, Paris, PUF, 1992, p. 152.

3 Cette préface, qui engendra à l'époque un grand nombre de commentaires, se présente comme un art poétique dans lequel l'auteur affirme l'importance des règles : « Mairet, le premier en France des auteurs dramatiques importants, les déclare nécessaires [les règles]. Sa définition de l'unité d'action est vague et, à nos yeux, bien insuffisante. Elle engageait néanmoins, pour ses contemporains, toute une esthétique. Il affirme avec plus de netteté encore la nécessité pour le temps de ne pas dépasser vingt-quatre heures et pour le lieu celle d'éviter la "soudaine mutation de la scène" ; il appuie ces deux exigences sur le besoin de vraisemblance qu'en critique avisé il discerne chez les nouveaux spectateurs. C'est sur le plaisir du public, non sur l'autorité des interprètes d'Aristote, qu'il fonde les règles », J. Scherer, notice de *La Silvanire*, dans *Théâtre du XVIIe siècle*, t. I, *op. cit.*, p. 1254-1255.

Si pour avoir au dos un différent plumage,
Un arc à la main gauche, à la droite un flambeau,
Et tout cet appareil qu'on peint en mon image,
Quelqu'un avec raison s'étonne qu'un bandeau
Ne ceigne aussi ma tête,
Je suis l'Amour honnête,
De qui les mouvements ne sont point déréglés,
Ni les yeux aveuglés[1].

Ce prologue est intéressant pour deux raisons. La première est qu'il place la tragi-comédie dans l'horizon de la pastorale, et en particulier du roman l'*Astrée*, dont l'influence se fait sentir sur la construction des personnages principaux[2]. La seconde est qu'il fait apparaître un conflit très net entre deux conceptions antagoniques de l'amour : l'amour voluptueux, d'une part, tel qu'« il se plaît à la Cour, séjour de licence » (v. 57) ; l'amour chaste et honnête, d'autre part, « ami de la pure innocence » (v. 59). Autrement dit, la morale de l'honnêteté s'oppose ici à la morale du courtisan : conflit qui indique, comme l'ont montré les travaux de Maurice Magendie, puis à sa suite ceux d'Emmanuel Bury, que l'idéal de l'honnêteté au XVIIe siècle a pris forme en grande partie dans les milieux précieux, avant de s'imposer à la Cour. Il faut attendre quelques années, et le succès éclatant du traité de Faret, pour que le courtisan se transforme en honnête homme[3].

Le décor de la pastorale n'ayant rien en commun avec celui du palais, l'affection qu'éprouvent les deux bergers l'un pour l'autre est présentée

1 J. Mairet, *La Silvanire, ou La Morte-vive*, dans *Théâtre du XVIIe siècle*, t. I, *op. cit.*, v. 1-8.

2 Voir R. Garapon, « L'influence de l'*Astrée* sur le théâtre français de la première moitié du XVIIe siècle », *Travaux de linguistique et de littérature*, vol. VI, n° 2, 1968, p. 81-85.

3 Selon Marc Fumaroli, c'est bien en marge de la Cour et de la vie publique que l'on voit d'abord s'établir « une civilisation du loisir, enchantée par la parole, par ses jeux d'esprit, depuis les plus futiles jusqu'aux plus ambitieux, et par les jeux de lettres, depuis les petits genres galants jusqu'au théâtre » (« L'empire des femmes », *op. cit.*, p. 338). Il n'y a qu'à regarder du côté du salon de Mme de Rambouillet pour s'en convaincre : « L'univers de conversation, de galanteries innocentes, de divertissement qu'elle a fait graviter autour d'elle, et qui a inventé les grâces sociales de la civilisation française [...] est d'un tout autre ordre que celui de la Cour, avec lequel cependant on l'a trop souvent confondu : c'est celui, "privé", désintéressé, de l'*otium* compatible avec une retraite intérieure et secrète : la récréation en société, mais en société choisie et tenue en respect, d'une âme qui s'est souciée de se maintenir dans l'*eutrapélie* salésienne. Les hommes de lettres, Chapelain, Conrart, Balzac, Voiture, ont été ses complices naturels, eux qui savaient ce qu'est l'*otium studiosum*, le loisir propre à l'homme d'études, dans cette grande œuvre de civilisation qui a donné le goût de la conversation à des gentilhommes qui ne connaissaient que les camps et la Cour », *ibid.*, p. 328.

comme un exemple d'« amour honnête ». C'est, d'abord, un amour qui sait patienter[1], et qui ne se découvre que progressivement. Les vrais sentiments de la bergère pour son amant ne sont connus qu'au deuxième acte, et encore, ils lui sont arrachés de force par sa sœur Fossinde, qui voit clair dans ses agissements :

> L'honneur, non la rigueur, me rend sourde et muette
> Aux persuasions d'une amour indiscrète[2].

Parce que ses parents désapprouvent cette union, Silvanire, bien qu'amoureuse d'Aglante, ne lui avoue jamais sa passion, et ainsi le désespère. Son silence s'explique par un idéal de chasteté sur lequel insisteront les moralistes dans le deuxième tiers du XVIIe siècle et qui s'affiche ici de manière presque caricaturale. « [M]artyre de la bienséance, et martyrisant autrui par bienséance[3] », le personnage de Silvanire se veut l'incarnation de la passion pure et éthérée, poussant la discrétion jusqu'à un point qui risque d'être interprété comme une invraisemblance psychologique.

Mais ce qui frappe le plus dans cette tragi-comédie, c'est que la règle des bienséances instaure un véritable régime de la dissimulation et de la feinte, qui trouve son lieu privilégié dans les dialogues entre les amants. Non seulement Silvanire évite-t-elle de se placer dans une situation où elle aurait à livrer le fond de son cœur, mais encore, il lui arrive de berner Aglante sur la nature de ses sentiments :

> Aglante, seulement à plaindre
> Pour ne savoir pas ton bonheur,
> Si tu voyais comme l'honneur
> Oblige Silvanire à feindre,
> Et la contraint de brûler,
> De se taire et dissimuler[4] !

s'exclame le chœur à la fin de l'acte II. Cette idée que la dissimulation puisse se porter garante de la pudeur et des bienséances, et qu'elle constitue par le fait même un critère de l'honnêteté, correspond à la lettre au

1 Cela fait bientôt « quatre ou cinq ans », dit le Prologue, que les deux bergers « [é]chauffent mes autels de soupirs amoureux », J. Mairet, *La Silvanire*, éd. citée, v. 89-90.

2 *Ibid.*, v. 1003-1004.

3 J. Scherer, notice de *La Silvanire*, *Théâtre du XVIIe siècle*, t. I, *op. cit.*, p. 1256.

4 J. Mairet, *La Silvanire*, éd. citée, v. 907-912.

discours que tiendra quelques années plus tard l'Italien Torquato Accetto dans son traité *De l'Honnête dissimulation* (1641). Cet ouvrage, majeur sur le plan de la psychologie historique, permet de jeter un éclairage sur la pièce de Mairet et particulièrement sur les caractères qui s'y déploient. La dissimulation, écrit Accetto, « est une industrie qui consiste à ne pas faire voir les choses telles qu'elles sont[1] ». C'est un artifice nécessaire à la sauvegarde du vrai, en des circonstances contraires à son expression :

> [D]issimuler n'est rien d'autre que jeter un voile de ténèbres honnêtes et de bienséances violentes, ce qui n'engendre pas le faux, mais qui concède quelque repos au vrai, que l'on pourra montrer à son heure [...][2].

Vue sous cet angle, la dissimulation apparaît comme la pierre angulaire de l'édifice des civilités. Cette « noble doctrine », précise Accetto, a comme première utilité « l'art des belles manières[3] ». Elle « enseigne à contenir les désirs excessifs[4] », de telle sorte que la conversation reste toujours de bon goût. C'est pourquoi, plus qu'ailleurs, la dissimulation est d'une absolue nécessité dans le contexte amoureux. Un chapitre s'intitule « Comment cet art peut exister entre les amants ». Un amour qui se fait trop voir est un amour malséant, et par là déshonnête ; la séduction est toujours plus délectable quand elle se fait par l'esprit, non par les sens. Au reste, la dissimulation pour l'amant est une source de plaisir, puisqu'elle oblige à toutes sortes de prouesses galantes : « Honnête et utile est la dissimulation, et, de plus, fort pleine d'agrément[5] ». Bref, en faisant appel à la doctrine de l'honnête dissimulation, la mise en scène de l'amour dans la *Silvanire* de Mairet se situe de plain-pied dans la réflexion contemporaine sur l'art de plaire.

Enfin, l'« amour honnête », tel qu'il se donne à voir dans cette pièce, permet à l'héroïne de conserver son honneur, valeur à laquelle elle se voue corps et âme. Malgré son artifice, le personnage de Silvanire défend une conception de l'honnêteté qui repose sur une haute exigence morale, au grand dam d'Aglante qui, à l'inverse, brûle de consommer son amour le plus rapidement possible :

1 T. Accetto, *De l'Honnête dissimulation*, trad. M. Blanc-Sanchez d'après l'édition de Salvatore S. Nigro, Paris, Verdier, 1990, p. 42.
2 *Loc. cit.*
3 *Ibid.* p. 58.
4 *Ibid.* p. 59.
5 *Ibid.* p. 61.

> Je veux que cet honneur que tu n'approuves pas
> Soit de mes actions la règle et le compas ;
> Et si c'est une erreur dont notre sexe abonde
> Je veux suivre l'erreur de la moitié du monde[1].

L'intervention du chœur à la fin de la pièce reprend pour l'essentiel le même discours. L'« honneur » se trouve mêlé au champ notionnel de l'« honnêteté », conformément à une proximité sémantique que consacre l'usage au XVIIe siècle. Dans la logique de cette pièce, est *honnête* ce qui respecte l'*honneur.* Aussi ne doit-on s'étonner que l'amour qu'éprouve Silvanire s'accompagne d'une retenue dans l'expression des sentiments, voire d'une certaine abnégation. La motivation de Silvanire, écrit Jacques Scherer, « préfigure le pouvoir du héros classique sur lui-même[2] » : maîtrise de soi qui confère à l'héroïne une certaine noblesse et qui fait que ce personnage appartient sans doute davantage à l'univers de la tragédie qu'à celui de la pastorale.

La situation est quelque peu différente dans le théâtre tragique de Rotrou. L'amour honnête y triomphe encore, mais cela ne survient qu'à la suite de multiples obstacles et difficultés. Dans la tragi-comédie *Cléagénor et Doristée* (1634), l'« amitié sainte » (v. 1660) qui unit les personnages est mise à mal par l'enlèvement de l'héroïne. Loin de constituer un refuge sacré, la pudeur qui définit Doristée est constamment profanée par la sauvagerie et la brutalité de ses ravisseurs :

> On admet parmi nous pour première maxime
> Les mots de vol, larcin, meurtre, carnage, crime,
> Et l'on permet les noms de voleur, de pendard
> Ou pires qualités comme termes de l'art[3].

Ces criminels, que l'on croirait tout droit sortis du théâtre baroque, incarnent l'exact revers de l'honnêteté. Leur comportement « bannit de ses lois toute délicatesse » (v. 378), il s'oppose si outrageusement à la bienséance, que l'on peut se demander ce que ces personnages font sur la scène, à une époque où la mode est à la politesse et aux civilités.

1 J. Mairet, *La Silvanire*, éd. citée, v. 1029-1032.
2 J. Scherer, notice de *La Silvanire*, *Théâtre du XVIIe siècle*, t. I, *op. cit.*, p. 1256.
3 J. Rotrou, *Cléagénor et Doristée*, Paris, A. Sommaville, 1634, v. 370-373.

C'est que toute l'œuvre de Rotrou est construite autour d'une série d'antithèses, qui agissent comme des ressorts de l'action dramatique autant que comme des points de repère moraux.

La première oppose Cléagénor, représentant typique de l'amoureux tendre[1], à Ménandre, son rival, dont les mœurs dissolues n'ont d'égales qu'une infatigable cruauté. L'amour pour ce dernier se réduit à de violentes pulsions, et il n'est rien qu'il ne néglige afin de les satisfaire. Ainsi Doristée raconte à son amant les injures qu'elle dut endurer :

> J'ai tâché par mes pleurs d'éteindre ses désirs,
> Mais son cœur indulgent à ses sales plaisirs,
> A toujours conservé sa passion brutale,
> Et ce bois secondait son attente fatale[2].

De même, dans la tragédie *Crisante* (1639), où l'héroïne est victime de l'agression de Cassie avant de s'enlever la vie au comble du désespoir, l'honnêteté est bafouée sans retenue, et ce, malgré les consignes de Manilie, qui fait preuve d'une courtoisie toute relative :

> Crisante en se rendant nous força de nous rendre,
> Et ce ne lui fut qu'un, qu'être prise et que prendre
> Empêchons toutefois que son honnêteté,
> Ne reçoive entre nous aucune indignité[3].

Par son sujet, cette pièce rappelle la tragédie *Lucrèce* de Pierre du Ryer, représentée une année seulement auparavant. Comme l'héroïne romaine, Crisante doit subir les persécutions d'un homme sans scrupule qui ne pense qu'à assouvir sa passion. À cette infamie s'ajoute une scène de viol, contraire aux normes de bienséance en vigueur, mais qui dans les faits n'a rien d'inhabituel. Relativement répandu, ce schéma centré sur la sexualité traverse tout le théâtre du premier XVIIe siècle. On le retrouve chez Alexandre Hardy, qui s'en était fait le maître incontesté (*Scédase ou l'hospitalité violée*, *La Force du sang*, etc.), et même chez le grand Corneille, avec une pièce comme *Théodore, vierge et martyre* (1645).

---

1 On en retiendra pour preuve cette réplique, qui en dit long sur son caractère : « Me plaindre et soupirer est tout ce que je puis », *ibid.*, v. 36.

2 *Ibid.*, v. 290-293.

3 J. Rotrou, *Crisante*, dans *Théâtre complet*, t. IV, éd. G. Forestier, Paris, Société des textes français modernes, 2001, v. 49-52.

Finalement, la tragi-comédie *Venceslas* (1647), bien qu'acclamée à son époque, n'est pas non plus exempte de sentiments déshonnêtes, surtout envers les femmes. Revêtant des formes socialement inacceptables, la conduite de Ladislas à l'endroit de Cassandre est, sous tous ses aspects, révoltante. Point de douceur dans son discours, point de déférence dans son abord, le prince n'a que faire de la morale et des politesses :

> Après ses sentiments à mon honneur sinistres,
> L'essai de ses présents, l'effort de ses ministres,
> Ses plaintes, ses écrits, et la corruption
> De ceux qu'il crut pouvoir servir sa passion,
> Ces moyens vicieux aidant mal sa poursuite,
> Au vertueux enfin don amour est réduite ;
> Et pour venir à bout de mon honnêteté,
> Il met tout en usage, et crime et piété[1].

La rencontre entre les protagonistes, qui survient à l'acte II, déconstruit le stéréotype de l'entretien galant. Le ton en est éminemment violent, et l'on assiste, plutôt qu'à un échange civil et courtois, à une suite de répliques emportées par où éclate la fureur de Ladislas. Les actes suivants contribuent à dresser de ce prince polonais un portrait peu flatteur. Ambitieux, tyrannique, irascible, Ladislas a tous les défauts, mais le principal, vu son projet de posséder Cassandre, est sans doute sa malhonnêteté. En cela, il est à ranger parmi les nombreux personnages masculins de Rotrou qui, se présentant comme de parfaits impudents, font fi des exigences éthiques de leur époque.

Or, tout bien considéré, ce phénomène pose problème. Comment interpréter ces choix dramaturgiques dans le contexte des années 1630, où triomphe la culture de l'honnête homme ? Comment expliquer que le théâtre de Rotrou mette en scène des situations où la pudeur féminine est attaquée, alors que le respect dû aux dames apparaît de plus en plus comme un élément déterminant de la réussite sociale ? Il est clair que les dramaturges arrivent difficilement à concilier la morale de l'honnêteté avec le style grave et véhément de la tragédie. Ainsi que le ton de la conversation, l'éthique mondaine est aux antipodes du langage et des valeurs héroïques. C'est la raison pour laquelle Rotrou doit procéder par

1 J. Rotrou, *Venceslas*, dans *Théâtre complet*, t. I, éd. G. Forestier, Paris, Société des textes français modernes, 1998, v. 415-422.

antithèse : la description du héros malhonnête renvoie paradoxalement à celle de l'honnête homme, qui doit s'imposer en définitive à l'esprit du spectateur, après que ce dernier eut jugé de la part d'impolitesse et de brutalité chez des personnages comme Ladislas et Cassie. De ce point de vue, les pièces de Rotrou recèlent elles aussi une fonction civilisatrice. Mais c'est une fonction qu'elles n'assument qu'indirectement, en privilégiant un enseignement par la négative plutôt que par l'illustration.

Pour finir, les personnages féminins, dans les tragédies *Méléagre* (1641) de Benserade et *Bradamante* (1637) de La Calprenède, se présentent sous un jour tout à fait inattendu. Bradamante est cette jeune et belle guerrière issue du *Roland furieux* de l'Arioste qui provoque en duel quiconque demande sa main. Atalante est une chasseresse redoutable connue pour avoir abattu le sanglier du Calydon. Aussi, ces qualités « masculines » devraient normalement en faire des créatures proches des Amazones. Or même ici, le modèle de l'honnête femme continue de prévaloir, et ce, au détriment de la tradition mythologique.

Bien que virile et courageuse à la chasse, Atalante sait faire preuve de douceur en privé, et tout spécialement lorsqu'elle s'entretient avec Méléagre :

> Avecque cet œillet, ces mirtes, et ces roses,
> Je vous fais présent de mille belles choses[1].

Ce langage est celui des honnêtes gens. Le vocabulaire en est trié, châtié et délicat ; les images, belles et agréables à l'esprit ; la phrase, équilibrée, claire, pleine de cette harmonie qu'apprécie la société aristocratique. Comme pour les héroïnes de Mairet, la bienséance exige d'Atalante qu'elle voile la vérité de son amour par un discours tout en mesure. À l'acte III, un dialogue rempli de civilités la montre à la fois pudique et consciente du potentiel suggestif de ses déclarations :

> Je ne vous montre pas des sentiments si fermes
> Et ne vous parle point en de semblables termes,
> Pour ne vous point donner ni mon cœur ni ma foi[2],

1 I. de Benserade, *Méléagre*, Paris, A. Sommaville, 1641, acte I, sc. 2.
2 *Ibid.*, acte III, sc. 1.

dit-elle avec gêne, n'avouant que du bout des lèvres l'amour qu'elle éprouve pour Méléagre. Ce n'est qu'une fois le mariage consommé qu'elle pourra laisser libre cours à sa passion :

> Maintenant que le Ciel autorise ma flamme,
> Que je puis sans rougir manifester mon âme,
> Et vous en découvrir la glorieuse ardeur
> Sans que je fasse injure à l'honnête pudeur [...][1].

Quant à Bradamante, sa vigueur au combat équivaut bien à celle de Roger, mais cette fougue est adoucie par une humeur courtoise et un esprit amoureux. C'est le portrait d'une héroïne à la fois généreuse et galante qu'on nous dresse, à mi-chemin entre le vieil idéal tragique et le modèle élégiaque :

> Maintenant que je puis soupirer et me plaindre,
> Et qu'aucune raison ne m'oblige de feindre,
> Hipalque encore un coup que je t'ouvre mon cœur[2].

En résulte une forme d'honnêteté qui repose d'abord et avant tout sur l'idée de *mérite*. Ce substantif revient fréquemment dans la langue classique pour qualifier une femme d'exception. Furetière, dans son dictionnaire, définit le mérite comme l'« [a]ssemblage de plusieurs vertus ou bonnes qualités en quelque personne, qui lui donne de l'estime et de la considération[3] ». En l'occurrence, Atalante et Bradamante allient beauté et force, douceur et courage ; en elles « s'assemblent » les plus hautes qualités féminines et masculines. « Une belle femme qui a les qualités d'un honnête homme, précise pour sa part La Bruyère, est tout ce qu'il y a au monde d'un commerce plus délicieux ; et l'on trouve en elle tout le mérite des deux sexes[4] ».

Par ailleurs, le personnage d'Atalante jouit d'un statut privilégié dans les arts poétiques de la première moitié du XVIIe siècle. Il est cité à de nombreuses reprises par La Mesnardière, qui ne tarit pas d'éloges pour la tragédie *Méléagre* : « Le peintre qui l'a figurée, la représente si belle,

---

1 *Ibid.*, acte V, sc. 1.

2 La Calprenède, *Bradamante*, Paris, A. Sommaville, 1637, v. 561-563.

3 A. Furetière, *Dictionnaire universel*, La Haye/Rotterdam, Arnout et R. Leers, 1690, t. II, p. 1304.

4 La Bruyère, *Les Caractères*, « Des femmes », 13.

si galante en ses habits, et si charmante en ses manières qu'il est certes pardonnable au jeune et vaillant Méléagre d'en devenir amoureux[1] ». Puis il renchérit : « si donc Méléagre a de l'amour, c'est pour une fille de roi, la plus célèbre de son temps[2] », laquelle fait voir « par ses manières que les civilités du Prince ne lui sont pas désagréables[3] ». Plus spécifiquement, ce que le théoricien admire dans la pièce de Benserade, c'est l'équilibre qu'on y trouve dans la construction des personnages. Atalante n'est pas une guerrière à la virilité excessive ; c'est une amoureuse au cœur tendre et aux sentiments pudiques. De même, Méléagre est bien plus qu'un galant ; c'est un héros capable de faire face avec aplomb à l'iniquité de sa mère.

Comme pour Philotée, dans l'*Introduction à la vie dévote* de saint François de Sales, la principale caractéristique des héroïnes de Benserade et de La Calprenède est donc de répandre partout autour d'elles un idéal de politesse et d'honnêteté[4]. C'est à leur exemple, et sous leur autorité, que les personnages masculins dans ces pièces se transforment en honnêtes hommes, qu'ils apprennent à adoucir leurs mœurs et à polir leur langage. Bradamante offre son cœur à qui saura la désarmer, mais aussi, et surtout, à qui saura lui plaire. Elle est au centre d'un « tournoi » qui exige de tous les compétiteurs qu'ils rivalisent non uniquement de force, mais encore de civilité. En ce sens, l'honnêteté féminine remplit dans ces tragédies une mission civilisatrice de premier plan : instituée en modèle, elle provoque l'émulation, agit par une sorte de mimétisme afin de susciter celle des hommes.

LE COMMERCE DES FEMMES

Cette mise en scène de l'honnête femme constitue un motif récurrent de la littérature dramatique de la première moitié du XVIIe siècle. À cet égard, on peut dire que la tragédie emprunte au discours contemporain

1 La Mesnardière, *La Poétique*, Paris, A. Sommaville, 1639, p. 188.
2 *Ibid.*, p. 197.
3 *Ibid.*, p. 191.
4 « Le rôle attribué à Philotée devient évident : rayonner autour d'elle et rendre contagieuse la “simple liberté, confiance et familière franchise” qui porte à la gaieté et au rire innocents », M. Fumaroli, « L'empire des femmes », *op. cit.*, p. 327.

sur la femme, qu'elle s'imprègne de la réflexion sur son rôle civilisateur, thème hérité de la courtoisie du Moyen Âge et des doctrines néoplatoniciennes de la Renaissance[1]. Les travaux de Marc Fumaroli, puis ceux de Linda Timmermans, auquel le développement qui suit est largement redevable, ont montré à quel point le rôle des femmes à l'intérieur de la culture classique est prédominant. Plus que des maîtresses de maison, les grandes dames de l'aristocratie française furent les véritables médiatrices des valeurs de l'honnêteté au sein de la société mondaine. Tout au long de ce siècle rompu aux loisirs et aux divertissements, leur règne sera d'attirer à elles les honnêtes gens, « qui ne se piquent de rien, sinon d'être heureux ensemble dans l'archipel enchanté et contagieux de la "bonne compagnie"[2] ».

Faret, dans le prolongement de Castiglione (*Il Cortegiano*), accorde une grande importance à la conversation féminine dans la formation de l'honnête homme. Il consacre toute la dernière partie de son traité à cette question. La complaisance, précise-t-il, s'apprend parmi les femmes. Et s'il faut préférer les conversations utiles entre personnes dévotes, il ne faut pas négliger non plus celles qui ont pour fin le loisir destiné à la récréation :

> Maintenant après avoir traité de l'entretien du Prince, et de la conversation des égaux, il reste à parler de celle des femmes, de laquelle on peut dire que, comme elle est la plus douce et la plus agréable, elle est aussi la plus difficile et la plus délicate[3].

Caractérisé par ce que Madeleine de Scudéry nomme l'« esprit de joie », cette conversation rejoint le « commerce des cœurs » dont parle saint François au chapitre XVII de l'*Introduction à la vie dévote* : sorte de dialogue « qui révèle chez les interlocuteurs une heureuse maturité spirituelle[4] » et qui met à profit toutes les ressources galanterie :

> Enfin, c'est ici que toutes les règles de la plus délicate complaisance se doivent mettre en pratique, et que les plus humbles soumissions sont de bonne grâce à qui que ce soit[5].

1 « C'est une thèse platonicienne que seule la société des femmes civilise la farouche nature des hommes, barbares et mal polis de leur naturel, que la civilisation et les arts ne fleurissent qu'autant que les femmes sont choyées et écoutées », M. Angenot, *Les champions des femmes*, *op. cit.*, p. 142.

2 M. Fumaroli, « L'empire des femmes », *op. cit.*, p. 336.

3 N. Faret, *L'Honneste homme*, *op. cit.*, p. 95.

4 M. Fumaroli, « L'empire des femmes », *op. cit.*, p. 325.

5 *Ibid.*, p. 96.

Parmi les bénéfices qu'elle procure au gentilhomme, la conversation des femmes lui permet d'approfondir sa connaissance des règles de la politesse, mais aussi – et cela est central dans le traité de Faret – elle lui permet de s'exercer à l'art de plaire. Cette idée que la femme puisse constituer la première éducatrice de l'homme en cette matière, loin d'être isolée, est au contraire largement partagée par les contemporains. Pour l'abbé Cotin, c'est à « l'école des femmes », et nulle part ailleurs, que s'acquièrent les rudiments du « métier » d'honnête homme : « Les femmes de qualité ont poli mes mœurs et cultivé mon esprit[1] ». Ce sont là les termes d'un discours fort répandu à l'époque classique, qui fait de la femme une référence, un point de repère de la culture mondaine[2]. Balzac, quand il a opposé la rhétorique savante des doctes à la grâce de la conversation féminine, décrit Mme des Loges comme une « femme [...] qui vaut plus que tous nos livres, et dans la conversation de laquelle il y a dequoy se rendre honneste homme sans l'ayde des Grecs, ny des Romains[3] ». Il est suivi en cela par le chevalier de Méré, qui affirme dans ses *Conversations* qu'on n'est « jamais tout à fait honnête homme, ou du moins galant homme, que les Dames ne s'en soient mêlées[4] ».

Concrètement, ce que la femme enseigne à l'honnête homme, c'est, entre autres vertus, l'art de bien parler. Ici encore, le présupposé est bien connu : « Les femmes ont naturellement l'avantage de mieux parler que

1 Cité par R. Duchêne, « L'école des femmes au XVIIe siècle », dans *Écrire au temps de Mme de Sévigné. Lettres et texte littéraire*, Paris, Vrin, 1982, p. 85.

2 M. Magendie a jadis entrepris d'étudier ce phénomène : « Rien ne peut mieux polir les mœurs des hommes, qu'un commerce suivi avec les dames [...] », *La politesse mondaine et les théories de l'honnêteté, en France au XVIIe siècle, de 1600 à 1660*, t. I, Paris, F. Alcan, 1925, p. 88. Selon Mme de Lambert, « on n'ôter[a] point aux femmes la gloire d'avoir formé ce que nous avons eu de plus honnêtes gens dans le temps passé. C'est à elles qu'on doit la douceur des mœurs, la délicatesse des sentiments, et cette fine galanterie de l'esprit et des manières », *ibid.*, p. 89. – De même, Gabriel Gilbert, dans son *Panégyrique des dames*, s'exprime en ces mots : « Les hommes qui n'ont point de communication avec les femmes, sont peu sociables ; ils sont rudes & farouches, & ceux qui les fréquentent ont beaucoup de complaisance & de douceur ; [...] l'on voit donc que c'est des femmes que les hommes apprennent les bonnes mœurs, & que c'est d'elles qu'ils acquièrent les qualités nécessaires à la douceur & la tranquillité de la vie civile », Paris, A. Courbé, 1650, p. 31-32.

3 G. de Balzac, *Lettre à Vaugelas*, cité par L. Timmermans, *L'accès des femmes à la culture*, *op. cit.*, p. 141.

4 Méré, *De la conversation*, dans *Œuvres complètes*, t. I, éd. C.-H. Boudhors, Paris, F. Roches, 1930, p. 18.

[les hommes] », affirme Pierre-Jacques Brillon[1]. Scudéry, dans l'épître aux Dames précédant les *Harangues héroïques*, formule un jugement qui aura valeur de dogme :

> [E]ntre mille belles qualitez, que les Anciens ont remarquées en votre Sexe ; ils ont toujours dit, que vous possédiez l'éloquence sans art, sans travail, & sans peine : que la Nature vous donnoit libéralement, ce que l'estude nous vend bien cher : que vous naissiez ce que nous devenons en fin : & que la facilité de bien parler vous est naturelle, au lieu qu'elle nous est acquise[2].

Ce « naturel », ainsi que le nomme le XVIIe siècle, n'équivaut pas à l'irruption brutale de la nature. Il relève plutôt d'un art de société. Ennemi de l'affectation, il se caractérise par l'absence d'étude, par le refus de la pédanterie. Pour Saint-Évremond, le « naturel » appartient en propre au verbe féminin[3]. « La force du raisonnement est pour les hommes, confirme Grenaille dans l'*Honnête fille*, mais la grâce du langage est pour les femmes[4] ». S'ensuit une forme spécifique d'éloquence, qui repose principalement sur l'idée de délicatesse :

> Les entretiens des dames, dont les grâces font penser aux bienséances, sont encore plus nécessaires pour s'achever dans l'honnêteté. Ceux qui ne sont pas faits à leur manière délicate et mystérieuse ne savent bien souvent que leur dire, [...] mais un galant homme, qui s'accoutume à leurs façons, le désir d'acquérir leurs bonnes grâces lui fait prendre un tour insinuant et le rend tout autre [...][5].

De par sa supériorité en fait d'honnêteté, la femme oblige l'homme à un plus grand raffinement dans la conversation. Elle le force à adopter un langage courtois, plein d'agréments, un langage dénué de rudesse et d'érudition, en accord avec le style « simple » prôné par l'esthétique mondaine[6].

---

1 P.-J. Brillon, *Le Théophraste moderne*, cité par L. Timmermans, *L'accès des femmes à la culture*, *op. cit.*, p. 147.

2 G. et M. Scudéry, *Les Femmes illustres ou les harangues héroïques*, Paris, A. Sommaville et A. Courbé, 1642, p. 25.

3 Saint-Évremond, *Idée de la femme qui ne se trouve point*, dans *Œuvres en prose*, t. II, éd. R. Ternois, Paris, Société des textes français modernes, 1966, p. 53.

4 F. Grenaille, *L'Honneste fille*, éd. A. Vizier, Paris, Champion, 2003, p. 175. – Ainsi, la rencontre en un même lieu des hommes et des femmes initie les premiers à « l'esprit de loisir », les secondes à la « vie de l'esprit », M. Fumaroli, « L'empire des femmes », *op. cit.*, p. 336.

5 Méré, *De la conversation*, dans *Œuvres complètes*, t. I, *op. cit.*, p. 75.

6 « [L]e bonheur de l'*otium* serait tout aussi bien ruiné par la "dispute" grave et sérieuse, où nul enjouement n'est permis, sur des sujets "graves et sérieux" que seuls peuvent discuter

Que les héroïnes de Mairet, de Benserade et de Quinault se comportent en apôtres des convenances et du civisme n'a donc rien d'étonnant. Pour « plaire » au spectateur, les dramaturges vont puiser dans les configurations culturelles une figure qui symbolise la nouvelle condition sociable de l'homme : « À partir du moment où les valeurs de la société coïncident avec les qualités attribuées à la féminité, la femme n'est plus considérée seulement comme une image à contempler, mais comme un miroir où les hommes doivent se regarder afin de pouvoir y construire leur propre image [...][1] ». Se précisent une fois de plus les rapports qu'entretient l'œuvre dramatique avec les différents discours sur la femme. De la même façon que la dramaturgie classique absorbe la réflexion sur les civilités, notamment au travers de la règle des bienséances, les théories de l'honnêteté interviennent dans la composition des personnages féminins. Ainsi est-il permis de parler de « sociopoétique » du texte théâtral, dans la mesure où le travail du poète consiste en une écriture des représentations et de l'imaginaire des relations sociales.

Il ne faudrait pas négliger enfin l'apport d'un autre genre théâtral, la comédie, dans le traitement dont font l'objet les figures féminines sur la scène du Grand Siècle. En effet, si les pièces de Corneille et de Molière correspondent au goût pour la politesse et les civilités, cela est en grande partie dû à la mise en scène de l'honnête femme. Agnès, dans *L'École des femmes*, et Célimène, dans *Le Misanthrope*, sont au centre d'une sociabilité du plaisir et de l'enjouement. Se posant en maîtresses du jeu de la séduction et de la parole, toutes deux « incarnent l'idéal mondain [...] contre ce que la "doctrine" peut avoir de stérilisant et de mort[2] ». Dans son ouvrage sur la culture du XVIIe siècle, Jean Mesnard oppose le personnage de Célimène, « le plus mondain, le plus soucieux de plaire[3] », à celui d'Alceste, qui lui tourne le dos à la civilité. Pour l'éminent spécialiste, la comédie de Molière développerait une critique

des spécialistes et qui plongent nécessairement dans l'ennui tous les autres. Comme chez Méré, c'est donc la femme, la dame noble et oisive, déliée de toute responsabilité politique et pratique, indemne de toute formation spécialisée et dont la *paideïa* s'est faite dans la lecture des romans et dans la conversation du "monde", qui est l'arbitre de la forme comme du contenu des conversations, parce que c'est en elle que réside le principe du pur loisir », M. Fumaroli, « L'empire des femmes », *op. cit.*, p. 336.

1 J. Lichtenstein, « Le commerce des dames », *Comédie-Française*, n° 131-132, 1984, p. 34.

2 E. Bury, *L'invention de l'honnête homme*, *op. cit.*, p. 125.

3 J. Mesnard, « *Le Misanthrope*, mise en question de l'art de plaire », dans *La culture du XVIIe siècle*, *op. cit.*, p. 524.

de l'art de plaire, symbolisée par le refus de ce dernier de se plier à la flatterie. Cette lecture est très certainement valable. Toutefois, elle n'insiste pas suffisamment à notre avis sur une dimension cruciale de la pièce, à savoir qu'il revient à un personnage féminin, et non à un personnage masculin, d'y incarner la morale de l'honnêteté.

Bien sûr, le cas de Célimène dans *Le Misanthrope* est éloquent. Passée maître dans l'art des jeux d'esprit et des traits d'humour, l'héroïne est avant tout la représentation de la précieuse du siècle classique. Toutefois, ce n'est pas que dans la comédie où l'on trouve de ces héroïnes soucieuses des bonnes manières. La tragédie et la tragi-comédie les accueillent également, et ce, bien avant l'époque de Molière – ce qui prouve d'ailleurs que les frontières entre les différents genres théâtraux ne sont pas étanches, qu'il existe entre eux une forme d'intergénéricité. Pour cette raison, il ne suffit pas de réfléchir au phénomène par lequel le personnage féminin devient un objet symbolique, délimité par les pratiques culturelles et discursives. Il faut encore souligner que ce phénomène confère aux figures féminines un rôle spécifique à l'intérieur de l'œuvre dramatique, un rôle qui, comme les chapitres précédents l'ont montré, se veut foncièrement *autoréflexif*.

LE RÔLE CIVILISATEUR DU THÉÂTRE

À vrai dire, il est possible de considérer tout passage où cette fonction civilisatrice de l'honnête femme est illustrée comme une mise en abyme de la scène elle-même, eu égard à la mission dont elle est investie au XVIIᵉ siècle de « civiliser » le public. À partir des années 1630, le rôle dévolu au théâtre est de même nature que celui imparti aux dames. Il s'agit de polir les mœurs du spectateur, de manière qu'il sorte du théâtre l'esprit plus honnête, l'âme plus pure qu'il n'y est entré.

Cet objectif est à la base de l'action de Richelieu en ce qui a trait aux spectacles[1]. Dès le début de son ministère, l'intérêt personnel du

1 Sur la politique théâtrale de Richelieu, voir, outre l'ouvrage de Georges Couton, *Richelieu et le théâtre*, Lyon, Presses universitaires de Lyon, 1986, l'article de C. Guillot, « Richelieu et le théâtre », *Transversalités*, n° 1, 2011, p. 85-102.

cardinal pour l'art dramatique se mute en une politique théâtrale officielle. Dans le but d'en faire un divertissement à la fois « utile » et « honnête », il entreprend de réformer le théâtre, de l'*ordonner*, suivant les principes qui guident sa politique intérieure. La première étape de ce grand dessein est d'épurer la scène – les sujets, les caractères, la vie et les mœurs des comédiens. La Déclaration royale du 16 avril 1641 pose comme une nécessité le bannissement des « représentations peu honnêtes qui laissent de mauvaises impressions sur les esprits[1] ». Il importe, peut-on y lire, que les dramaturges s'engagent à « retrancher tous les dérèglements » par lesquels la pudeur du spectateur pourrait être offensée ; que les comédiens évitent « de représenter aucunes actions malhonnêtes ni d'user d'aucunes paroles lascives ou à double entente, qui puissent blesser l'honnêteté publique » ; enfin, « que les comédies se représentent utilement pour le divertissement[2] ». Dictée par Richelieu, la Déclaration royale s'attaque en premier lieu aux pratiques scéniques qui rappellent le théâtre « populaire », celles de la farce et de la tragédie baroque, si prospères au début du siècle. Elle découle de la volonté d'un ministre qui, comme le rapporte Georges Couton, « ne se contentait pas de cautionner par son attitude personnelle la moralité des représentations dramatiques », mais qui par sa politique « favorisait le développement d'un théâtre de bonne compagnie et irréprochable pour les mœurs[3] ».

Dans le *Projet pour le rétablissement du théâtre français*, également commandé par Richelieu, l'abbé d'Aubignac reprend les mêmes directives, tout en reconnaissant le progrès accompli par le « Théâtre français » depuis qu'il a bénéficié des « soins et libéralités de feu M. le Cardinal de Richelieu[4] ». « [I]l est nécessaire avant toutes choses, [...] que les représentations [soient] réduites dans l'honnêteté », et, pour y parvenir, « de ne rien faire ni dire sur le théâtre contre les bonnes mœurs[5] ». Comme son maître et commanditaire, d'Aubignac se montre en faveur d'un théâtre épuré constituant un divertissement honnête et d'utilité publique – on retrouvera des arguments semblables chez Voltaire et Diderot, qui considèrent le théâtre avant tout comme une école de

1 Texte dans Ch. Urbain et É. Levesque, *L'Église et le théâtre*, Paris, Grasset, 1930, p. 9-10.
2 *Ibid.*, p. 10.
3 J. Mesnard, « Richelieu et le théâtre », dans *La culture du* XVII*e* *siècle*, *op. cit.*, p. 178.
4 Texte relié à *La Pratique du Théâtre*, Paris, A. Sommaville, 1657, p. 347.
5 *Ibid.*, p. 354.

philosophie civique et morale[1]. Or, cette idée d'un théâtre « utile » allait de pair avec celle d'un théâtre d'État, d'un théâtre *au service* de l'État, c'est-à-dire au service de l'ordre et de la régularité[2].

En outre, pour le cardinal comme pour les dramaturges, cette réforme est rendue nécessaire pour deux raisons. La première concerne l'évolution des publics. L'histoire des salles parisiennes au XVIIe siècle montre que les « honnêtes gens » sont de plus en plus nombreux à fréquenter les théâtres à partir des années 1630[3]. Le parterre est « un amas d'honnêtes gens qui se divertissent », affirme l'abbé d'Aubignac dans *La Pratique du Théâtre*[4]. Possédant l'avantage du nombre, ce public mondain crée la mode : il influe sur le spectacle, libère le théâtre de sa réputation vulgaire et populaire. Un homme d'honneur n'approuvera jamais qu'on lui présente « des Histoires impudiques et de mauvais exemple », pleines « d'impuretés et de bouffonneries[5] ». Il en va, nous l'avons dit, d'un principe de conformité avec la sensibilité du public. « Depuis qu'on a banni des théâtres tout ce qui pouvait souiller les oreilles les plus délicates », la représentation des pièces de théâtre « est l'un des plus innocents divertissements et le plus agréable[6] », peut-on lire dans la *Gazette* de Renaudot (6 janvier 1635). C'est dire que l'art de plaire qui définit les interactions entre les hommes s'étend désormais à la relation entre la scène et le parterre.

D'autre part, l'épuration prônée par Richelieu s'inscrit dans un programme politique. On sait que le cardinal voyait dans le théâtre un formidable outil de propagande. Selon Georges Couton, les comédies héroïques *Mirame* et *Europe* de Desmarets de Saint-Sorlin, proche collaborateur de Richelieu, sont la justification de la politique extérieure

1 « Les devoirs des hommes sont un fonds aussi riche pour le Poète dramatique, que leurs ridicules et leurs vies ; et les pièces honnêtes et sérieuses réussissent partout ; mais plus sûrement encore chez un peuple corrompu qu'ailleurs. C'est en allant au théâtre qu'ils se sauveront de la compagnie des méchants dont ils sont entourés ; [...] c'est là qu'ils verront l'espèce humaine comme elle est, et qu'ils se réconcilieront avec elle », D. Diderot, *Discours de la poésie dramatique*, texte lié à la comédie *Le Père de famille*, Amsterdam, s. é., 1758.

2 Voir à ce sujet l'ouvrage de D. Blocker, *Instituer un « art » : politiques du théâtre dans la France du premier XVIIe siècle*, Paris, Champion, 2009.

3 Voir les travaux fondateurs de W. Deierkauf-Holsboer, *Le théâtre de l'Hôtel de Bourgogne*, Paris, Nizet, 1968-1970, et *Le théâtre du Marais*, Paris, Nizet, 1954-1958.

4 D'Aubignac, *La Pratique du Théâtre*, *op. cit.*, p. 8.

5 *Ibid.*, p. 352.

6 Cité par C. Mazouer, *Le théâtre français de l'âge classique*, Paris, Champion, 2007, p. 140.

menée par la France depuis les années 1620. De même, la tragédie cornélienne a souvent été lue comme la traduction du projet absolutiste. Cette vocation de promotion de l'idéologie monarchiste est sans doute une caractéristique importante du théâtre des années 1630-1640. Mais là n'est pas la première « utilité » du théâtre, telle qu'ont pu l'envisager Richelieu et les doctes qui l'entourent. Pour d'Aubignac, la fonction principale du spectacle théâtral consiste dans l'éducation du public : « Par des moyens qui tombent sous les sens », les spectacles constituent « une secrète instruction des choses les plus utiles au peuple[1] ». Nous retrouvons ici la métaphore du théâtre « École des peuples », si fréquente sous la plume des dramaturges de la Renaissance. Mais cette fois-ci, l'enseignement dont il est question ne se ramène plus uniquement à la maîtrise des passions. Il n'est plus à résonance stoïcienne, comme dans le théâtre de Montchrestien par exemple, où tout le profit du spectateur réside dans l'affermissement de la constance. Ce que le théâtre propose de plus essentiel encore, dans le contexte de ce que Norbert Élias appelle le « processus de civilisation », ce sont les nouvelles règles de la vie sociale.

De tous les arts, le théâtre est effectivement celui qui contribua le plus à la diffusion de l'idéal civil que préconisait le cardinal. Cela est à entendre de deux façons. L'éducation morale et civile de la noblesse a certainement été l'une des préoccupations majeures de Richelieu. La longue période de guerre dans la seconde moitié du XVIe siècle avait barbarisé une élite qu'il fallait désormais convertir à la cause de l'État. Les lettres et les arts, qui aidèrent d'abord Richelieu à construire sa gloire personnelle, devinrent, lorsque son pouvoir s'affermit, des moyens d'attirer à lui cette élite, de lui imposer sa vision de la nation. Et ce sens civique appelait un sens aigu des civilités. La première définition que donne Furetière de l'adjectif *civil* est « ce qui regarde le bien public, le repos des citoyens ». Cela se dit aussi, précise-t-il, de « ce qui est honnête & raisonnable[2] ». En réalité, les deux sens sont imbriqués dans l'esprit de Richelieu. Parce qu'elles impliquent un plus grand contrôle de soi, une plus grande maîtrise des pulsions individuelles, les civilités sont d'une absolue nécessité en ce qui concerne son programme politique. La soumission au pouvoir central passe par la soumission aux normes du savoir-vivre.

1 D'Aubignac, *La Pratique du Théâtre*, *op. cit.*, p. 40.
2 A. Furetière, *Dictionnaire universel*, *op. cit.*, t. I, p. 629.

C'est ici que l'art dramatique se révèle des plus « utiles ». Plus que jamais sous le ministère de Richelieu, il incombe au théâtre d'enseigner les bonnes mœurs, de propager les valeurs de l'honnêteté. En atteste l'accent mis dans *La Poétique* de La Mesnardière sur les bienséances, considérées à la fois comme une source de plaisir et d'instruction[1]. Cette question constitue la toile de fond de l'ouvrage. Elle détermine le titre des chapitres (« Les sentiments déshonnêtes », « Les sentiments incivils »), aussi bien que les nombreux exemples invoqués. Usant des mêmes arguments, Scudéry affirme que « de toutes les façons d'instruire, elle [la comédie] est sans doute la plus agréable, et par conséquent la plus utile[2] ». On reconnaîtra la dette de ces auteurs envers les traditions horacienne et aristotélicienne, et plus spécifiquement envers la notion d'*eutrapelia*. Cette vertu, qui désigne pour Aristote le bon usage de la plaisanterie dans la conversation[3], est assimilable de façon plus large à l'honnêteté, à la « bonne humeur » ; « elle désigne l'équilibre spirituel auquel chacun doit tendre, et que l'on ne saurait atteindre sans s'accorder parfois quelque récréation[4] ». Par définition, l'*eutrapelia* trouve dans la comédie son milieu naturel. Mais elle se rencontre aussi dans la tragédie, où elle agit comme un instrument pédagogique. S'inspirant de l'*Éthique à Nicomaque*, Scudéry et La Mesnardière définissent une dramaturgie de l'agrément ayant pour but, moins de purger les passions, que de corriger les mœurs au moyen d'une « modeste gaieté et joyeuseté » (François de Sales) qui restaure la paix du cœur, d'une culture de l'esprit et de la parole, « qui se réserve le bonheur dans l'*otium*[5] ». Ce faisant, ils en appellent à la valeur « hygiénique » de l'eutrapélie. Saint-Évremond, parlant des sentiments qu'éveille le spectacle tragique, indique le glissement sémantique que subit la notion de *catharsis* dans la première moitié

1 « Je ne veux pas dire pourtant que la gloire de profiter de la gravité des Préceptes, appartienne moins au Poète que celle de récréer par la douceur de ces chants. Mais puisque le Philosophe ne se mêle que d'enseigner, sans qu'il se soucie de plaire, il ne faut pas que le Poète s'entremette si fort d'instruire, qu'il ne donne beaucoup de soins au dessein de divertir. C'est aussi pour cette raison qu'il doit tâcher d'acquérir la souveraine politesse, qui est proprement la grâce qui touche l'imagination [...] », La Mesnardière, *La Poétique*, *op. cit.*, p. 2-3.

2 G. Scudéry, *Apologie du théâtre*, Paris, A. Courbé, 1639, p. 3.

3 *Cf.* Aristote, *Éthique à Nicomaque*, IV, 14.

4 L. Thirouin, *L'aveuglement salutaire. Le réquisitoire contre le théâtre dans la France classique*, Paris, Champion, 1997, p. 223.

5 M. Fumaroli, « L'empire des femmes », *op. cit.*, p. 335.

du XVIIe siècle : « Toute notre crainte n'est maintenant qu'une agréable inquiétude[1] ». Cela prouve assez que la tragédie, en conformité avec les enseignements d'Horace, est bel et bien devenue ce divertissement honnête et profitable souhaité par Richelieu.

Les valeurs de l'honnêteté – que l'on peut, comme on vient de le voir, rapprocher de la notion d'eutrapélie – n'apparaissent pas seulement dans les pièces que nous avons commentées ; elles fondent le système philosophique et moral de nombreuses autres tragédies des années 1630-1640. De ce point de vue, l'opinion de Georges Couton semble confirmée : bien que la « Compagnie des cinq auteurs » n'ait produit aucune œuvre tragique à proprement parler, il existerait vraisemblablement une tragédie de « style Richelieu », c'est-à-dire une tragédie qui, en plus d'accorder la primauté à la raison d'État, correspond sur les plans esthétique et dramaturgique à la nouvelle culture mondaine. Dans ce type de tragédie, les héros sont façonnés selon une *païdeïa* proposée comme un modèle de comportement humain, tant et si bien que la scène conquiert un statut unique dans l'*épistèmê* du XVIIe siècle, celui d'une école du monde, dispensatrice des valeurs qui organisent la vie en société : courtoisie, douceur, grâce, délicatesse.

Cette portée civilisatrice du théâtre, il convient enfin de la mettre en rapport avec celle que détiennent les dames sous l'Ancien Régime. Tout un discours autorise ce rapprochement, à commencer par les témoignages des contemporains. Scudéry, dans son *Apologie du théâtre*, se sert de ces liens comme d'une caution garantissant la moralité du spectacle. Dans une comparaison à laquelle il faut accorder une réelle valeur symbolique, le dramaturge rapproche la Comédie (entendons la représentation théâtrale) de l'honnête femme :

> Il est vrai que comme les honnêtes femmes peuvent porter les ornements proportionnés à leur condition, mais non pas les habits indécents des Courtisanes, de même la Comédie doit s'orner de toutes les grâces, et de toutes les richesses dont elle est capable, et non pas de ces dangereuses maximes qui peuvent corrompre les bonnes mœurs[2].

Ce n'est pas la première fois qu'un auteur emploie l'image de la femme pour qualifier la poétique tragique. Dans son traité, La Mesnardière

1 Saint-Évremond, *De la tragédie ancienne et moderne*, dans *Œuvres en prose*, t. III, *op. cit.*, p. 156.
2 G. Scudéry, *Apologie du Théâtre*, *op. cit.*, p. 5-6.

utilise la métaphore de la Reine pour décrire le style majestueux de la tragédie cornélienne : « la Tragédie, semblable à une Reine, doit toujours agir également, être uniforme en ses façons, aller toujours même train, et jamais ne relâcher de la gravité vénérable une fois professée[1] ». Dans les deux cas, l'analogie excède la simple figure de style. Elle indique qu'il existe, dans l'ordre de la pensée, une relation d'identité entre la scène et la femme. C'est là une découverte fondamentale pour comprendre le traitement du féminin dans le théâtre du XVIIe siècle. Qu'elle concerne l'esthétique du spectacle ou encore sa dimension politique, l'association « femme-tragédie » paraît symptomatique d'un schème mental profondément enraciné dans la culture classique.

Ainsi, en mettant en scène la figure de l'honnête femme, le théâtre représente son pouvoir civilisateur, il exhibe son « utilité » aux yeux du public. Comme pour la technique baroque du « théâtre dans le théâtre », qui permet d'interroger, par le biais du redoublement structural, la nature de l'illusion référentielle, la représentation de l'honnêteté féminine correspond à un stade précis dans l'histoire des pratiques scéniques en France, un stade que l'on pourrait nommer, pour emprunter au vocabulaire de la psychanalyse, « stade du miroir » – phase archaïque de la construction de soi, ou, en des termes plus proches de l'univers théâtral, de l'identification de la scène à sa propre image. L'honnête femme possède à l'intérieur de la fable une fonction *mimétique*, par cela même que, personnifiant les enjeux de la représentation, elle se pose en miroir réfléchissant, en reflet qui n'est rien d'autre qu'une évocation de l'œuvre par elle-même en tant qu'œuvre. C'est tout le sens des personnages de Sylvie et de Silvanire. Ces charmantes bergères qui excellent dans l'art de plaire font plus que symboliser la morale de l'honnêteté, telle qu'elle se diffuse en France dans la première moitié du XVIIe siècle. En incarnant la mission civilisatrice du théâtre, elles répondent à une logique spéculaire. Comme tant d'autres héroïnes de l'époque, elles sont les visages par lesquels le théâtre cherche à se définir, puis à imposer une vision ennoblie de lui-même.

1 La Mesnardière, *La Poétique*, *op. cit.*, p. 399.

CONCLUSION

> Ah ! Dansons pour Bakkhios, célébrons à grands cris le malheur de Penthée [...]. Bacchantes Kadméennes, votre chant triomphal glorieux se termine en lamentations, en larmes. Beau combat que celui où d'un bras qui ruisselle de sang on étreint le corps de son enfant[1] !

Le mythe des Bacchantes, aussi appelé mythe de Penthée, raconte le retour de Dionysos à Thèbes, après une enfance passée en Lydie. Les filles de Cadmos refusant d'accepter le culte du dieu, ce dernier les rend folles, de sorte qu'elles abandonnent leur foyer pour aller danser et chanter sur la montagne du Cithéron, suivies des autres femmes de Thèbes. Voyant cela, Penthée, qui règne sur la ville, décide de punir cet homme aux allures de femmes et le fait jeter en prison. Mais Dionysos se venge en convainquant le roi de se travestir en femme, puis de se rendre sur la montagne espionner les Bacchantes. Le châtiment est terrible. Démasqué, Penthée est écartelé par ces femmes furieuses, parmi lesquelles se trouve Agavé, sa mère, qui ne reconnaît plus son propre fils.

Chez les Grecs, Dionysos est un dieu ambivalent, un dieu qui brouille les catégories. De la même façon, le dionysisme, en tant que pratique religieuse, désigne un ensemble de rituels ressortissant à l'inversion, au travestissement des codes et des identités sexuelles. Dans la tragédie d'Euripide, le dieu se présente sous une forme mortelle, dans un corps doté d'attributs masculins, mais il a l'apparence d'une femme. Ne le reconnaissant pas pour ce qu'il est en vérité, Penthée le qualifie « d'étranger efféminé[2] ». Cette expression, qui contient une connotation nettement

1 Euripide, *Bacchantes*, trad. H. Grégoire, Paris, Les Belles Lettres, 1961, v. 1553-1164.
2 *Ibid.*, v. 231.

péjorative, renvoie à un trait important de la culture grecque, suivant lequel le féminin est fondamentalement « Autre ». Cet étranger venu d'une contrée lointaine a en effet, écrit Euripide, « les cheveux parfumés épars en boucles blondes, le teint vermeil et les yeux remplis du charme d'Aphrodite[1] ». À cela s'ajoutent un visage rieur et une beauté qui respire l'amour : « Il n'est pas laid, au goût des femmes[2] ». Ces marqueurs génériques correspondent à des critères socioculturels bien définis[3]. Si le fils de Sémélé n'est pas une femme au sens propre – et d'ailleurs ne pourra jamais l'être –, il n'en demeure pas moins que sa mise en scène fait appel et se réalise au travers d'une lecture normée du corps féminin.

D'autres auteurs insistent sur le double visage de la divinité. Dans les *Edonoi* d'Eschyle, Lycurgue, roi de Thrace, se demande : « D'où vient cet individu efféminé ? Quelle est sa patrie ? Quel est ce vêtement[4] ? » De même, lorsque Dionysos se présente aux Minyades[5], il apparaît sous les traits d'une jeune fille ; on dit alors de lui qu'il possède une double nature[6]. Diodore de Sicile, dont l'œuvre collige les différentes traditions liées au culte bachique, explique ce bimorphisme par le fait qu'il existe deux Dionysos : « L'ancien, qui porte une longue barbe, le plus récent, un adolescent efféminé dans la fleur de l'âge, charmant[7] ». Il complète en précisant que le dieu « possède un corps efféminé et parfaitement délicat ; par sa beauté, il surpasse les autres hommes et est très enclin aux plaisirs de l'amour[8] ».

Si donc Dionysos est un dieu efféminé, faut-il s'étonner que le théâtre, qui est son domaine, soit marqué du sceau de la féminité ? Faut-il être surpris que les personnages féminins, qui, comme dans le rituel ménadique, lui sont reliés d'une manière presque charnelle, y aient souvent

---

1 *Ibid.*, v. 235-236.

2 *Ibid.*, v. 240.

3 Voir F. Gherchanoc, « Les atours féminins des hommes : quelques représentations du masculin-féminin dans le monde grec antique », *Revue Historique*, n° 628, 2003/4, p. 739-791.

4 *Tragicorum Graecorum Fragmenta*, vol. III, fgt. 61, éd. S. Radt, Göttingen, Vandenhoeck & Ruprecht, 1985.

5 Ces filles du roi d'Orchomène refusant de se rendre aux bacchanales honorer Dionysos, le dieu les punit en les frappant de folie. Elles finissent par démembrer Hippase, le jeune fils de Leucippé, avant de se transformer en corbeau, chauve-souris et hibou.

6 Antoninus Liberalis, *Métamorphoses*, X, 1-2.

7 Diodore de Sicile, *Bibliothèque historique*, IV, 4, 2, trad. M. Casevitz, Paris, Les Belles Lettres, 1991.

8 *Loc. cit.*

un rôle prépondérant ? Maître des illusions, Dionysos est « l'Autre au sens propre, insaisissable, étranger de l'intérieur[1] ». Dieu aux « mille formes », tantôt animales, tantôt humaines, il est « un corrupteur de foyers et séducteur[2] », un être tout en parure[3]. Ainsi, la métaphore « femme-théâtre », dont nous avons voulu montrer qu'elle formait une grille herméneutique applicable à une grande portion du corpus tragique des XVIe et XVIIe siècles, prend racine dans le monde antique. Les femmes, non seulement se posent en messagères des valeurs dionysiaques, liées au corps, à la sexualité, à la fécondité, mais encore leur figure, partagée entre beauté charmante et apparence trompeuse, se confond avec les formes mêmes sous lesquelles le dieu se manifeste aux hommes. Par là, nous ne voulons pas dire que les pratiques culturelles et artistiques soient « sexuées », c'est-à-dire qu'elles appartiennent socialement à un sexe plus qu'à un autre. Notre approche est symbolique, et surtout poétique. Si la femme est intimement mêlée à l'histoire de la tragédie dans la culture occidentale, si les représentations dont elle fait l'objet s'accordent si bien au spectacle tragique, c'est parce que, d'aussi loin que chez les Grecs, la femme est elle-même considérée comme *spectaculaire*, en ce sens où son image exerce toujours sur celui qui l'observe un irrésistible et extraordinaire pouvoir de fascination.

Dans *La Naissance de la tragédie*, Nietzsche expose une conception de la tragédie où s'affrontent deux univers antagoniques. Sous sa forme dionysienne, le spectacle tragique se donne comme un délire enthousiaste. Il est l'expression du désordre primitif, d'une folie que traduit la parole du chœur, « symbole de la foule exaltée[4] ». Dionysos, c'est la démesure, l'agitation tumultueuse, la Nature dans ce qu'elle a de plus brutal et de plus violent[5]. À l'opposé, Apollon incarne l'idéal, la raison, l'ordre. C'est le dieu des arts plastiques, de la sculpture, de l'architecture. Sous son égide, la tragédie se fait un spectacle harmonieux

1 C. Acker, *Dionysos en transes : la voix des femmes*, Paris, L'Harmattan, 2002, p. 32.
2 F. Gherchanoc, « Les atours féminins des hommes », *op. cit.*, p. 739.
3 « La parure est, dans *La Théogonie*, ce qui constitue la femme comme un beau dehors », N. Loraux, *Les expériences de Tirésias. Le féminin et l'homme grec*, Paris, Gallimard, 1989, p. 150.
4 Nietzsche, *La Naissance de la tragédie*, Paris, Gallimard, 1972, p. 84.
5 Voir à ce sujet l'ouvrage de M. Détienne, *Dionysos mis à mort*, Paris, Gallimard, 1998.

et intelligible. Aussi le style de la tragédie, affirme Nietzsche, accuse un contraste frappant : « la langue, la couleur, le mouvement, la dynamique du discours, apparaissent, dans la lyrique dionysienne du chœur, et ailleurs, dans le monde de rêve apollinien de la scène, comme des sphères d'expression absolument distinctes[1] ». Dès ses origines, la tragédie possède deux faces, qui se présentent extérieurement comme les deux instincts tiraillant l'âme humaine.

D'une certaine manière, le contraste du dionysiaque et de l'apollinien explique encore les formes qu'emprunte la tragédie au cours des XVIe et XVIIe siècles. Nous avons établi au chapitre premier que le spectacle tragique à la Renaissance repose sur une esthétique de l'effroi. La tragédie, suivant l'héritage de Sénèque, exhibe les ravages des passions, met en scène le *furor*, la folie furieuse du héros et son aveuglement. En ce sens, la tragédie évoque la nature. Elle rappelle la bestialité qui sommeille en l'homme, et qui menace à tout instant de se déchaîner, dans un mélange horrible de jouissance et de cruauté. D'autre part, la tragédie de l'âge classique peut aussi, et même doit être considérée comme un objet hautement culturel. Bénéficiant du prestige des Anciens, elle représente, avec l'épopée, la quintessence de la culture humaniste. Il s'agit d'une forme d'art supérieure, qui tend vers un idéal de beauté, et cette perfection esthétique lui confère une valeur d'universalité.

Par ailleurs, les représentations de la femme sont elles aussi caractérisées par un fort antagonisme. Marie-Claude Malenfant, dans une étude remarquable[2], a bien étudié la valeur contradictoire de la nature féminine aux XVIe et XVIIe siècles. Elle montre comment se développe, à partir de la fin du Moyen Âge, une quantité non négligeable d'arguments *pro et contra*, lesquels reprennent toujours de façon plus ou moins explicite la distinction entre les catégories de « nature » et de « culture ». Pour illustrer les écarts auxquels cette polarité idéologique donne lieu, on peut invoquer les figures de la furieuse et de l'honnête femme. La distance qui les sépare est la même que celle qui existe entre la tragédie dionysiaque et la tragédie apollinienne. Selon Henri Dontenville, le sabbat, cérémonie au cours de laquelle les sorcières s'adonnaient à divers rituels

---

1 Nietzsche, *La Naissance de la tragédie*, *op. cit.*, p. 86.

2 M.-C. Malenfant, *Argumentaires de l'une et l'autre espèces de femme*, Québec, Presses de l'Université Laval, 2003.

magiques, dériverait des mystères de Thrace[1]. Ces fêtes étaient organisées en l'honneur du dieu cornu de la fécondité et s'accompagnaient de danses, d'orgies sexuelles, de libations de toutes sortes : croyances qui contribueront pour longtemps à faire de la femme l'incarnation de la nature sauvage dans la mentalité populaire[2]. À l'inverse, l'honnête femme symbolise le raffinement, la douceur, la finesse de l'esprit français. Comme en Apollon, on peut voir en elle l'image divine de la civilisation, de la nature asservie, maîtrisée sous l'effet de la raison. À la femme furie, la femme débridée, s'oppose donc la femme radieuse, la femme sublime, qui s'élève au-dessus des hommes. La coïncidence n'a rien de fortuit. De même que la féminité appelle un double discours, deux conceptions antithétiques de la tragédie cohabitent sous l'Ancien Régime : l'une, marquée par sa connivence avec les forces naturelles et démoniaques, l'autre, fondée sur une haute idée de la dignité et de la culture humaines.

La tragédie, en tant que genre, est donc liée au genre féminin, et cela, tant du point de vue poétique qu'anthropologique. Cette solidarité essentielle explique le rôle central, pour ne pas dire indispensable, que jouent les femmes sur la scène de l'âge classique. Nous avons montré, tout au long de cette enquête, la manière dont les héroïnes de la tragédie incarnent plusieurs paramètres relevant de la dramaturgie et de la représentation théâtrale. Chaque période historique développe sa propre conception de la tragédie, qui trouve pour s'illustrer une figure emblématique. Par conséquent, la mise en scène de personnages comme Médée, Didon et Sophonisbe implique toujours une dimension métathéâtrale. C'est au travers des catégories du féminin que les dramaturges interrogent leur art et cherchent à en préciser les pratiques.

À la base de cet essai se trouve une confrontation attentive et systématique des textes : des pièces d'abord, puis d'un ensemble de discours écrits portant à la fois sur le théâtre et la femme. Suivant cette méthode, il fut possible d'établir une typologie des figures féminines à partir d'un

1 *Cf.* H. Dontenville, *La France mythologique*, Paris, Henri Veyrier, 1988, ch. IV.

2 Voir à ce sujet les nombreux travaux de R. Muchembeld, dont *Culture populaire et culture des élites dans la France moderne (XVe-XVIIIe siècles)*, Paris Flammarion, 1978, et *La sorcière au village*, Paris, Gallimard, 1979.

large arrière-plan relevant de l'histoire sociale et des mentalités. Tout personnage est un être de discours, de culture, et cela s'applique au personnage féminin, dont l'image se dessine au parcours de nombreux récits et pratiques discursives. Aussi, parce qu'il entre dans l'échange constitutif de la socialité, le personnage doit être considéré comme un objet symbolique, c'est-à-dire comme un signe de reconnaissance[1]. C'est à cette condition seulement que les liens entre les représentations culturelles de la femme et les héroïnes de la tragédie peuvent se nouer dans une relation signifiante, relation qui à son tour s'intègre à une vision générale du spectacle et de l'art dramatique.

Le lecteur s'étonnera peut-être de ne trouver dans ce livre aucune référence au théâtre de Racine, alors que ses tragédies portent, jusque dans leur forme même, l'empreinte de la présence féminine. C'est que le sujet, à la fois riche et complexe, nous paraissait mérité un ouvrage entier. Enfin, il est certain que la problématique développée ici ouvre sur de vastes perspectives, touchant aussi bien aux études de poétique qu'aux études de genre (*gender studies*), à la littérature qu'à la sociologie[2]. Nul doute que les pratiques théâtrales contemporaines bénéficieraient d'une lecture orientée vers les critères sexuels et génériques. Ce travail excédait les bornes que nous nous étions fixées ; il n'est pas moins à faire. Car c'est bien, en définitive, ce à quoi convie la réflexion menée ici : l'écriture croisée d'une histoire du théâtre et des femmes, ou plutôt, l'écriture d'une histoire féminine du théâtre.

1 « Le personnage est une représentation culturelle partagée, une entité trans-individuelle, un complexe de représentations et d'affects qui est virtuellement à la disposition de tous, et qui agit sur ceux qui appartiennent à cette culture. [...] Le partage des personnages définit une appartenance culturelle commune. Manipulés et véhiculés au sein d'une société donnée, les personnages incarnent le lien interhumain », M. de Gaudemar, *La voix des personnages*, Paris, Éditions du Cerf, 2011, p. 23.

2 Pour un complément théorique et méthodologique, voir V. Dupuis, « Genre tragique et genre féminin : réflexion sur un parallèle à l'époque classique », *Littératures classiques*, n° 89 – « Les voies du "genre" », 2016/1.

ANNEXE

Liste des principales figures féminines de la tragédie (1553-1663)

En dressant cette liste, nous nous sommes proposé de rendre compte encore plus concrètement de l'importance des personnages féminins pour la tragédie de l'âge classique. Le nom de la figure est placé en tête, suivi de toutes les pièces dans lesquelles elle paraît, suivant l'ordre chronologique. Pour marquer le phénomène de récurrence des sujets, nous avons choisi d'inclure dans ce répertoire les pièces faisant l'objet d'au moins une reprise (imitation, traduction). Le lecteur pourra consulter les ouvrages d'E. Forsyth et de H. C. Lancaster pour une liste bibliographique plus exhaustive. Nous acceptons généralement les dates de publication données par ces deux critiques ; les dates de représentation sont indiquées lorsqu'elles sont connues.

SOPHONISBE

SAINT-GELAIS, Mellin de, *Sophonisbe, tragédie très excellente, tant pour l'argument, que pour le poly langage et graves sentences dont elle est ornée : représentée et prononcée devant le Roy en sa ville de Bloys* [trad. de la *Sofonisba* de Trissino], (représentée à Blois en 1556), Paris, P. Danfrie et R. Breton, 1559.

MERMET, Claude, *La Tragédie de Sophonisbe, reyne de Numidie, où se verra le désastre qui luy est advenu pour avoir este promise à un mary et espousée par un autre* [trad. de la *Sofonisba* de Trissino], Lyon, L. Odet, 1584.

MONTCHRESTIEN, Antoine de, *Sophonisbe*, (représentée à Caen vers 1595-1596), Caen, Veuve de Jacques Le Bas, 1596 ; réimprimée sous le titre de *La Cartaginoise ou la Liberté* dans *Les Tragédies d'Antoine de Montchrestien*, Rouen, J. Petit, 1601.

MONTREUX, Nicolas, *La Sophonisbe, tragédie, par le Sieur du Mont-sacré, Gentilhomme du Maine*, Rouen, R. du Petit Val, 1601.
GAREL, Élie, *Sophonisbe, tragédie de Hélye Garel, Angevin*, Bordeaux, A. du Brel, 1607.
MAIRET, Jean, *Sophonisbe, tragédie*, (représentée à Paris en 1634), Paris, P. Rocolet, 1635.
CORNEILLE, Pierre, *La Sophonisbe, tragédie*, (représentée à Paris en 1663), Rouen, G. de Luyne, 1663.

DIDON

JODELLE, Étienne, *Didon se sacrifiant, tragédie*, (représentée peut-être vers 1562), dans *Les Œuvres et meslanges poetiques d'Estienne Jodelle Sieur du Lymondin*, Paris, N. Chesneau et M. Patisson, 1574.
LA TAILLE, Jacques de, *Didon, tragédie*, (composé avant 1562), texte inédit[1].
LE BRETON, Gabriel, *Didon, tragédie*, (composé après 1569), texte inédit[2].
LA GRANGE, Guillaume de, *Didon, tragédie de feu Guillaume de la Grange, natif de Sarlat en Perigort, excellent poète tragique ; laquelle tant pour l'argument, que la gravité des vers et sentences, oultre ce qu'elle n'a pas cy devant este veue, n'est moins digne de voir que profitable à tous*, Lyon, B. Rigaud, 1582.
HARDY, Alexandre, *Didon se sacrifiant, tragédie*, dans *Théâtre d'Alexandre Hardy*, t. I, Paris, J. Quesnel, 1624.
SCUDÉRY, Georges, *Didon, tragédie*, (représentée à Paris vers 1635-1636), Paris, A. Courbé, 1637.
BOISROBERT, François Le Métel, abbé de, *La Vraye Didon ou Didon la chaste*, (représentée à Paris en 1642), Paris, T. Quinet, 1643.

1 Alan Howe se base sur les témoignages contemporains pour certifier l'existence de cette tragédie (introduction à *Didon se sacrifiant* d'A. Hardy, Genève, Droz, 1994, p. 22). Selon Eugène Rigal, la pièce était déjà perdue quand Jean de La Taille entreprit de publier les œuvres de son frère (*Alexandre Hardy et le théâtre français à la fin du XVIe et au commencement du XVIIe siècle*, Genève, Slatkine, 1970, p. 265).
2 Sur le détail de cette pièce non imprimée, voir E. Rigal, *ibid.*, p. 266-267.

CLÉOPÂTRE

JODELLE, Étienne, *Cléopâtre captive*, (représentée à Paris en 1552-1553), publiée dans *Les Œuvres et meslanges poetiques d'Estienne Jodelle Sieur du Lymondin*, Paris, N. Chesneau et M. Patisson, 1574.

GARNIER, Robert, *Marc Antoine*, (représentée à Paris en 1578), Paris, M. Patisson, 1578.

MONTREUX, Nicolas, *Cléopâtre*, dans *Œuvres de la chasteté qui se remarque dans les diverses fortunes, adventures et fidèles amours de Criniton et Lydie. Livre premier, ensemble la tragédie de Cleopatre, le tout de l'invention d'Ollenix du Mont-sacré*, Paris, G. Des Rues, 1595.

BENSERADE, Isaac de, *La Cléopâtre, tragédie*, (représentée à Paris en 1635), Paris, A. Sommaville, 1636.

MAIRET, Jean, *Le Marc Antoine ou la Cléopâtre, tragédie*, (représentée à Paris en 1635), Paris, A. Sommaville, 1637.

CHAULMER, Charles, *La Mort de Pompée, tragédie* (représentée à Paris en 1637), Paris, A. Sommaville, 1638.

CORNEILLE, Pierre, *La Mort de Pompée, tragédie*, (représentée à Paris en 1643), Paris, A. Sommaville et A. Courbé, 1644.

PANTHÉE

GUERSENS, Caye Jule de, *Panthée, tragédie prise du grec de Xénophon, mise en ordre par Caye Jule de Guersens*, Poitiers, Bouchetz, 1571.

GUERIN DARONNIÈRE, C., *La Panthée ou l'Amour conjugal, tragédie nouvelle*, Angers, Anthoine Hernault, 1608.

BILLARD DE COURGENAY, Claude, *Panthée*, dans *Tragédies françoises de Claude Billard, Seigneur de Courgenay*, Paris, Langlois, 1610.

HARDY, Alexandre, *Panthée, tragédie*, dans *Le Théâtre d'Alexandre Hardy*, t. I, Paris, J. Quesnel, 1624.

DURVAL, Jean-Gilbert, *Panthée, tragédie*, (représentée à Paris en 1637), Paris, C. Besongne, 1639.

L'HERMITE, Tristan, *Panthée, tragédie*, (représentée à Paris en 1637-1638), Paris, A. Courbé, 1639.

LUCRÈCE

FILLEUL, Nicolas, *Lucrèce, tragédie*, dans *Les Théâtres de Gaillon à la Royne*, Rouen, G. Loyselet, 1566.

HARDY, Alexandre, *Lucrèce, tragédie*, dans *Le Théâtre d'Alexandre Hardy*, t. V, Paris, F. Targa, 1628.

CHEVREAU, Urbain, *La Lucresse romaine, tragédie*, (représentée à Paris en 1636), Paris, T. Quinet, 1637.

DU RYER, Pierre, *Lucrèce, tragédie*, (représentée à Paris en 1636), Paris, A. Sommaville, 1638.

ANTIGONE

BAÏF, Jean-Antoine de, *Antigone* (traduction de l'*Antigone* de Sophocle), dans *Œuvres en rime*, t. III, Paris, Breyer, 1573.

GARNIER, Robert, *Antigone, ou La Piété, tragédie*, Paris, M. Patisson, 1580.

ROTROU, Jean de, *Antigone, tragédie*, (représentée à Paris en 1637), Paris, T. Quinet, 1639.

PORCIE

GARNIER, Robert, *Porcie, tragédie françoise, représentant la cruelle et sanglante saison des guerres Civiles de Rome : propre et convenable pour y voir depeincte la calamité de ce temps*, Paris, R. Estienne, 1658.

GUÉRIN DE BOUSCAL, Guyon, *La Mort de Brute et de Porcie, ou, la Vengeance de la Mort de César, tragédie*, (représentée à Paris en 1635-1636), Paris, T. Quinet, 1637.

BOYER, Claude, *La Porcie romaine*, (représentée à Paris en 1646), Paris, A. Courbé, 1646.

MÉDÉE

LA PÉRUSE, Jean Bastier de, *La Médée, tragédie*, (composée avant août 1553, représentée avant l'automne de 1553 et en 1572[1]), Poitiers, Marnefz et Bouchetz, 1555.
CORNEILLE, Pierre, *Médée, tragédie*, (représentée à Paris en 1634-1635), Paris, F. Targa, 1639.

MARIAMNE

HARDY, Alexandre, *Mariamne, tragédie*, dans *Le Théâtre d'Alexandre Hardy*, t. II, Paris, J. Quesnel, 1625.
L'HERMITE, Tristan, *La Mariane, tragédie*, (représentée à Paris en 1636), Paris, A. Courbé, 1637.

CORNÉLIE

GARNIER, Robert, *Cornélie, tragédie*, Paris, R. Estienne, 1574.
HARDY, Alexandre, *Cornélie, tragi-comédie*, dans *Le Théâtre d'Alexandre Hardy*, t. II, J. Quesnel, 1625.

SÉMIRAMIS

GILBERT, Gabriel, *Sémiramis, tragédie*, (représentée à Paris en 1646), Paris, A. Courbé, 1647.
DESFONTAINES, *La Véritable Sémiramis, tragédie*, Paris, P. Lamy, 1647.

1 Selon les indications d'E. Forsyth.

ESTHER

MATTHIEU, Pierre, *Esther, tragédie de Pierre Matthieu, Histoire tragique en laquelle est représentée la condition des Rois et Princes sur le théâtre de fortune, la prudence de leur Conseil, les désastres qui surviennent par l'orgueil, l'ambition, l'envie et trahison, combien est odieuse la désobéissance des femmes, finalement comme les Roynes doivent amollir le courroux des Rois endurciz, sur l'oppression de leur sujets*, (représentée en 1563), Lyon, J. Stratius, 1585.

DU RYER, Pierre, *Esther, tragédie*, (représentée à Paris en 1642), Paris, A. Sommaville et A. Courbé, 1644.

BIBLIOGRAPHIE

SOURCES

PIÈCES DE THÉÂTRE (TRAGÉDIES, TRAGI-COMÉDIES)[1]

BENSERADE, Isaac de, *La Cléopâtre, tragédie*, Paris, A. Sommaville, 1636.

BENSERADE, Isaac de, *Méléagre, tragédie*, Paris, A. Sommaville, 1641.

BOISBORBERT, François Le Métel, abbé de, *La Vraye Didon ou Didon la chaste* [Paris, T. Quinet, 1643], dans *Didon à la scène*, éd. Christian Delmas, Toulouse, Société de littératures classiques, 1992.

CORNEILLE, Pierre, *La Sophonisbe, tragédie* [Rouen, G. de Luyne, 1663], dans *Œuvres complètes*, t. III, éd. Georges Couton, Paris, Gallimard, coll. « Bibliothèque de la Pléiade », 1980.

CORNEILLE, Thomas, *Timocrate, tragédie* [Rouen, G. de Luyne, 1658], dans *Théâtre du XVIIe siècle*, t. II, éd. Jacques Scherer et Jacques Truchet, Paris, Gallimard, coll. « Bibliothèque de la Pléiade », 1986.

DU RYER, Pierre, *Lucrèce, tragédie* [Paris, A. Sommaville, 1638], éd. James F. Gaines et Perry Gethner, Genève, Droz, 1994.

GARNIER, Robert, *Porcie, tragédie* [Paris, R. Estienne, 1568], éd. Jean-Claude Ternaux, Paris, Champion, 1999.

GARNIER, Robert, *Hippolyte, tragédie* [Paris, R. Estienne, 1573], éd. Jean-Dominique Beaudin, Paris, Classiques Garnier, 2009.

GARNIER, Robert, *Cornélie, tragédie* [Paris, R. Estienne, 1574], éd. Jean-Claude Ternaux, Paris, Champion, 2002.

GARNIER, Robert, *Marc Antoine, tragédie* [Paris, M. Patisson, 1578], éd. Jean-Claude Ternaux, Paris, Classiques Garnier, 2010.

GARNIER, Robert, *La Troade, tragédie* [Paris, M. Patisson, 1579], éd. Jean-Dominique Beaudin, Paris, Champion, 1999.

1 Les sources apparaissent dans l'édition consultée. Pour les textes ayant fait l'objet d'une réédition moderne, nous avons cru bon d'indiquer l'année de parution originale ainsi que l'éditeur.

GARNIER, Robert, *Antigone, ou La piété : tragédie* [Paris, M. Patisson, 1580], éd. Jean-Dominique Beaudin, Paris, Champion, 1997.

GARNIER, Robert, *Les Juifves, tragédie*, [Paris, M. Patisson, 1583], éd. Sabine Lardon, Paris, Champion, 2004.

GILBERT, Gabriel, *Sémiramis, tragédie*, Paris, A. Courbé, 1647.

GILBERT, Gabriel, *Les Amours de Diane et d'Endimion, tragédie*, Paris, G. de Luyne, 1657.

HARDY, Alexandre, *Didon se sacrifiant, tragédie* [*Théâtre d'Alexandre Hardy*, t. I, Paris, J. Quesnel, 1624], éd. Alan Howe, Genève, Droz, 1994.

HARDY, Alexandre, *Mariamne, tragédie* [*Théâtre d'Alexandre Hardy*, t. II, Paris, J. Quesnel, 1625], éd. Alan Howe, Exeter, University of Exeter, 1989.

JODELLE, Estienne, *Cléopâtre captive, tragédie* [*Les Œuvres et meslanges poetiques d'Estienne Jodelle Sieur du Lymondin*, Paris, N. Chesneau et M. Patisson, 1574], éd. Kathleen M. Hall, Exeter, University of Exeter, 1979.

JODELLE, Estienne, *Didon se sacrifiant, tragédie* [*Les Œuvres et meslanges poetiques d'Estienne Jodelle Sieur du Lymondin*, Paris, N. Chesneau et M. Patisson, 1574], dans *Théâtre complet*, t. III, éd. Jean-Claude Ternaux, Paris, Champion, 2002.

LA CALPRENÈDE, Gautier de Coste, *La Bradamante, tragi-comédie*, Paris, A. Sommaville, 1637.

LA PÉRUSE, Jean de, *La Médée, tragédie* [Poitiers, Marnefz et Boutchetz, 1555], éd. James A. Coleman, Exeter, University of Exeter, 1985.

L'HERMITE, Tristan, *La Mariane, tragédie* [Paris, A. Courbé, 1637], éd. Jacques Madeleine, Paris, Société des textes français modernes, 1992.

MAIRET, Jean, *Sylvie, tragi-comédie pastorale* [Paris, F. Targa, 1628], dans *Théâtre du XVII*[e] *siècle*, t. I, éd. Jacques Scherer, Paris, Gallimard, coll. « Bibliothèque de la Pléaide », 1975.

MAIRET, Jean, *Silvanire, ou La Morte-vive : tragi-comédie pastorale* [Paris, F. Targa, 1631], dans *Théâtre du XVII*[e] *siècle*, t. I, éd. Jacques Scherer, Paris, Gallimard, coll. « Bibliothèque de la Pléaide », 1975.

MAIRET, Jean, *Sophonisbe, tragédie* [Paris, P. Rocolet, 1635], dans *Théâtre complet*, t. I, éd. Bénédicte Louvat, Alain Riffaud et Marc Vuillermoz, Paris, Champion, 2004.

MAIRET, Jean, *Le Marc-Antoine ou la Cléopâtre, tragédie* [Paris, A. Sommaville, 1637], dans *Théâtre complet*, t. I, éd. Bénédicte Louvat, Alain Riffaud et Marc Vuillermoz, Paris, Champion, 2004.

MONTCHRESTIEN, Antoine de, *Sophonisbe, tragédie* [Caen, J. Le Bas, 1596], réimprimée sous le titre de *La Carthaginoise ou La liberté* [*Les Tragédies d'Antoine de Montchrestien*, Rouen, J. Petit, 1601 ; 2e édition à Rouen, J. Osmont, 1604], dans *Les Tragédies de Montchrestien, nouvelle édition d'après l'édition de 1604*, éd. Louis Petit de Julleville, Paris, Plon, 1891.

Montchrestien, Antoine de, *La Reine d'Écosse, tragédie* [*Les Tragédies d'Antoine de Montchrestien*, Rouen, J. Petit, 1601 ; 2e édition à Rouen, J. Osmont, 1604], dans *Les Tragédies de Montchrestien, nouvelle édition d'après l'édition de 1604*, éd. Louis Petit de Julleville, Paris, Plon, 1891.

Montchrestien, Antoine de, *Les Lacènes, ou La constance, tragédie* [*Les Tragédies d'Antoine de Montchrestien*, Rouen, J. Petit, 1601 ; 2e édition à Rouen, J. Osmont, 1604], dans *Les Tragédies de Montchrestien, nouvelle édition d'après l'édition de 1604*, éd. Louis Petit de Julleville, Paris, Plon, 1891.

Montreux, Nicolas de, *La Sophonisbe, tragédie* [Rouen, R. du Petit Val, 1601], éd. Donald Stone, Genève, Droz, 1976.

Quinault, Philippe, *Astrate, tragédie* [Paris, G. Quinet, 1665], *Théâtre du XVIIe siècle*, t. II, éd. Jacques Scherer et Jacques Truchet, Paris, Gallimard, coll. « Bibliothèque de la Pléiade », 1986.

Rotrou, Jean de, *Cléagénor et Doristée, tragi-comédie*, Paris, A. Sommaville, 1634.

Rotrou, Jean de, *Crisante, tragédie* [Paris, A. Sommaville et T. Quinet, 1640], dans *Théâtre complet*, t. IV, éd. Georges Forestier, Paris, Société des textes français modernes, 2001.

Rotrou, Jean de, *Venceslas, tragi-comédie* [Paris, A. Sommaville, 1648], dans *Théâtre complet*, t. I, éd. Georges Forestier, Paris, Société des textes français modernes, 1998.

Scudéry, Georges, *Didon, tragédie* [Paris, A. Courbé, 1637], dans *Didon à la scène*, éd. Christian Delmas, Toulouse, Société de littératures classiques, 1992.

Viau, Théophile, *Les Amours tragiques de Pyrame et Thisbé, tragédie* [*Les Œuvres du Sieur Théophile*, Paris, P. Billaine et J. Quesnel, 1623], dans *Œuvres poétiques*, éd. Guido Saba, Paris, Classiques Garnier, 2008.

TEXTES ANCIENS

Aristote, *Poétique*, éd. et trad. Roselyne Dupont-Roc et Jean Lallot, Paris, Le Seuil, 1980.

Aristote, *Rhétorique*, éd. et trad. Médéric Dufour, Paris, Les Belles Lettres, 1967, 2 vol.

Aristote, *Éthique à Nicomaque*, éd. et trad. Jules Tricot, Paris, Vrin, 1959.

Cicéron, *De l'orateur*, éd. et trad. Edmond Courbaud et Henri Bornecque, Paris, Les Belles Lettres, 1966-1971, 3 vol.

Homère, *L'Iliade*, éd. et trad. Paul Mazon, Paris, Les Belles Lettres, 1982.

Horace, *Art poétique*, dans *Épîtres*, éd. et trad. François Villeneuve, Paris, Les Belles lettres, 1934.

Ligori, saint Alphonse de, *Les Gloires de Marie*, éd. et trad. du père Jean-Baptiste Favre, Paris, Éditions Saint-Paul, 1987.

LONGIN (Pseudo-Longin), *Traité du Sublime*, éd. et trad. Henri Lebègue, Paris, Les Belles Lettres, 1965.

MAXIME, Valère, *Faits et dits mémorables*, éd. et trad. Robert Combès, Paris, Les Belles Lettres, 1997.

QUINTILIEN, *L'Institution oratoire*, éd. et trad. Jean Cousin, Paris, Les Belles Lettres, 1978.

PLATON, *La République*, dans *Œuvres complètes*, t. VI-VII, éd. et trad. Émile Chambry, Paris, Les Belles Lettres, 2012.

PLATON, *Les Lois*, dans *Œuvres complètes*, t. XI-XII, éd. et trad. A. Diès, Paris, Les Belles Lettres, 1994.

PLUTARQUE, *Vies illustres*, éd. et trad. Robert Flacelière et Émile Chambry, Paris, Les Belles Lettres, 1963-1980, 16 vol.

PLUTARQUE, *De l'Excellence des femmes* [tiré à part des *Moralia*], éd. et trad. Claude Terraux, Paris, Arléa, 2012.

SAMOSATE, Lucien de, *Comment écrire l'histoire*, trad. A. Hurst, Paris, Les Belles Lettres, 2010.

SÉNÈQUE, *Les Tragédies*, éd. et trad. Léon Herrmann, Paris, Les Belles Lettres, 1924-1926, 2 vol.

SÉNÈQUE, *De la Colère*, éd. et trad. André Bourgery, Paris, Les Belles Lettres, 1971.

SÉNÈQUE, *Dialogues* [comprenant *De la providence*, *De la constance du sage*, *De la tranquilité de l'âme*], éd. et trad. René Waltz, Paris, Les Belles Lettres, 1970.

SÉNÈQUE, *Consolations*, éd. et trad. René Waltz, Paris, Les Belles Lettres, 1923.

TERTULLIEN, *Des Spectacles*, éd. et trad. Marie Turcan, Paris, Éditions du Cerf, coll. « Sources chrétiennes », 1986.

TERTULLIEN, *De l'Ornement des femmes*, éd. et trad. Marie Turcan, Paris, Éditions du Cerf, coll. « Sources chrétiennes », 1971.

VIRGILE, *L'Énéide*, éd. et trad. Jacques Perret, Paris, Les Belles Lettres, 1992.

TEXTES DES XVIe ET XVIIe SIÈCLES

ACCETTO, Torquato, *De l'Honnête dissimulation* [Naples, 1641], éd. et trad. M. Blanc-Sanchez d'après l'édition de Salvatore S. Nigro, Paris, Verdier, 1990.

AGRIPPA, H. Cornelius, *Les Trois livres de la philosophie occulte*, trad. Jean Servier, Paris, Berg international, 1982, 2 vol.

AGRIPPA, H. Cornelius, *Traité de l'excellence de la femme* [*De nobilitate & praecellentia foeminei sexus*, 1529], trad. Lois Vivant, Paris, J. Poupy, 1578.

ALCIATO, Andrea, *Emblemes*, Lyon, M. Bonhomme, 1549.

ANGENOUST, Nicolas, *Le Paranymphe des Dames*, Troyes, P. de Ruau, 1629.

AUBIGNAC, François Hédelin (abbé d'), *La Pratique du théâtre* [Paris, A. Sommaville, 1657], éd. Hélène Baby, Paris, Champion, 2001.

AUBIGNAC, François Hédelin (abbé d'), *Dissertations concernant le poème dramatique, en forme de remarques : sur deux Tragédies de M. Corneille intitulées Sophonisbe et Sertorius : Envoyées à Madame la Duchesse de R** [Paris, J. de Brueil, 1663], réimprimées sous le titre *Dissertations contre Corneille*, éd. Nicolas Hammond et Michael Hawcroft, Exeter, University of Exeter Press, 1995.

BILLON, François de, *Fort inexpugnable de l'honneur du sexe femenin*, Paris, Jean d'Allyer, 1555.

BOCCACE, Jean, *Des Dames de renom* [*De claris mulieribus*, vers 1360], Lyon, G. Rouillé, 1551.

BODIN, Jean, *De la Démonomanie des sorciers*, Lyon, P. Frellon et A. Cloquemin, 1593.

BOGUET, Henri, *Discours exécrable des sorciers, ensemble leur procez, faits depuis deux ans en ça, en divers endroits de la France, avec une instruction pour un juge, en faict de sorcellerie*, Paris, D. Binet, 1602.

BOILEAU, Nicolas, *Œuvres complètes*, éd. Françoise Escal, Paris, Gallimard, coll. « Bibliothèque de la Pléiade », 1966.

BOILEAU, *Traité du sublime* [traduction du traité de Longin], éd. Francis Goyet, Paris, Librairie générale française, 1995.

BOISSARD, Jean-Jacques, *Les Emblesmes*, trad. du latin par Pierre Joly, Metz, A. Faber, 1595.

BOSSUET, Jacques Bénigne, *Maximes et réflexions sur la comédie*, Paris, J. Anisson, 1690.

BRINON, Pierre de, *Le Triomphe des Dames*, Rouen, J. Osmont, 1599.

CAUSSIN, Nicolas, *La Cour saincte, ou l'institution chrestienne des grands avec les exemples de ceux qui dans les cours ont fleury en saincteté*, Paris, S. Chappelet, 1625.

CHAPELAIN, Jean, *Opuscules critiques*, éd. Alfred C. Hunter, Genève, Droz, 2007.

CHAPELAIN, Jean, *Les Lettres authentiques à Nicolas Heinsius (1649-1672)*, éd. Bernard Bray, Paris, Champion, 2005.

CHARRON, Pierre, *Traité de la sagesse* [1601], Paris, Lefèvre, 1836.

CONTI, Armand de Bourbon (prince de), *Traité de la Comédie et des spectacles* [Paris, L. Billaine, 1666], dans Pierre Nicole, *Traité de la Comédie*, éd. Laurent Thirouin, Paris, Champion, 1998.

CORNEILLE, Pierre, *Trois Discours sur le poème dramatique* [1660], éd. Bénédicte Louvat et Marc Escola, Paris, Garnier-Flammarion, 1999.

COSTE, Hilarion de, *Eloges et Vies des reynes, princesses, dames et damoiselles illustres en Piété, Courage et Doctrine, qui ont fleury de nostre temps, et du temps de nos Peres. Avec l'explication de leurs Devises, Emblèmes, Hyeroglyphes, et Symboles*, Paris, G. Cramoisy, 1647.

COUVAY, Louis, *L'Honneste maistresse*, Paris, G. de Luynes, 1654.

DINET, François (le Père), *Le Théâtre françois des seigneurs et dames illustres*, Paris, N. et J. de La Coste, 1642.

DU BOSC, Jacques (le Père), *La Femme héroïque ou les Héroïnes comparées avec les Héros en toute sorte de vertus et, à la fin de chaque comparaison plusieurs réflexions morales*, Paris, N. et J. de La Coste, 1642.

DU BOSC, Jacques (le Père), *L'Honneste femme*, 1re partie, Paris, P. Billaine, 1632 ; 2e partie, Paris, A. Sourbon, 1634 ; 3e partie, Paris, A. Courbé, 1636.

DU VAIR, Guillaume, *Traité de la constance et consolation ès calamitez publiques* [1594], éd. Jacques Flach, Paris, Recueil Sirey, 1915.

FARET, Nicolas, *L'Honneste homme, ou l'Art de plaire à la Cour*, Paris, T. du Bray, 1630 ; réimpression Genève, Slatkine, 1970.

FÉNELON, *Traité de l'éducation des filles* [1687], dans *Œuvres*, éd. Jacques Le Brun, Paris, Gallimard, coll. « Bibliothèque de la Pléiade », 1983.

FURETIÈRE, Antoine, *Dictionnaire universel contenant généralement tous les mots françois tant vieux que modernes et les termes de toutes les sciences et des arts*, La Haye/Rotterdam, Arnout et R. Leers, 1690, 3 vol.

GILBERT, Gabriel, *Panégyrique des Dames*, Paris, A. Courbé, 1650.

GILBERT, Gabriel, *L'Art de plaire*, Paris, G. de Luyne, 1656.

GRENAILLE, François de, *La Gallerie des dames illustres*, Paris, T. Quinet, 1642.

GRENAILLE, François de, *L'Honneste fille* [Paris, J. Paslé, T. Quinet et A. Sommaville, 1639-1640, 3 vol.], éd. Alain Vizier, Paris, Champion, 2003.

GRENAILLE, François de, *La Bibliothèque des Dames*, Paris, T. Quinet et A. Sommaville, 1640.

GRENAILLE, François de, *L'Honneste mariage*, Paris, T. Quinet, 1640.

GRENAILLE, François de, *Les Plaisirs et les honnestes divertissements des Dames*, Paris, Clousier, 1647.

GUERRY, *Traité de l'excellence du sexe féminin et des prérogatives de la Mère de Dieu*, Paris, J. Pétrissal, 1635.

HEINSIUS, Daniel, *De Tragoediae Constitutione – La Constitution de la tragédie, dite La Poétique d'Heinsius* [1611], éd. et trad. Anne Duprat Genève, Droz, 2001.

IINSTITORIS, Henri et SPRENGER Jacques, *La Marteau des sorcières* (*Malleus maleficarum*), éd. et trad. Amand Danet, Grenoble, J. Millon, 1990.

LA BRUYÈRE, Jean de, *Les Caractères*, Paris, Garnier-Flammarion, 1985.

LA MESNARDIÈRE, Jules Pilet de, *La Poétique*, Paris, A. Sommaville, 1639 ; réimpression Genève, Slatkine, 1972.

LA MESNARDIÈRE, Jules Pilet de, *Le Caractère élégiaque*, Paris, Jean Camusat, 1640.

LAMY, Bernard, *Nouvelles réflexions sur l'art poétique* [Paris, A. Pralard, 1678], éd. Tony Gheeraert, Paris, Champion, 1998.

La Taille, Jean de, *De l'Art de la Tragédie* [1572], éd. Elliot Forsyth, Paris, Société des textes français modernes, 1986.

Laudun d'Aigaliers, Pierre, *L'Art poétique français* [1597], éd. Jean-Claude Monferran, Paris, Société des textes français modernes, 2000.

Lemoyne, Pierre, *La Gallerie des femmes fortes*, Paris, A. Sommaville, 1647.

Lemoyne, Pierre, *De la Modestie ou de la bienséance chrétienne*, Paris, A. Sommaville, 1656.

Lemoyne, Pierre, *Les Peintures morales, où les passions sont représentées par tableaux, par caractères et par questions nouvelles et curieuses*, Paris, Cramoisy, 1640.

L'Escale, Chevalier de, *Alphabet de l'excellence et perfection des femmes. Contre l'infâme Alphabet de leur imperfection et malice*, Paris, N. de la Vigne, 1631.

Lipse, Juste, *De la Constance* [1592 pour la 1re trad. française], trad. anonyme du latin, Paris, Noxia, 2000.

Mairet, Jean, *Préface en forme de discours poétique* à la La Silvanire ou La Morte vive, dans *Théâtre du XVIIe siècle*, t. I, éd. Jacques Scherer, Paris, Gallimard, coll. « Bibliothèque de la Pléiaide », 1975.

Mémoire de Mahelot, Laurent et d'autres décorateurs de l'Hôtel de Bourgogne et de la Comédie-française au XVIIe siècle, éd. Henry C. Lancaster, Paris, Champion, 1920.

Méré, Chevalier de, *Œuvres complètes*, éd. Charles-H. Boudhors, Paris, F. Roches, 1930, 3 vol.

Nicole, Pierre, *Traité de la Comédie* [1667], éd. Laurent Thirouin, Paris, Champion, 1998.

Olivier, Jacques, *L'Alphabet de l'imperfection et de la malice des femmes*, Lyon, C. Armand, 1628.

Paradin, Claude, *Devises Héroïques*, Lyon, J. de Tournes et G. Gazeau, 1557.

Pasquier, Étienne, *Les Recherches de la France* [Paris, J. Mettayer et P. L'huillier, 1596], éd. Marie-Madeleine Fragonard, Paris, Champion, 1996.

Peletier du Mans, Jacques, *L'Art poétique* [1555], dans *Traités de poétique de poétique et de rhétorique de la Renaissance*, éd. Francis Goyet, Paris, Le Livre de Poche, 1990.

Pic, Jean, *Discours sur la bienséance avec des maximes et des réflexions tres importantes et tres nécessaires pour réduire cette vertu en usage*, Paris, chez la veuve de Sébastien Mabre-Cramoisy, 1688.

Pontaymery, Alexandre de, *Paradoxe apologétique où il est fidellement démonstré que la femme est beaucoup plus parfaicte que l'homme en toute action de vertu*, Paris, A. L'Angelier, 1594.

Poullain de la Barre, François, *De l'Égalité des deux sexes* [Paris, A. Dezallier, 1673], Paris, Fayard, 1984.

Pure, Michel de (abbé de), *La Prétieuse, ou Le mystère des ruelles* [Paris, G. de Luyne, 1658], éd. Myriam Dufour-Maître, Paris, Champion, 2010.

PURE, Michel de (abbé de), *Idées des spectacles anciens et nouveaux* [1668], Genève, Minkoff Reprints, 1972,

La Querelle du Cid (1637-1638) : édition critique intégrale, éd. Jean-Marc Civardi, Paris, Champion, 2004, contenant entre autres *Les sentiments de l'Académie française sur la tragicomédie du Cid* [Paris, J. Camusat, 1638].

RACINE, Jean, *Principes de la tragédie en marge de la Poétique d'Aristote*, éd. Eugène Vinaver, Manchester University Press, 1944.

RAPIN, René, *Les Réflexions sur la poétique de ce temps et sur les ouvrages des poètes anciens et modernes* [Paris, F. Muguet, 1674], éd. Pascale Thouvenin, Paris, Champion, 2011.

RAPIN, René, *Du Grand ou du sublime dans les mœurs et dans les différentes conditions des hommes : avec quelques observations sur l'éloquence des bienséances*, Paris, S. Mabre-Cramoisy, 1686.

SAINT-ÉVREMOND, *Sur les caractères des Tragédies*, dans *Œuvres en prose*, t. III, éd. René Ternois, Paris, Société des textes français modernes, 1966.

SAINT-ÉVREMOND, *Réflexions sur la tragédie ancienne et moderne*, dans *Œuvres en prose*, t. III, éd. René Ternois, Paris, Société des textes français modernes, 1966.

SAINT-ÉVREMOND, *Idée de la femme qui ne se trouve point*, dans *Œuvres en prose*, t. II, éd. René Ternois, Paris, Société des textes français modernes, 1966.

SALES, Saint-François de, *Introduction à la vie dévote* [1608], éd. Étienne-Marie Lajeunie, Paris, Le Seuil, 1962.

SARASIN, Jean-François, *Discours de la tragédie ou Remarques sur* L'Amour tyrannique de Monsieur de Scudéry dédiées à l'Académie française par Monsieur de Sillac d'Arbois [pseudo. de Sarasin], dans Georges Scudéry, *L'Amour tyrannique, tragi-comédie*, Paris, A. Courbé, 1639, p. 1-23.

SCALIGER, Jules César, *Poetices libri septem / Sieben Bücher über die Dichtkunst*, éd. Luc Deitz, Stuttgart-Bad Cannstatt, Frommann-Holzboog, 1994-2011, 6 vol.

SCUDÉRY, Georges, *Apologie du théâtre*, Paris, A. Courbé, 1639.

SCUDÉRY, Georges et Madeleine de, *Les Femmes illustres ou les harangues héroïques*, Paris, A. Sommaville et A. Courbé, 1642, 2 vol.

SÉBILLET, Thomas, *Art poétique françois* [1548], dans *Traités de poétique et de rhétorique de la Renaissance*, voir ci-dessous.

SÉVIGNÉ, Madame de, *Correspondance*, éd. Roger Duchêne, Paris, Gallimard, 1972-1978, 3 vol.

SOUCY, François du, *Le Triomphe des Dames*, Paris, s.é., 1646.

TALLEMANT DES RÉAUX, Gédéon, *Historiettes*, éd. Antoine Adam, Paris, Gallimard, coll. « Bibliothèque de la Pléiade », 1960.

TASSE LE [Torquato Tasso], *Discours de l'Art poétique, Discours du Poème héroïque*, trad. F. Graziani, Paris, Aubier, 1997.

Traités de poétique et de rhétorique de la Renaissance, éd. Francis Goyet, Paris, Librairie Générale Française, 1990.

VAUQUELIN DE LA FRESNAYE, Jean, *L'Art poétique françois* [entrepris en 1574, mais publié uniquement en 1605], éd. Georges Pellissier, Genève, Slatkine, 1970 ; réimpression de 1885.

ÉTUDES

SUR LE THÉÂTRE

ABRAHAM, Claude K., « Tristan L'Hermite's Mariane : l'étrangère », *The French Review*, avril 1967, p. 652-657.

ADAM, Antoine, *Le théâtre classique*, Paris, PUF, coll. « Que sais-je ? », 1970.

APOSTOLIDÈS, Jean-Marie, *Le roi-machine : spectacle et politique au temps de Louis XIV*, Paris, Minuit, 1981.

APOSTOLIDÈS, Jean-Marie, *Le prince sacrifié : théâtre et politique au temps de Louis XIV*, Paris, Minuit, 1985.

ARTAUD, Antonin, *Le théâtre et son double*, Paris, Gallimard, 1964.

AXELARD, Albert-José, *Le thème de Sophonisbe dans les principales tragédies de la littérature occidentale*, Lille, Bibliothèque universitaire de Lille, 1956.

BALBÉ, Jacques, « Quelques aspects du pathétique dans *Les Juifves* de Robert Garnier », dans *Actes du colloque Renaissance-Classicisme du Maine (Le Mans, 1971)*, Paris, Nizet, 1975, p. 57-75.

BARBAFIERI, Carine, *Atrée et Céladon : La galanterie dans le théâtre tragique de la France classique (1634-1702)*, Rennes, Presses universitaires de Rennes, 2001.

BARBAFIERI, Carine, « La Mesnardière et la tragédie élégiaque : du mineur au majeur », *Littératures classiques*, n° 51, 2004, p. 269-283.

BÉAREZ, Bernadette, « La poétique d'Alexandre Hardy », *Il confronto letterario*, n° 8, novembre 1987, p. 451-482.

BÉAREZ, Bernadette, *Alexandre Hardy témoin de son époque*, Milano, La nuova Italia Editrice, 2000.

BEAUDIN, Jean-Dominique, « Le lexique de la *Cléopâtre captive* de Jodelle », *L'information grammaticale*, n° 75, octobre 1997, p. 20-22.

BEAUDIN, Jean-Dominique, « Formes de la beauté scénique dans le théâtre de Robert Garnier », *Nouvelle Revue du Seizième Siècle*, vol. XVIII, n° 2, 2000, p. 93-112.

BEAUDIN, Jean-Dominique, « Action rhétorique et action dramatique dans la *Didon se sacrifiant* de Jodelle », *Styles, genres, auteurs*, n° 13, Paris, PUPS, 2013, p. 63-74.

BIET, Christian, *La tragédie*, Paris, A. Colin, 1997.

BIET, Christian, « Plaisirs et dangers de l'admiration », *Littératures classiques*, n° 32, 1998, p. 121-134.

BLOCKER, Déborah, *Instituer un « art » : politiques du théâtre dans la France du premier XVIIe siècle*, Paris, Champion, 2009.

BLOCKER, Déborah, « Jean Chapelain et les lumières de Padoue. L'héritage italien dans les débats français sur l'utilité du théâtre (1585-1640) », *Littératures classiques*, n° 37, 1999, p. 97-116.

BONVALLET-MALLET, Nicole, « Les mises en scène de la mort dans les tragédies de Tristan L'Hermite », *Papers on French Seventeenth Century Literature*, vol. XII, n° 22, 1985, p. 108-129.

BOVET, Jeanne, « Rhétorique et théâtralité : aspects de la déclamation dans la tragédie humaniste », *Les arts du spectacle au théâtre (1550-1700)*, Marie-France Wagner (dir.), Paris, Champion, 2001, p. 51-67.

BRADEN, Gordon, *Renaissance Tragedy and the Senecan Tradition*, New Haven, Yale University Press, 1985.

BRAY, René, *La tragédie cornélienne devant la critique classique d'après la querelle de Sophonisbe*, Genève, Droz, 1927.

BRERETON, Geoffrey, *Principles of Tragedy. A Rational Examination of the Tragic Concept in Life and Literature*, London, Routledge and Kegan Paul, 1968.

BRERETON, Geoffrey, *French Tragic Drama in the Sixteenth and Seventeenth Centuries*, London, Methuen, 1973.

BURON, Emmanuel, « La renaissance de la tragédie ou le spectacle de la parole. Vue et parole dans les tragédies d'Estienne Jodelle », *L'Inscription du regard. Moyen Âge-Renaissance*, M. Gally et M. Jourde (dir.), Fontenay-aux-roses, E.N.S. Éditions Fontenay/Saint-Cloud, 1995, p. 127-168.

BURON, Emmanuel, « La dramaturgie d'*Hippolyte* et des *Juifves* », dans *Lectures de Robert Garnier : « Hippolyte », « Les Juifves »*, Rennes, Presses universitaires de Rennes, 2000, p. 53-69.

BURON, Emmanuel (dir.), *Lectures du théâtre de Robert Garnier*, Rennes, Presses universitaires de Rennes, 2000.

CAIGNY, Florence de, *Imitation, traduction et adaptation des tragédies de Sénèque aux XVIe et XVIIe siècles en France*, thèse de doctorat, Paris, Université de Paris IV-Sorbonne, 2004.

CHAOUCHE, Sabine, *L'art du comédien. Déclamation et jeu scénique en France à l'âge classique*, Paris, Champion, 2001.

CHAOUCHE, Sabine (dir.), *Le « théâtral » de la France d'Ancien Régime. De la présentation de soi à la représentation scénique*, Paris, Champion, 2010.

CHARPENTIER, Françoise, « Invention d'une dramaturgie : Jodelle, La Péruse », *Littératures*, nº 22, 1990, p. 75-87.

CHARPENTIER, Françoise, « Naissance de la tragédie poétique en France : Jodelle, La Péruse », *Par ta colère nous sommes consumés. Jean de La Taille auteur tragique*, Marie-Madeleine Fragonard (dir.), Orléans, Paradigme, 1998, p. 63-86.

CHARPENTIER, Françoise, *Pour une lecture de la tragédie humaniste*, Saint-Etienne, Presses de l'Université de Saint-Etienne, 1979.

CHARPENTIER, Françoise, « *L'Art de la tragédie* Jean de la Taille et la doctrine classique », *Études sur Etienne Dolet, le théâtre au XVIe siècle, le Forez, le Lyonnais et l'histoire du livre publiées à la mémoire de Claude Longeon*, Genève, Droz, 1993, p. 151-160.

CHARPENTIER, Françoise, « Médée figure de la passion d'Euripide à l'âge classique », *Prémices et floraison de l'âge classique. Mélanges Jean Jehasse*, Saint-Étienne, Presses de l'Université de Saint-Étienne, 1995, p. 387-405.

CIORANESCU, Alexandre, *Le masque et le visage. Du baroque espagnol au classicisme français*, Genève, Droz, 1983.

COLEMAN, James A., « L'édition originale de la *Médée* de Jean de La Péruse », *Bibliothèque d'Humanisme et Renaissance*, vol. XLVI, 1984, p. 429-432.

CORVIN, Michel, *Dictionnaire encyclopédique du théâtre*, Paris, Bordas, 1981.

COURANT, Daniel, « La *Sophonisbe* de Garel », *La poésie angevine du XVIe siècle au début du XVIIe siècle. Actes du colloque du samedi 13 décembre 1980*, Angers, Presses de l'Université d'Angers, 1982, p. 75-85.

COUPRIE, Alain, *Lire la tragédie*, Paris, Dunod, 1994.

COUTON, Georges, *Corneille*, Paris, Hatier, 1958.

COUTON, Georges, *Richelieu et le théâtre*, Lyon, Presses universitaires de Lyon, 1986.

DALLA VALLE, Daniela, *Il teatro di Tristan L'Hermite*, Turin, G. Giappichelli, 1964.

DAVIDSON, Hugh M, « Pratique et rhétorique du théâtre : étude sur le vocabulaire et la méthode de d'Aubignac », *Critique et création littéraire en France au XVIIe siècle. Actes du colloque du CNRS (Paris, 1974)*, Paris, Édition du CNRS, 1977, p. 169-175.

DAWSON, F. K., « La Mesnardière's Theory of Tragedy », *French Studies*, vol. VIII, nº 2, 1954, p. 132-140.

DAWSON, F. K., « An Idea of Tragedy, *Mariane* and *La Mort de Sénèque* », *Nottingham French Studies*, vol. II, octobre 1963, p. 2-10.

DAWSON, F. K., « The notion of necessity in Mairet's *Sophonisbe* », *Nottingham French Studies*, 1968, nº 7, p. 57-66.

DEIERKAUF-HOLSBOER, S. Wilma, *Vie d'Alexandre Hardy : poète du roi, 1572-1632*, Paris, Nizet, 1972.

DEIERKAUF-HOLSBOER, S. Wilma, *Le Théâtre du Marais*, Paris, Nizet, 1954-1958, 2 vol.

DEIERKAUF-HOLSBOER, S. Wilma, *Histoire de la mise en scène dans le théâtre français à Paris de 1600 à 1673*, Paris, Nizet, 1960.

DEIERKAUF-HOLSBOER, S. Wilma, *Le théâtre de l'Hôtel de Bourgogne*, Paris, Nizet, 1968-1970, 2 vol.

DELMAS, Christian, « Les *Sophonisbe* et le renouveau de la tragédie en France », *Revue XVIIe siècle*, n° 208, 2000, p. 443-464.

DELMAS, Christian, « Autour de la *Sophonisbe* de Mairet », *Mythe et Histoire dans le théâtre classique. Hommage à Christian Delmas*, F. Népote-Desmarres (dir.), Toulouse, Société de Littératures classiques, 2002, p. 81-101.

DELMAS, Christian, « Médée, figure de la violence dans le théâtre français du XVIIe siècle », *Mythe et histoire dans le théâtre classique. Hommage à Christian Delmas*, F. Népote-Desmarres (dir.), Toulouse, Société de Littératures classiques, 2002, p. 103-112.

DELMAS, Christian, *La tragédie de l'âge classique (1553-1770)*, Paris, Seuil, 1994.

DELMAS, Christian, « L'unité du genre tragique au XVIIe siècle », *Littératures classiques*, n° 16, 1992, p. 103-123.

DELMAS, Christian, *Mythologie et mythe dans le théâtre français (1650-1676)*, Genève, Droz, 1985.

DESCOTES, Maurice, *Le public de théâtre et son histoire*, Paris, PUF, 1964.

DION, Nicholas, *Entre les larmes et l'effroi : la tragédie classique française. 1667-1726*, Paris, Classiques Garnier, 2012.

DOBBY-POIRSON, Florence, *Le pathétique dans le théâtre de Robert Garnier*, Paris, Champion, 2006.

DOIRON, Normand, « La *Médée* de La Péruse », *Revue d'Histoire du Théâtre*, n° 258, 2013-2, p. 217-237.

DOIRON, Normand, « Saül sur le scène. Jean de La Taille, *Saül le furieux* précédé de l'*Art de la tragédie* », *Études françaises*, vol. XLIV, n° 2, 2008, p. 33-50.

DOTOLI, Giovanni, *Le langage dramatique de Jean Mairet. Structures stylistiques et idéologiques*, Paris, Nizet, 1978.

DOTOLI, Giovanni, « Le texte mis en scène : les réalisations de Jean Mairet », *Du spectateur au lecteur : imprimer la scène aux XVIe et XVIIe siècles*, L. F. Norman, P. Desan et R. Strier (dir.), Fasano-Paris, Schena-Presses de l'Université de Paris-Sorbonne, 2002, p. 273-315.

DOTOLI, Giovanni, « Statut du héros chez Jean Mairet », *Mélanges pour Jacques Scherer. Dramaturgie. Langages dramatiques*, Paris, Nizet, 1986, p. 153-162.

DOTOLI, Giovanni, *Temps de préfaces : le débat théâtral en France de Hardy à la querelle du Cid*, Paris, Klincksieck, 1996.

DOUBROVSKY, Serge, *Corneille et la dialectique du héros*, Paris, Gallimard, 1963.

DUBU, Jean, *Les Églises chrétiennes et le théâtre (1550-1850)*, Grenoble, Presses de l'Université de Grenoble, 1997.

DUBU, Jean, « L'essor du théâtre et sa condamnation par les autorités ecclésiastiques de 1550 à 1650 », *Renaissance européenne et phénomènes religieux : 1450-1550. Actes du festival d'histoire de Montbrison (3-7 octobre 1990)*, Montbrison, Association du Centre culturel de la ville de Montbrison, 1991, p. 105-116.

DUPONT, Florence, *L'acteur-roi ou le théâtre dans la Rome antique*, Paris, Les Belles Lettres, 1986.

DUPONT, Florence, *Le théâtre latin*, Paris, Armand Colin, 1988.

DUPONT, Florence, *Les monstres de Sénèque. Pour une dramaturgie de la tragédie romaine*, Paris, Belin, 1995.

DUPRAT, Anne, *Vraisemblances. Poétiques et théorie de la fiction, du Cinquecento à Jean Chapelain*, Paris, Champion, 2009.

DUROUX, Alice, « *Lucrèce*, ou le renouveau de la tragédie. Éléments pour une dramaturgie de la tragédie des années 1630-1640 », *Littératures classiques*, n° 42, 2001, p. 167-179.

DUTERTRE, Éveline, « La dramaturgie de Scudéry : une dramaturgie du mouvement », *Mélanges pour Jacques Scherer. Dramaturgies. Langages dramatiques*, Paris, Nizet, 1986, p. 163-171.

DUTERTRE, Éveline, *Scudéry dramaturge*, Genève, Droz, 1988.

DUTERTRE, Éveline, « *L'Apologie du théâtre* de Georges de Scudéry », *Travaux de littérature*, vol. III, 1990, p. 391-406.

DUTERTRE, Éveline, *Scudéry théoricien du classicisme*, Paris-Seattle-Tübingen, *Papers on French Seventeenth-Century Literature*, Biblio 17, 1991.

DUVIGNAUD, Jean, *Théâtre et société*, Paris, Garnier-Flammarion, 1960.

DUVIGNAUD, Jean, *Sociologie du théâtre. Essais sur les ombres collectives*, Paris, PUF, 1965.

ELLING, Marinus, « Théories dramatiques sur la présence du spectateur », *Dramaturgie et collaboration des arts au théâtre*, I. Mamczarz (dir.), Firenze, Leo S. Olschki, 1993, p. 191-202.

EMELINA, Jean, « Corneille et la *catharsis* », *Littératures classiques*, n° 32, 1998, p. 105-120.

FAGUET, Émile, *Essai sur la tragédie française au XVIe siècle*, Paris, Hachette, 1883.

FEDERICI, Carla, *Réalisme et dramaturgie. Étude de quatre écrivains : Garnier, Hardy, Rotrou, Corneille*, Paris, Nizet, 1974.

FISCHLER, David A., *La dramaturgie de Thomas Corneille*, thèse de doctorat, Paris, Université de Paris III, 1976.

FORESTIER, Georges, *Le théâtre dans le théâtre sur la scène française au XVIIe siècle*, Genève, Droz, 1981.

FORESTIER, Georges, *Esthétique de l'identité dans le théâtre français (1550-1680). Le déguisement et ses avatars*, Genève, Droz, 1988.

FORESTIER, Georges, « Imitation parfaite et vraisemblance absolue. Réflexions sur un paradoxe classique », *Poétique*, n° 82, 1990, p. 187-202.

FORESTIER, Georges, « De la modernité anti-classique au classicisme moderne. Le modèle théâtral (1628-1634) », *Littératures classiques*, n° 19, 1993, p. 87-128.

FORESTIER, Georges, « Le merveilleux sans merveilleux ou du sublime au théâtre », *Revue XVIIe siècle*, n° 182, 1994, p. 95-103.

FORESTIER, Georges, *Essai de génétique théâtrale. Corneille à l'*œuvre, Paris, Klincksieck, 1996.

FORESTIER, Georges, *Corneille. Le sens d'une dramaturgie*, Paris, SEDES, 1998.

FORESTIER, Georges, « D'une poétique politique : *La Pratique du théâtre* de l'abbé d'Aubignac ou la rationalité absolue de la représentation classique », *Inventaire, Lecture, Invention : Mélanges de critique et d'histoire littéraire offerts à Bernard Beugnot*, J. Morel et B. Melançon (dir.), Montréal, Département d'études françaises de l'Université de Montréal, 1999, p. 229-246.

FORESTIER, Georges, *Passions tragiques et règles classiques. Essai sur la tragédie française*, Paris, PUF, 2003.

FORSYTH, Elliott, *La tragédie française de Jodelle à Corneille (1553-1640). Le thème de la vengeance*, Paris, Nizet, 1962.

FRAGONARD, Marie-Madeleine (dir.), *Par ta colère nous sommes consumés. Jean de La Taille, auteur tragique*, Orléans, Paradigme, 1998.

FRAPPIER, Louise, « La topique de la fureur de la tragédie française du XVIe siècle », *Études françaises*, vol. XXXVI, n° 1, 2000, p. 29-47.

FRAPPIER, Louise, « Le spectacle des passions sur la scène humaniste : fonction et statut de la lamentation dans les tragédies profanes de Robert Garnier », *Les jeux de l'échange : entrées solennelles et divertissements du XVIe au XVIIe siècle*, Marie-France Wagner (dir.), Paris, Champion, 2007, p. 319-341.

FUMAROLI, Marc, « La querelle de la moralité du théâtre avant Nicole et Bossuet », *Revue d'Histoire littéraire de la France*, n° 5-6, novembre-décembre 1970, p. 1007-1030.

FUMAROLI, Marc, « Rhétorique et dramaturgie. Le statut du personnage dans la tragédie classique », *Revue d'Histoire du Théâtre*, 1972, n° 3, p. 223-250.

FUMAROLI, Marc, « La querelle de la moralité du théâtre au XVIIe siècle », *Bulletin de la société française de philosophie*, juillet-septembre 1990, p. 65-97.

FUMAROLI, Marc, *Héros et orateurs. Rhétorique et dramaturgie cornéliennes*, Genève, Droz, 1990.

FUMAROLI, Marc, « La querelle du théâtre au XVIIe siècle », *Les Cahiers de médiologie*, n° 1, 1996, p. 31-37.

GAINES, James F., *Pierre Du Ryer ans his Tragedies. From Envy to Liberation*, Genève, Droz, 1987.

GARAPON, Robert, « L'influence de l'*Astrée* sur le théâtre français de la première moitié du XVIIe siècle », *Travaux de linguistique et de littérature*, vol. VI, n° 2, 1968, p. 81-85.

GAUDEMAR, Martine de, *La voix des personnages*, Paris, Les Éditions du Cerf, 2011.

GEORGES, André, « Le théâtre de Corneille est un théâtre de l'orgueil et de la vaine gloire », *Revue d'Histoire du Théâtre*, n° 4, 1984, p. 103-131.

GEORGES, André, « Magnanimité aristotélicienne et pathétique d'admiration », *Revue d'Histoire du Théâtre*, n° 3, 1987, p. 277-310.

GIRAUD, Yves, « Remarques sur le personnage de Phèdre chez Robert Garnier », *Retours du mythe. Vingt études pour Maurice Delcroix*, Amsterdam, Rodopo, 1996, p. 31-38.

GOSSIP, Christopher J., « The Rebirth of French Tragedy : a classic case », *Continuum*, vol. II, 1990, p. 27-40.

GOUHIER, Henri, *L'essence du théâtre*, Paris, Plon, 1943.

GRIFFITHS, Richard, « Les sentences et le "but moral" dans les tragédies de Monthcrestien », *Revue des Sciences Humaines*, n° 105, 1962, p. 5-14.

GRIFFITHS, Richard, *The Dramatic Technic of Antoine de Montchrestien : Rhetoric and Style in French Renaissance Tragedy*, Oxford, University of Oxford Press, 1970.

GROSPERRIN, Jean-François, « Furies de théâtre. Mythologie et dramaturgie des *fureurs* dans la tragédie classique », *Mythe et histoire dans le théâtre classique. Hommage à Christian Delmas*, F. Népote-Desmarres (dir.), Toulouse, Société de Littératures classiques, 2002, p. 261-281.

GUICHEMERRE, Roger, *La tragi-comédie*, Paris, PUF, 1981.

GUILLOT, Catherine, « Richelieu et le théâtre », *Transversalités*, n° 1, 2011, p. 85-102.

GUTIERREZ-LAFOND, Aurore, *Théâtre et magie dans la littérature dramatique du XVIIe siècle*, thèse de doctorat, Toulouse, Université de Toulouse-Le Mirail, 1998.

HAGIWARA, Yoshiko, « La théorie de la représentation dans *La Pratique du théâtre* de d'Aubignac », *Études de langue et de littérature françaises*, n° 40, 1982, p. 23-43.

HAMON, Philippe, « Pour un statut sémiologique du personnage », *Poétique du récit*, Paris, Seuil, 1977, p. 115-180.

HELBO, André, *Les mots et les choses. Essai sur le théâtre*, Lille, Presses universitaires de Lille, 1983.

HÉNIN, Emmanuelle, « *Ut pictura theatrum* » : théâtre et peinture de la Renaissance italienne au classicisme français, Genève, Droz, 2003.

HÉNIN, Emmanuelle (dir.), *Les querelles dramatiques à l'âge classique (XVIe-XVIIe siècles)*, Paris, Peeters, 2010.

HERLAND, Louis, « La notion de tragique chez Corneille », *Mélanges de la Société toulousaine d'études classiques*, Toulouse, Privat, 1946, p. 265-284.

HERLAND, Louis, « Les qualités requises du personnage de tragédie et les sources de la pitié tragique d'après la querelle de *Sophonisbe* », *Bulletin de la Société toulousaine d'études classiques*, 1948, p. 205-222.

HILGAR, Marie-France, « La Mesnadière : poétique et poésie », *Papers on French Seventeenth Century Literature*, n° 2, 1974, p. 9-21.

HOWE, Alan, *Le théâtre professionnel à Paris (1600-1649)*, Paris, Archives nationales, 2000.

HOWE, Alan, « La Taille, Hardy et Virgile. Sur un souvenir de l'*Énéide* dans *Saül le Furieux* et *Didon se sacrifiant* », *Bibliothèque d'Humanisme et Renaissance*, vol. XLIX, 1987, p. 65-87.

HUBERT, Marie-Claude, *Les grandes théories du théâtre*, Paris, A. Colin, 1998.

JACQUOT, Jean (dir.), *Le théâtre tragique*, Paris, Édition du CNRS, 1962.

JACQUOT, Jean (dir.), *Le lieu théâtral à la Renaissance*, Paris, Édition du CNRS, 1963.

JACQUOT, Jean (dir.), *Les tragédies de Sénèque et le théâtre de la Renaissance*, Paris, Édition du CNRS, 1964.

JACQUOT, Jean (dir.), *Dramaturgie et société : rapports entre l'œuvre théâtrale, son interprétation et son public aux* XVIe *et* XVIIe *siècles*, Paris, Édition du CNRS, 1968, 2 vol.

JONDORF, Gillian, *French Renaissance Tragedy : Tha Dramatic Word*, Cambridge, Cambridge University Press, 1990.

JONDORF, Gillian, « Doctrine and image in Jodelle's *Didon se sacrifiant* », *French Studies*, juillet 1978, p. 257-274.

JOUKOVSKY, Françoise, « Le tragique dans la *Cléopâtre captive* », *Parcours et rencontres. Mélanges de langue, d'histoire et de littérature françaises offerts à Enea Balmas*, Paris, Klincksieck, 1993, t. I, p. 347-360.

KIBÉDI VARGA, Aron, « La vraisemblance – problèmes de terminologie, problèmes de poétique », *Critique et création littéraire en France*, Actes du colloque du CNRS (1974), Paris, Éditions du CNRS, 1977, p. 325-332.

KOHLER, Pierre, « Sur la *Sophonisbe* de Mairet et les débuts de la tragédie classique », *Revue d'Histoire littéraire de la France*, n° 1, 1939, p. 56-70.

KOWSZAN, Tadeusz, *Sémiologie du théâtre*, Paris, Nathan, 1992.

KOWSZAN, Tadeusz, *Théâtre miroir : métathéâtre de l'Antiquité au* XXIe *siècle*, Paris, L'Harmattan, 2006.

KREYDER, Laura, « Sur la dramaturgie de La Taille : *L'Art de la Tragédie* », *Le théâtre biblique de Jean de La Taille. Études sur « Saül le furieux », « De l'Art de la Tragédie », « La Famine ou Les Gabéonites »*, Paris, Champion, 1998, p. 125-151.

LANCASTER, Henry Carrington, *Pierre Du Ryer dramatist*, Washington, Carnegie Institution, 1912.

LANCASTER, Henry Carrington, *A History of French Dramatic Literature in the Seventeenth Century*, Baltimore, John Hopkins Press, 1929-1942, 9 vol.

LANSON, Gustave, *Esquisse d'une histoire de la tragédie française*, Paris, Champion, 1954.

LARTHOMAS, Pierre Henri, *Le langage dramatique : sa nature, ses procédés*, Paris, PUF, 1980.

LASSALE, Thérèse, « L'héroïsme dans la *Didon* de Scudéry et la *Vraye Didon* de Boisrobert », *Les trois Scudéry. Actes du colloque du Havre (1-5 octobre 1991)*, A. Niderst (dir.), Paris, Klincksieck, 1993, p. 243-256.

LAWRENSON, Thomas Edward, *The French Stage in the 17th Century*, Manchester, Manchester University Press, 1957.

LAZARD, Madeleine, *Le théâtre en France au XVIe siècle*, Paris, PUF, 1980.

LAZARD, Madeleine, « Comédiennes et rôles féminins dans la comédie française du XVIe siècle », *Mélanges à la mémoire de Franco Simone. France et Italie dans la culture moderne*, vol. I, *Moyen Âge et Renaissance*, Genève, Slatkine, 1980, p. 361-370.

LAZARD, Madeleine, « Didon et Énée au XVIe siècle : la *Didon se sacrifiant* de Jodelle », *Énée et Didon. Naissance, fonctionnement et survie d'un mythe*, Paris, Édition du CNRS, 1990, p. 89-96.

LEBÈGUE, Raymond, *La tragédie religieuse en France. Les débuts (1514-1573)*, Paris, Champion, 1929.

LEBÈGUE, Raymond, « De la Renaissance au classicisme. Le théâtre baroque en France », *Bibliothèque d'Humanisme et Renaissance*, n° 2, 1942, p. 161-184.

LEBÈGUE, Raymond, « Le répertoire d'une troupe française à la fin du XVIe siècle », *Revue d'Histoire du Théâtre*, vol. I, 1948, p. 12-16.

LEBÈGUE, Raymond, « La représentation des tragédies au seizième siècle », *Mélanges Chamard*, Paris, Nizet, 1951, p. 199-204.

LEBÈGUE, Raymond, *La tragédie française de la Renaissance*, Paris, SEDES, 1954.

LEBÈGUE, Raymond, « Les guerres civiles de Rome et les tragédies de Robert Garnier », *Actes du colloque de la Renaissance et du classicisme du Maine*, Paris, Nizet, 1975.

LEBÈGUE, Raymond, *Études sur le théâtre français I : Moyen Âge, Renaissance, Baroque*, Paris, Nizet, 1977 ; *II : Les classiques, En province, Les jésuites, Les acteurs, Le théâtre moderne à sujet religieux*, Paris, Nizet, 1978.

LEBLANC, Paulette, *Les écrits théoriques et critiques français des années 1540-1561 sur la tragédie*, Paris, Nizet, 1972.

LESTRINGANT, Frank, « Pour une lecture politique du théâtre de Robert Garnier : le commentaire d'André Thevet en 1584 », *Parcours et rencontres.*

Mélanges de langue, d'histoire et de littérature françaises offerts à Enea Balmas, t. I, Paris, Klincksieck, 1993, p. 405-422.

LESTRINGANT, Frank, « Deuil et tragédie chez Jodelle » *Styles, genres, auteurs*, n° 13, Paris, PUPS, 2013, p. 75-95.

LOCHERT, Véronique, *L'écriture du spectacle. Les didascalies dans le théâtre européen aux XVIe et XVIIe siècles*, Genève, Droz, 2009.

LORAUX, Nicole, *La voix endeuillée. Essai sur la tragédie grecque*, Paris, Gallimard, 1999.

LORAUX, Nicole, *La tragédie d'Athènes. La politique entre l'ombre et l'utopie*, Paris, Seuil, 2005.

LOSKOUTOFF, Yvan, « Magie et tragédie : la *Cléopâtre captive* d'Etienne Jodelle », *Bibliothèque d'Humanisme et Renaissance*, n° 1, 1991, p. 65-80.

LOUVAT-MOLOZAY, Bénédicte, *La poétique de la tragédie classique*, Paris, SEDES, 1997.

LOUVAT-MOLOZAY, Bénédicte et SALAÜN, Franck (dir.), *Le spectateur du théâtre à l'âge classique (XVIIe-XVIIIe siècles)*, Montpellier, L'Entretemps, 2008.

LYONS, John, *Kingdom of Disorder. The Theory of Tragedy in Classical France*, West Lafayette (Indiana), Purdue University Press, 1999.

MANGATTALE-CEZETTE, Mitsué, *La représentation des passions dans le théâtre tragique de la Renaissance : La Taille, Garnier, Montchrestien*, thèse de doctorat, Université de Toulouse-Le Mirail, 2007.

MAURENS, Jacques, *La tragédie sans tragique. Le néo-stoïcisme dans l'œuvre de Pierre Corneille*, Paris, A. Colin, 1966.

MAURI, Daniela, « *La Cartaginoise* di Antoine de Montchrestien : un sentimento del tragico multiforme e "in evoluzione" », *Studi di letteratura francese*, vol. XVIII : *Tragedia e sentimento del tragico nella letteratura francese del Cinquecento*, Firenze, Leo S. Olschki, 1990, p. 111-124.

MAZOUER, Charles, « La vision tragique de Robert Garnier dans *Hippolyte*, *La Troade* et *Antigone* », *Studi di letteratura francese*, vol. XVIII : *Tragedia e sentimento del tragico nella letteratura francese del Cinquecento*, Firenze, Leo S. Olschki, 1990, p. 72-82.

MAZOUER, Charles, *Le théâtre français de la Renaissance*, Paris, Champion, 2002.

MAZOUER, Charles, « Trois femmes illustres de Scudéry, héroïnes de tragédies : Panthée, Lucrèce et Marianne », *Les Femmes illustres. Hommage à Rosa Galli Pellegrini*, Publif@rum, n° 3, 2005, texte en ligne : http://www.farum.it/publifarumv/n/02/mazouer.php.

MAZOUER, Charles, *Le théâtre français de l'âge classique I – Le premier XVIIe siècle*, Paris, Champion, 2006.

MAZOUER, Charles, *Le théâtre français de l'âge classique II – L'apogée du classicisme*, Paris, Champion, 2010.

McBRIDE, Robert, *Aspects of the 17th-Century French Drama and Thought*, Londres, Palgrave MacMillan, 1979.

MÉNIEL, Bruno, « Virgile, Jodelle, Ronsard : colères de femmes abandonnées », *La poésie de la Pléiade. Héritages, influences, transmission*, Y. Bellenger (dir.), Paris, Classiques Garnier, 2009, p. 63-86.

MEYER, Michel, *Le comique et le tragique : penser le théâtre et son histoire*, Paris, PUF, 2003.

MILLET, Olivier, « La tragédie humaniste de la Renaissance (1550-1580) et le sacré », *Le théâtre et le sacré*, A. Bouvier-Cavoret (dir.), Paris, Klincksieck, 1995, p. 71-94.

MILLET, Olivier, « La représentation du corps souffrant dans la tragédie humaniste et baroque (1550-1630) », *Par ta colère nous sommes consumés. Jean de La Taille auteur tragique*, M.-M. Fragonard (dir.), Orléans, Paradigme, 1998, p. 87-100.

MILLET, Olivier, « *Les premiers traicts* de la théorie moderne de la tragédie d'après les commentaires humanistes de l'*Art poétique* d'Horace (1550-1554) », *Études françaises*, vol. XXXXIV, n° 2, 2008, p. 11-31.

MINEL, Emmanuel, « Les imitations de la *Médée* de Sénèque en France aux XVIe et XVIIe siècles », *Analyses et réflexions sur Sénèque*, Paris, Ellipses, 1997, p. 104-110.

MOREL, Jacques, *La tragédie*, Paris, A. Colin, 1964.

MOREL, Jacques, *Jean Rotrou, dramaturge de l'ambiguïté*, Paris, A. Colin, 1968.

MOREL, Jacques, « Rhétorique et tragédie au XVIIe siècle », *Revue XVIIe siècle*, n° 80-81, 1968, p. 89-105.

MOREL, Jacques, *Agréables mensonges. Essais sur le théâtre français du XVIIe siècle*, Paris, Klincksieck, 1991.

MULLER, Herbert J., *The Spirit of Tragedy*, New York, Washington Square Press, 1965.

MUTAMORE, M. J., *Cornelian Theater. The Metadramatic dimension*, Birmingham, Summa Publications, 1990.

NADAL, Octave, *Le sentiment de l'amour dans l'œuvre de Pierre Corneille*, Paris, Gallimard, 1948.

NAUGRETTE, Catherine, *L'esthétique théâtrale*, Paris, Armand Colin, 2005.

NAUGRETTE, Florence, *Le plaisir du spectateur de théâtre*, Rosny-sous-Bois, Éditions Bréal, 2002.

NIETZSCHE, Frederic, *La naissance de la tragédie*, Paris, Gallimard, 1972.

PASQUIER, Pierre, *La* mimèsis *dans l'esthétique théâtrale du XVIIe siècle*, Paris, Klincksieck, 1995.

PASQUIER, Pierre, « Le héros tragique cornélien dans les *Discours* de 1660 ou comment s'accommoder avec Aristote », *Littératures classiques*, n° 32, 1998, p. 77-89.

PASQUIER, Pierre, « L'ombre du temps : réflexion sur le statut du temps dramatique dans le discours esthétique du XVIIe siècle », *Littératures classiques*, n° 43, 2001, p. 89-116.

PAVIS, Patrice, *Problèmes de sémiologie théâtrale*, Montréal, Presses de l'Université du Québec, 1976.

PAVIS, Patrice, *Voix et images de la scène : vers une sémiologie de la réception*, Lille, Presses universitaires de Lille, 1985.

PAVIS, Patrice, *Le théâtre au croisement des cultures*, Paris, J. Corti, 1990.

PAVIS, Patrice, *L'analyse des spectacles*, Paris, Nathan, 1996.

PHILIPS, Henry, *The Theater and its Critics in Seventeenth-Century France*, Oxford, Oxford University Press, 1980.

PRIGENT, Michel, *Le héros et l'état dans la tragédie de Pierre Corneille*, Paris, PUF, 1986.

PRODOMIDES, François, « Le théâtre et la lecture. Texte et spectacle dans *La Pratique du Théâtre* de d'Aubignac », *Poétique*, n° 112, 1997, p. 423-443.

REESE, Helen R., *La Mesnardière's* Poétique *(1639) : Sources and Dramatic Theories*, Baltimore / Londres / Paris, John Hopkins Press / Oxford University Press / Les Belles Lettres, 1937.

RESCIA, Laura, « Pyrame et Thisbé dans le théâtre dramatique et lyrique aux XVIIe et XVIIIe siècles », *Le héros légendaire sur les scènes du théâtre et de l'opéra*, I. Mamczarz (dir.), Firenze, Leo S. Olschki, 2001, p. 157-171.

REYNIER, Gustave, *Thomas Corneille* : sa vie et son théâtre, Paris, Hachette, 1892.

REVAZ, Gilles, « La "veuve captive" dans la tragédie classique », *Revue d'Histoire littéraire de la France*, vol. 101, 2001/2, p. 213-226.

REVAZ, Gilles, « Peut-on parler de tragédie "galante" (1656-1667) ? », *Revue XVIIe siècle*, n° 216, 2002/3, p. 469-484.

REYFF, Simone de, *L'église et le théâtre. L'exemple de la France au XVIIe siècle*, Paris, Le Cerf, 1998.

RICCI, Charles, *Sophonisbe dans la tragédie classique italienne et française*, Genève, Slatkine Reprints, 1970.

RICHARD, Oneil J., « Hardy, Auvray, Du Ryer and the querelle des Anciens et des Modernes », *French Review*, vol. XXXIII, n° 2, 1959, p. 116-122.

RIGAL, Eugène, *Alexandre Hardy et le théâtre français à la fin du XVIe et au commencement du XVIIe siècle* [1889], Genève, Slatkine, 1970.

ROHOU, Jean, « Le tragique à la lumière de ses corrélations historiques », *Littératures classiques*, n° 16, 1992, p. 7-33.

ROHOU, Jean, *La tragédie classique (1550-1793)*, Paris, SEDES, 1996.

ROMILLY, Jacqueline de, *La modernité d'Euripide*, Paris, PUF, 1986.

ROMILLY, Jacqueline de, *Tragédies grecques au fil des ans*, Paris, Les Belles Lettres, 1995.

ROUSSET, Jean, *L'intérieur et l'extérieur. Essais sur la poésie et sur le théâtre au XVIIe siècle*, Paris, J. Corti, 1976.

ROUSSET, Jean, « Le destinataire de l'illusion théâtrale », *Atti del convegno di studi su Pierre Corneille*, Vicenzo, Accademia Olimpica, 1988, p. 41-48.

SAKHAROFF, Micheline, *Le héros, sa liberté et son efficacité de Garnier à Rotrou*, Paris, Nizet, 1967.

SAKHAROFF, Micheline, « Montchrestien. Le stoïcisme ou la liberté négative. Une demi-efficacité », *Revue des Sciences Humaines*, n° 130, avril-juin 1968, p. 161-167.

SCHERER, Jacques, *La dramaturgie classique en France*, Paris, Nizet, 1950.

SELLIER, Philippe, « Une catégorie clé de l'esthétique classique : le merveilleux vraisemblable », *La mythologie au XVIIe siècle*, C. Faisant (dir.), Marseille, CMR 17, 1982.

SIGURET, Françoise, *L'œil surpris. Perception et représentation dans la première moitié du XVIIe siècle*, Paris, Klincksieck, 1978.

SIMON, Marcel, « Scudéry et Boisrobert. L'héroïsme dans la *Didon* de Scudéry et la *Vraye Didon* de Boisrobert », *Les trois Scudéry. Actes du colloque du Havre (1-5 octobre 1991)*, A. Niderst (dir.), Paris, Klincksieck, 1993, p. 221-230.

STEGMANN, André, *L'héroïsme cornélien. Genèse et signification*, Paris, A. Colin, 1968, 2 vol.

STEGMANN, André, « Unité et diversité formelle dans l'œuvre d'Alexandre Hardy », *Form and Meaning : Aesthetic Coherence in the 17th century French Drama : Studies Presented to Harry Barnwell*, W. D. Howarth, I. McFarlan et M. McGowan (dir.), Amersham, Avebury, 1982, p. 18-30.

STONE, Donald, *French Humanist Tragedy : a Reassessment*, Manchester, Manchester University Press, 1974.

SWEETSER, Marie-Odile, *La dramaturgie de Corneille*, Genève Droz, 1977.

THIROUIN, Laurent, *L'aveuglement salutaire. Le réquisitoire contre le théâtre dans la France classique*, Paris, Champion, 1997.

TOMLINSON, Philip, *Jean Mairet et ses protecteurs. Une œuvre et son milieu*, Paris, Seattle-Tübingen, *Papers on French Seventeenth Century Literature*, Biblio 17, 1983.

TOMLINSON, Philip, « Le personnage de Cléopâtre chez Mairet et Corneille », *Revue XVIIe siècle*, n° 190, 1996, p. 67-75.

TRUCHET, Jacques, *La tragédie classique en France*, Paris, PUF, 1989.

UBERSFELD, Anne, *Lire le théâtre I*, Paris, Éditions sociales, 1977 ; *II – L'école du spectateur*, Paris, Éditions sociales, 1981 ; *III – Le dialogue de théâtre*, Paris, Belin, 1996.

URBAIN, Charles et LÉVÈSQUE, Émile, *L'Église et le théâtre*, Paris, Grasset, 1930.

VERDAASDONK, Hugo, « Généralité de la "Poétique" de La Mesnardière », *Travaux récents sur le XVIIe siècle*, Actes du 8e colloque de Marseille (1978), Marseille, CMR 17, 1979, p. 73-80.

VERNANT, Jean-Pierre et VIDAL-NAQUET, Pierre, *Mythe et tragédie en Grèce ancienne I et II*, Paris, La Découverte, 1986.

VIALA, Alain (dir.), *Le théâtre en France des origines à nos jours*, Paris, PUF, 1996.

VIALA, Alain, *Histoire du théâtre*, Paris, PUF coll. « Que sais-je ? », 2010.

VILLIERS, André, « Illusion dramatique et dramaturgie classique », *Revue XVIIe siècle*, n° 73, 1966, p. 3-35.

VINAVER, Michel, *Écritures dramatiques. Essais d'analyse de textes de théâtre*, Arles, Actes Sud, 1993.

WESTGATE, D., « *La Mariane* and the Formation of Classical Tragedy », *Nottingham French Studies*, mai 1965, p. 3-14.

ZARATOGA, Georges, *Le personnage de théâtre*, Paris, A. Colin, 2006.

ZOTOS, Alexandre, « D'une *Sophonisbe* l'autre ou le roman comique de deux tragédies rivales », *Papers on French Seventeenth Century Literature*, vol. XXVIII, n° 55, 2001, p. 359-373.

ZUBER, Roger, « La critique classique et l'idée d'imitation », *Revue d'Histoire littéraire de la France*, n° 3, 1971, p. 385-399.

SUR LES FEMMES

ACKER, Clara, *Dionysos en transes : la voix des femmes*, Paris, L'Harmattan, 2002.

ADAM, Antoine, « La préciosité », *Cahiers de l'Association Internationale des Études Françaises*, n° 1, 1951, p. 35-47.

ALAZARD, Florence, *Le lamento dans l'Italie de la Renaissance*, Rennes, Presses universitaires de Rennes, 2010.

ALAZARD, Florence, « La Renaissance, une civilisation de la plainte ? », *La plainte à la Renaissance. Actes des journées d'études des 16 et 17 novembre 2005*, F. Alazard (dir.), Paris, Champion, 2008, p. 7-34.

ANGENOT, Marc, *Les champions des femmes. Examen du discours sur la supériorité des femmes 1400-1800*, Montréal, Presses de l'Université du Québec, 1977.

ARNAUD D'AGNIEL, Gustave, *Les femmes d'après saint François de Sales*, Paris, Plon, 1928.

BERRIOT-SALVADORE, Évelyne, *Les femmes dans la société française de la Renaissance*, Genève, Droz, 1990.

BERRIOT-SALVADORE, Évelyne, *Un corps, un destin. La femme dans la médecine de la Renaissance*, Paris, Champion, 1993.

BOLOGNE, Jean-Claude, *Pudeurs féminines*, Paris, Seuil, 2010.

BOUSQUET, Philippe, « L'héroïsme féminin au XVIIe siècle : entre admiration païenne et représentations chrétiennes », *Les femmes au Grand siècle. Actes du 33e congrès annuel de la* North American Society for Seventeenth-Cenruty Literature, Tübingen, Biblio 17, 2003, t. II, p. 93-108.

BRUNETIÈRE, Ferdinand, « L'influence des femmes dans la littérature française », *Revue des Deux Mondes*, novembre-décembre 1886, p. 205-224.

CHALIER, Catherine, *Les Matriarches*, Paris, Les Éditions du Cerf, 1985.

COUSIN, Victor, *Études sur les femmes illustres et la société du XVIIe siècle*, 6e éd., Paris, Didier, 1878.

CUENIN, Micheline, « Les femmes aux affaires (1598-1661) », *Revue XVIIe siècle*, n° 144, juillet-septembre 1984, p. 203-209.

DANET, Amand, « L'inquisiteur et ses sorcières », introduction à H. Institoris et J. Sprenger, *Le Marteau des sorcières (Malleus maleficarum)*, Grenoble, J. Millon, 1990, p. 23-96.

DARMON, Pierre, *Mythologie de la femme dans l'ancienne France, XVIe-XVIIe siècles*, Paris, Seuil, 1983.

DEQUENNE, Robert G. H., *La femme et l'éducation à travers la littérature du XVIIe siècle*, thèse de doctorat, Paris, Université Paris IV-Sorbonne, 1970.

DUBY, Georges et PERROT, Michelle (dir.), *Histoire des femmes en Occident*, Paris, Plon, 1991, 5 vol.

DUCHÊNE, Roger, *Écrire au temps de Mme de Sévigné*, Paris, Vrin, 1982.

DUFOUR-MAÎTRE, Myriam, *Les précieuses. Naissance des femmes de lettres en France au XVIIe siècle*, Paris, Champion, 1999.

DUFOUR-MAÎTRE, Myriam, « L'éloquence féminine dans la première moitié du XVIIe siècle : des codes éducatifs aux modèles littéraires », *Genre et éducation. Former, se former, être formée au féminin*, Bernard Badinier (dir.), Mont-Saint-Agnien, Presses de l'Université de Rouen et du Havre, 2009, p. 97-109.

DULONG, Claude, *La vie quotidienne des femmes au Grand siècle*, Paris, Hachette, 1984.

EVAIN, Aurore, *L'apparition des actrices professionnelles en Europe*, Paris, L'Harmattan, 2001.

FAGNIEZ, Gustave, *La femme et la société française dans la première moitié du XVIIe siècle*, Paris, Gamber, 1929.

La Femme à l'époque moderne (XVIe-XVIIe siècles). Actes du colloque de l'Association des historiens modernistes des universités, Paris, 11-12 mai 1962, Bulletin de l'Association, n° 9, Presses de l'Université de Paris-Sorbonne, 1985.

Les Femmes au Grand siècle. Actes du 33e congrès annuel de la North American Society for Seventeenth-Cenruty Literature, Tübingen, Biblio 17, 2003.

FERRIS, Lesley, *Acting Women : Images of Women in Theatre*, Basingstoke, MacMillan Press, 1990.

FUMAROLI, Marc, « L'empire des femmes, ou l'esprit de joie », *La diplomatie de l'esprit : de Montaigne à La Fontaine*, Paris, Hermann, 1994, p. 321-341.

GIBSON, Wendy, *Women in Seventeenth-Century France*, London, MacMillan Press, 1989.

HEPP, Noémi, « La notion d'héroïne », *Onze études sur l'image de la femme dans la littérature française du dix-septième siècle*, Tübingen-Paris, TBL Verlag Gunter Narr, 1978, p. 9-27.

HOTTON, Hélène, *Les marques du diable et les signes de l'Autre : rhétorique du dire démonologique à la fin de la Renaissance*, thèse de doctorat, Montréal, Université de Montréal, 2011.

KUIZENGA, Donna, « L'arc de triomphe des dames : héroïsme dans *Les Femmes illustres* de Madeleine et Georges de Scudéry », *Les trois Scudéry. Actes du colloque du Havre (1-5 octobre 1991)*, A. Niderst (dir.), Paris, Klincksieck, 1993, p. 301-310.

LATHUILLÈRE, Roger, *La préciosité. Étude historique et linguistique*, Genève, Droz, 1966.

LACOUR, Léopold, *Les premières actrices françaises*, Paris, Librairie générale, 1921.

LAZARD, Madeleine, *Images littéraires de la femme à la Renaissance*, Paris, PUF, 1985.

LAZARD, Madeleine, « Femme, littérature, culture au XVIe siècle en France », *Femmes et pouvoirs sous l'Ancien Régime*, É. Viennot et D. Haase-Dubosc (dir.), Paris-Marseille, Éditions Rivages, 1991. p. 101-119.

LAZARD, Madeleine, *Les avenues de Fémynie. Les femmes et la Renaissance*, Paris, Fayard, 2001.

LEINER, Wolfgang (dir.), *Onze études sur l'image de la femme dans la littérature française du dix-septième siècle*, Tübingen, TBL Verlag Gunter Narr, 1978.

LEINER, Wolfgang (dir.), *Onze nouvelles études sur l'image de la femme dans la littérature française du dix-septième siècle*, Tübingen-Paris, TBL Verlag Gunter Narr, 1984.

LICHTENSTEIN, Jacqueline, « Le commerce des dames », *Comédie-Française*, n° 131-132, 1984, p. 33-34.

LORAUX, Nicole, *Les expériences de Tirésias. Le féminin et l'homme grec*, Paris, Gallimard, 1989.

LORAUX, Nicole, *Les mères en deuil*, Paris, Seuil, 1990.

LOUGEE, Carolin, *Le Paradis des femmes. Womens, Salons and Social stratification in Seventeenth-Century France*, Princeton, Princeton University Press, 1976.

MAC LEAN, Ian, *Woman, Triumphant. Feminism in French literature. 1610-1652*, Oxford, Clarendon, 1977.

MAC LEAN, Ian, *The Renaissance Notion of Woman*, New York, Cambridge University Press, 1980.

MALENFANT, Marie-Claude, *Argumentaires de l'une et de l'autre espèces de femme. Le statut de l'*exemplum *dans les discours littéraires sur la femme (1500-1550)*, Québec, Presses de l'Université Laval, 2003.

MATTHEWS GRIECO, Sara F., *Ange ou diablesse. La représentation de la femme au XVIe siècle*, Paris, Flammarion, 1991.

MESNARD, Jean, « Honnête homme et honnête femme dans la culture du XVIIe siècle », *La culture du XVIIe siècle*, Paris, PUF, 1992, p. 142-159.

MONAT, Pierre, « Une forme de *virtus* accessible aux femmes : la *patientia* dans la *Consolation à Grégoria* d'Arnoble le Jeune », *Valeurs dans le stoïcisme du Portique à nos jours*, M. Soetard (dir.), Lille, Presses universitaires de Lille, 1993, p. 105-111.

MONTANDON, Alain (dir.), *Du goût, de la conversation, et des femmes*, Clermont-Ferrand, Association des Publications de la Faculté des Lettres de Clermont-Ferrand, 1994.

NARDONNE, Jean-Luc et LAMARQUE, Henri (dir.), *L'histoire de Griselda : une femme exemplaire dans les littératures européennes*, Toulouse, Presses universitaires du Mirail, 2000.

PASCAL, Catherine, *La tradition des femmes illustres aux XVIe et XVIIe siècles*, thèse de doctorat, Montpellier, Université de Montpellier, 2001.

PASCAL, Catherine, « Les recueils de femmes illustres au XVIIe siècle », communication prononcée lors des premières rencontres de la SIEFAR : *Connaître les femmes d'Ancien Régime. La question des recueils et dictionnaires*, Paris, 20 juin 2003, texte en ligne : http://www.siefar.org/docsiefar/file/Pascal-dicos.pdf.

Présences féminines. Littérature et société au XVIIe siècle. Acte du colloque de London, Canada (1985), Ian Richmond et Constant Venoesen (dir.), *Papers on French Seventeenth Century Literature*, Biblio 17, n° 36, 1987.

RONZEAUD, Pierre, « La femme au pouvoir ou le monde à l'envers », *Revue XVIIe siècle*, n° 108, juillet-septembre 1975, p. 9-33.

ROY, Roxanne et LA CHARITÉ, Claude, *Femmes, rhétorique et éloquence sous l'Ancien Régime*, Saint-Étienne, Publications de l'Université de Saint-Étienne, 2012.

REYNIER, Gustave, *La femme au XVIIe siècle. Ses ennemis et ses défenseurs*, Paris, Plon, 1933.

SCOTT, Virginia, *Woman on the Stage in Early Modern France : 1540-1750*, Cambridge, Cambridge University Press, 2010.

TIMMERMANS, Linda, *L'accès des femmes à la culture (1598-1715) : un débat d'idées de Saint François de Sales à la marquise de Lambert*, Paris, Champion, 1993.

VAN ORDEN, Kate, « Female Complaintes : Laments of Venus, Queens and City Women in Late Sixteenth-Century France », *Renaissance Quarterly*, 54, 2001, p. 801-845.

VIENNOT, Éliane et HAASE-DUBOSC, Danièle (dir.), *Femmes et pouvoirs sous l'Ancien Régime*, Paris-Marseille, Éditions Rivages, 1991.

ZINGUER, Ilina, *Misères et grandeurs de la femme au XVIe siècle*, Genève, Slatkine, 1982.

ÉTUDES GÉNÉRALES

ADAM, Antoine, *Histoire de la littérature française au XVIIe siècle*, Paris, Del Duca, 1949-1956, 5 vol.

AUERBACH, Erich, *Le culte des passions. Essais sur le XVIIe siècle français*, Paris, Macula, 1998.

BÉNICHOU, Paul, *Morales du Grand siècle*, Paris, Gallimard, 1948.

BEUGNOT, Bernard, *La mémoire du texte. Essai de poétique classique*, Paris, Champion, 1994.

BEUGNOT, Bernard, *Les muses classiques. Essai de bibliographie rhétorique et poétique*, Paris, Klincksieck, 1996.

BOUCHER, Jacqueline, *Société et mentalités autour de Henri III*, Lille, Atelier de Lille III, 1981, 4 vol.

BRAY, René, *La formation de la doctrine classique en France*, Paris, Niet, 1945.

La Catégorie de « l'honneste » dans la culture du XVIe siècle. Actes du colloque international de Sommières (sept. 1983), Saint-Étienne, Publications de l'Université de Saint-Étienne, 1985.

CHARLES, Michel, *Rhétorique de la lecture*, Paris, Seuil, 1977.

DALY, Peter M. (dir.), *Emblems from Alciato to the Tattoo*, Turnhout, Brepols, 2001.

DANDREY, Patrick, *Les tréteaux de Saturne. Scènes de la mélancolie à l'époque baroque*, Paris, Klincksieck, 2003.

DELUMEAU, Jean, *La civilisation de la Renaissance*, Paris, Arthaud, 1973.

DELUMEAU, Jean, *La peur en Occident : XIVe-XVIIe siècles, une cité assiégée*, Paris, Fayard, 1978.

DENIS, Delphine, *Le Parnasse galant. Institution d'une catégorie littéraire au XVIIe siècle*, Paris, Champion, 2001.

DENIS, Delphine et MARCOIN, François (dir.), *L'admiration*, Arras, Artois Presses Université, 2003.

DENS, Jean-Pierre, *L'honnête homme et la critique du goût. Esthétique et société au XVIIe siècle*, Lexington, French Forum publishers, 1981.

DESCIMON, Robert et JOUHAUD, Christian, *La France du premier XVIIe siècle. 1594-1661*, Paris, Belin, 1996.

DÉTIENNE, Marcel, *Dionysos mis à mort*, Paris, Gallimard, 1998.

DOTOLI, Giovanni, *Littérature et société en France au XVIIe siècle*, vol. I, Fasano-Paris, Schena-Nizet, 1987 ; vol II, Schena-Didier Erudition, 2000, vol. III, Schena, Presses de l'Université de Paris-Sorbonne, 2001 ; vol. IV, Schena-Presses de l'Université de Paris-Sorbonne, 2004.

DUBOIS, Claude-Gilbert, *Mythe et langage au seizième siècle*, Bordeaux, Duclos, 1970.

DUBOIS, Claude-Gilbert, *Le baroque en Europe et en France*, Paris, PUF, 1995.

DURAND, Gilbert, *Les structures anthropologiques de l'imaginaire. Introduction à l'archétypologie générale*, Paris, Bordas, 1969.

EICHEL-LOJKINE, Patricia, *Le siècle des grands hommes. Les recueils de Vies d'hommes illustres avec portraits du XVIe siècle*, Paris, Peeters, 2001.

ÉLIAS, Norbert, *La dynamique de l'Occident*, Paris, Calmann-Lévy, 1975.

ÉLIAS, Norbert, *La société de cour*, Paris, Calmann-Lévy, 1974.

ÉLIAS, Nobert, *La civilisation des mœurs*, Paris, Calmann-Lévy, 1973.

FOUCAULT, Michel, *Les mots et les choses*, Paris, Gallimard, 1966.

FOUCAULT, Michel, *Histoire de la folie à l'âge classique*, Paris, Gallimard, 1972.

FUMAROLI, Marc, *L'âge de l'éloquence* : rhétorique et « res literaria » de la Renaissance au seuil de l'époque classique, Genève, Droz, 1980.

FUMAROLI, Marc, *La diplomatie de l'esprit* : de Montaigne à La Fontaine, Paris, Hermann, 1995.

FUMAROLI, Marc, « La conversation », *Trois institutions littéraires*, Paris, Gallimard, 1992, p. 111-210.

GARIN, Eugenio, *L'éducation de l'homme moderne (1400-1600). La pédagogie de la Renaissance*, Paris, Fayard, 1968.

GILBERT, Bertrand, *Le baroque littéraire français*, Paris, A. Colin, 1997.

GIRARD, René, *Le bouc émissaire*, Paris, Grasset, 1982.

GOYET, Francis, *Le sublime du « lieu commun ». L'invention rhétorique dans l'Antiquité et à la Renaissance*, Paris, Champion, 1996.

HACHE, Sophie, *La langue du ciel. Le sublime en France au XVIIe siècle*, Paris, Champion, 2000.

HAMON, Philippe, *Texte et idéologie*, Paris, PUF, 1984.

KIBÉDI-VARGA, Aron, *Rhétorique et littérature. Études de structures classiques*, Paris, Klinksieck, 1970.

KIBÉDI-VARGA, Aron, *Les poétiques du classicisme*, Paris, Aux Amateurs de livres, 1990.

LAFAY, Henri, *La poésie française du premier XVIIe siècle (1598-1630). Esquisse pour un tableau*, Paris, Nizet, 1975.

MAGENDIE, Maurice, *La politesse mondaine et les théories de l'honnêteté, en France au XVIIe siècle, de 1600 à 1660*, Paris, F. Alcan, 1925, 2 vol.

MALAND, David, *Culture and Society in Seventeenth-Century France*, London, B. T. Basford, 1970.

MANDROU, Robert, *Introduction à la France moderne : essai de psychologie historique. 1500-1640*, Paris, A. Michel, 1973.

MANDROU, Robert, *La France aux XVIIe et XVIIIe siècles*, Paris, PUF, 3e éd., 1974.

MANDROU, Robert, *Magistrats et sorciers en France au XVIIe siècle. Une analyse de psychologie historique*, Paris, Seuil, 1980.

MERLIN-KAJMAN, Hélène, *Public et littérature en France au XVIIe siècle*, Paris, Les Belles Lettres, 1994.

MESNARD, Jean, *Précis de littérature française du XVIIe siècle*, Paris, PUF, 1990.

MESNARD, Jean, *La culture du XVIIe siècle. Enquêtes et synthèses*, Paris, PUF, 1992.

MORÇAY, Raoul et SAGE, Pierre, *Le préclassicisme français*, Paris, Del Duca, 1962.

MOUSNIER, Roland, *Les XVIe et XVIIe siècles*, Paris, PUF, 1961.

MUCHEMBELD, Robert, *Culture populaire et culture des élites dans la France moderne (XVe-XVIIIe siècles)*, Paris Flammarion, 1978.

MUCHEMBELD, Robert, *L'invention de la France moderne. Monarchie, cultures et société (1500-1660)*, Paris, A. Colin, 1995.

PELOUS, Jean-Michel, *Amour précieux, amour galant (1654-1675). Essai sur la représentation de l'amour dans la littérature et la société mondaines*, Paris, Klincksieck, 1980.

PIGEAUD, Jackie, *La maladie de l'âme : étude sur la relation de l'âme et du corps dans la tradition médico-philosophique antique*, Paris, Les Belles Lettres, 2006.

RICHMOND, Ian M., *Héroïsme et galanterie. L'abbé de Pure, témoin d'une crise*, Sherbrooke, Naaman, 1977.

ROHOU, Jean, *Le classicisme (1660-1700)*, Rennes, Presses universitaires de Rennes, 2004.

ROUSSET, Jean, *La littérature de l'âge baroque en France. Circé et le paon*, Paris, J. Corti, 1953.

RUSSELL, Daniel, *Emblematic Structures in Renaissance French Culture*, Toronto, University of Toronto Press, 1995.

SALAZAR, Philippe-Joseph, *Le culte de la voix. Formes esthétiques de la parole à l'âge de l'imprimé*, Paris, Champion, 2003.

STAROBINSKY, Jean, *L'*œil *vivant : Corneille, Racine, La Bruyère, Rousseau, Stendhal*, Paris, Gallimard, 1961.

TAPIÉ, Victor-Lucien, *Baroque et classicisme*, Paris, Plon, 1957 ; rééd. Paris, PUF, 1967.

TARRÊTE, Alexandre (dir.), *Stoïcisme et christianisme à la Renaissance*, Paris, Éditions ENS rue d'Ulm, 2006.

TOCANNE, Bernard, *L'idée de nature en France dans la seconde moitié du XVIIe siècle*, Paris, Klincksieck, 1978.

VAN DELFT, Louis, *Le moraliste classique. Essai de définition et de typologie*, Genève, Droz, 1982.

VAN DELFT, Louis, *Littérature et anthropologie. Nature humaine et caractère à l'âge classique*, Paris, PUF, 1993.

VIALA, Alain, *Naissance de l'écrivain. Sociologie de la littérature à l'âge classique*, Paris, Minuit, 1985.

VIALA, Alain et MOLINIÉ, Georges, *Approches de la réception : sémiostylistique et sociopoétique de Le Clézio*, Paris, PUF, 1993.

VIALA, Alain, *La France galante : essai historique sur une catégorie culturelle, de ses origines jusqu'à la Révolution*, Paris, PUF, 2008.

ZUBER, Roger, *Les « Belles Infidèles » et la formation du goût classique. Perrot d'Ablancourt et Guez de Balzac*, Paris, A. Colin, 1968.

ZUBER, Roger, *Les émerveillements de la raison. Classicismes littéraires du* XVIIe *siècle français*, Paris, Klincksieck, 1997.

INDEX DES NOMS

INDEX DES PIÈCES CITÉES

TABLE DES ILLUSTRATIONS

TABLE DES MATIÈRES

DEUXIÈME PARTIE

ÉTHIQUE

LES CARACTÈRES FÉMININS

TROISIÈME PARTIE

POLITIQUE

LA CITÉ DES DAMES